KB123044

흑 해

그리스

비잔티움

아르메니아

아시리아

아테네

이수스

니네베

유프라테스강

티그리스강

시리아

지중해(대 해)

시돈

다마스쿠스

티레

바빌

리비아

예루살렘

아라비아

이집트

홍 해

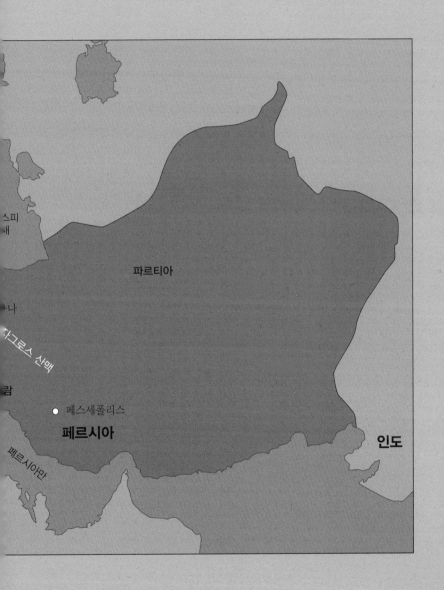

스피
해

파르티아

나

자그로스 산맥

람

● 페스세폴리스

페르시아

페르시아만

인도

바빌론의 역사

익숙한 이름
새로운 시각
더숲 히스토리

바빌론의 역사

카렌 라드너 지음 | 서경의 옮김 | 유흥태 감수

더숲

2천 년간 변화하는 세계사의 중심으로 서 있었으며
많은 이에게 범세계적 삶의 전형을 보여 준 바빌론.
이라크 남부의 흥미로운 고대 도시
바빌론의 여러 모습을 만나게 될 것이다.

일러두기

· 인용문 중〔〕안의 설명은 인용 문헌의 것이고, ( ) 안의 설명은 저자가 작성한 것이다.
· 찾아보기의 색인어에 원문 또는 영문 표기를 병기했으므로 본문 중에는 두지 않았다.
· 본문 아래의 주는 모두 옮긴이의 주이다.

차례

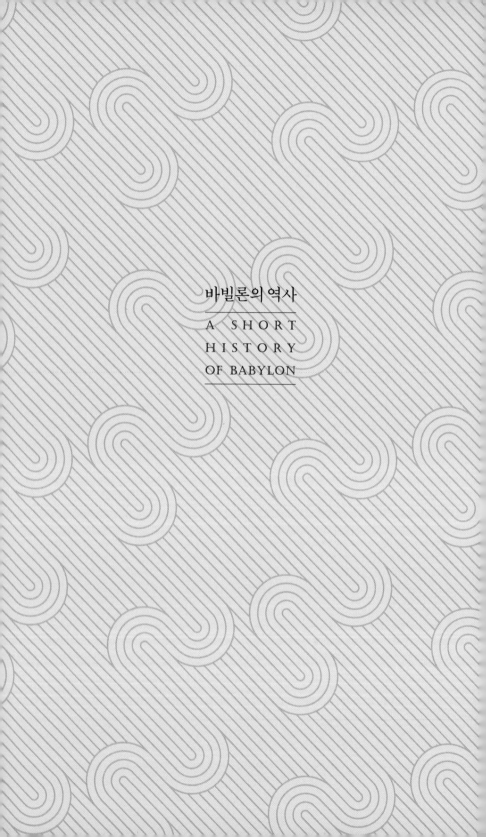

바빌론의 역사

A SHORT
HISTORY
OF BABYLON

감
수
의
글

바빌론은 익숙한 듯 낯선 단어이다. 어디에서 본 듯하고 들어 본 것
도 같지만 이국적이며 생소한 이름이다.

기독교 문화와 전통 속에서 자란 서양인은 대부분 《성경》을 통해
들은 바빌론에 대한 이미지를 가지고 있다. 연합된 단일 도시국가
를 표방하며 신에게 도전했다가 다중 언어 사회로 분열을 촉진한
바벨탑 사건, 다윗 왕의 후손이 세운 남유다를 멸망시키고 수많은
유대인을 노예로 끌고 왔으며 당대 가장 거대하고 화려한 국제도시
바빌론을 탄생시킨 네부카드네자르 2세(《성경》의 느부갓네살 왕)가
만든 역사 속 세계 7대 불가사의 중 하나인 공중정원(오늘날의 이란
에 위치했던 메디아제국 출신 왕비를 위해 만든 건축물), 《성경》의 〈요한
계시록〉 속 세속적이고 타락한 도시(국제무역이 발달하고 마르두크를
주신으로 하는 종교가 정치·경제·사회의 정점에 있었던 데 기인한 것으로
추정), 대영박물관 및 루브르박물관 등 유럽의 유명 박물관에 산재
해 있는 화려하고 예술성 높은 바빌론 도시 건축 유적 등이 대표적
인 바빌론 이미지일 것이다. 이로 인해 서양인은 신비스럽고 화려

한 도시 또는 세속적 문명이라는 상상 속 이미지로 바빌론을 생각하게 되었을 것이다.

반면 중국 중심의 아시아사와 유럽 및 미국 중심의 서양사에 익숙한 한국 사람들에게 세계사로서 중근동 지역의 역사는 낯선 주제임이 틀림없다. 기독교 문화에 익숙한 사람들에게 바빌론의 이미지는 서양인과 비슷하겠지만, 그렇지 않은 사람들에게는 낯선 이름일 뿐이다.

바빌론은 고대 문명 중 하나인 메소포타미아 문명의 지리적 중심지에 위치해 있다. 티그리스강, 유프라테스강과 비옥한 농경지를 끼고 있어 히타이트, 이집트, 아시리아, 페르시아 등 주변 강국들의 패권 다툼 경연장이 되었다.

바빌론은 현대 이라크 수도 바그다드 인근 지역으로 수많은 제국의 수도였다. 시리아의 알레포나 이라크 북부 아르빌 등 유서 깊은 도시 문명보다 후발 주자였지만 풍부한 수량과 비옥한 토지, 지리적 이점을 이용하려는 여러 왕이 수도로 선호한 지역이었다.

바빌론이 메소포타미아 문명의 수도로서 기반을 쌓을 수 있었던 데에는 함무라비 왕(기원전 18세기)의 역할이 컸다. 함무라비 석비로 잘 알려진 함무라비 왕은 당시 강대국인 페르시아 지역의 엘람 왕국(약 기원전 30세기~기원전 7세기까지 페르시아 지역을 지배)을 제압하고 이라크 지역의 군소 국가들을 병합하여 제국의 기틀을 마련했다. 그는 시, 예술 등의 문화를 발전시키고 학문을 장려했다. 또한 바빌론의 납세와 공공노역 시스템을 제도화하고, 주변 이민족들을 받아들여 바빌론을 통합된 국제도시로 만들었다. 특히 마르두크를 주신으로 하는 정치화된 종교 시스템의 기틀을 마련하여 정치적 · 사회적 안정을 가져왔다.

함무라비 왕 사후 수백 년간 엘람 및 아시리아 등 주변국과 경쟁의 시기를 거친 후 기원전 12세기 네부카드네자르 1세가 엘람을 몰아내고 마르두크를 섬기는 신전공동체를 정치적 기반으로 바빌론을 재확립한다. 이때부터 비로소 마르두크 신전이 도시의 정치적 · 사회적 중심지일 뿐 아니라 문화와 이념을 통해 왕권의 정통성을 만들어 내는 핵심 세력으로 자리 잡는다.

바빌론의 왕권은 세습제로 이어지는 것이 아니라 마르두크의 대리인으로 불릴 만한 자격이 있는 사람이면 누구나 차지할 수 있었다. 왕권을 차지하려는 사람은 부와 권력으로 바빌론의 주신 마르두크를 숭배하고 신전을 담당하는 사제단과 바빌론 시민에게 면세 특권을 줄 수 있는 능력을 보여 주기만 하면, 누구나 바빌론의 왕으로 인정받을 수 있었다. 이는 곧 지역 부족국가가 아닌 메소포타미아 지역 전체를 다스리는 제국의 왕이 되는 기회였다.

이러한 문화와 제도로 인해 제국의 대왕으로 인정받으려고 하는 많은 지역의 왕들이 바빌론을 손에 넣고자 전쟁을 벌였으며, 패권을 차지한 후에도 바빌론 도시의 엘리트층인 마르두크 신전 사제들의 충성을 얻기 위해 부와 정치적 영향력을 하사했다.

바빌론 도시 문명을 정점에 올려놓은 사람은 네부카드네자르 2세였다. 기원전 7세기 그는 바빌론을 인구 18만이 거주하는 거대한 도시로 탈바꿈시켰다. 지금은 남아 있지 않지만 바빌론 도시에 바벨탑 모양의 지구라트와 푸르른 공중정원, 화려한 문양의 거대한 문과 건축물 들을 만들어 국제도시를 완성했다. 그는 정복을 통해 얻은 막대한 자금을 바탕으로 생산 단가가 높지만 내구성이 좋은 구운 벽돌을 만들어 내 튼튼한 건축물을 만들었다. 이 도시의 건축 유적들은 이라크의 국립박물관은 물론 유럽 각국 박물관에 전시되어 있다.

오늘날 중동의 패권을 차지하기 위해 강대국과 중동 지역 국가들이 치열하게 물리력과 외교력을 사용하여 경쟁하듯, 고대 역사에서도 메소포타미아 지역의 바빌론을 둘러싼 주변국 간 전쟁은 끊이지 않았다. 힘으로 정복하려는 현실주의적 국제정치 논리가 예전부터 이 지역을 지배하고 있었던 것이다. 이러한 상황에서 바빌론을 끊임없이 괴롭힌 것이 페르시아이다.

앞에서도 언급한 페르시아 지역의 첫 번째 왕조 엘람은 고대 바빌론과 수천 년간 전쟁을 벌이며 경쟁했다. 바빌론의 기틀을 마련한 함무라비 왕의 석비를 전리품으로 가져와 엘람 왕조의 수도인 수사(현재 슈시)에 전시하기도 했다(20세기 초 프랑스에 의해 반출되어 루브르박물관에 전시 중이다).

두 국가의 경쟁에서 가장 극적인 사건은 네부카드네자르 2세가

건설한 화려한 바빌론 도시를 아케메니드 페르시아의 키루스 2세
(키루스 대왕)가 바빌론 마르두크 사제들의 도움으로 전쟁 없이 정복
한 일일 것이다. 키루스 2세는 현재의 이란, 아프가니스탄 등의 지
역을 기반으로 터키 지역의 리디아제국을 합병(기원전 547년)하고 바
빌론을 넘어(기원전 539년) 이집트 원정을 준비할 정도로 파죽지세로
영토를 확장했다.

바빌론의 마르두크 사제들은 자신들과 주신 마르두크를 무시하
는 바빌론 왕 나보니두스를 배반하고 페르시아 왕 키루스 2세를 바
빌론의 왕으로 추대했다. 그러나 페르시아 전통에 자부심이 크고
자신들의 종교인 조로아스터교와 문화를 중시하는 페르시아 왕들
은 마르두크 신의 대리인으로서의 역할에 만족하지 않았다. 그들은
바빌론 왕이라는 명예에 안주하기보다 영토 확장에 더 관심을 두었
다. 기존에 바빌론 왕의 의무처럼 여겨져 마르두크 사제와 바빌론
시민에게 부여하던 세금 및 공공노역 면제 등의 특권을 폐지하고
다른 정복지와 동일하게 관리했다.

이에 반발한 마르두크 사제를 포함한 바빌론 도시 엘리트층이 반
란을 일으켰으나 강력한 페르시아군에 진압되었고(이란 케르만샤 지
역에 베히스툰 석비에 반란 진압 장면이 기록되어 있다), 궁극적으로 바빌
론 도시의 몰락을 가져왔다.

페르시아 왕의 새로운 세금 정책에 협조하는 신흥 가문들이 일어
나 부를 축적했지만, 예전 바빌론 도시의 사제와 같은 정치적 영향

력을 더 이상 갖지 못했다.

페르시아 치하에서 바빌론 도시 문명을 이끌어 온 엘리트 집권층이 붕괴되면서 그들의 권세에 눌려 있던 지방 토착 가문들이 권력을 회복했으며, 포로로 바빌론에 끌려왔던 유대인 같은 이민족들은 다양성을 존중받으며 살아남았다. 보수적인 바빌론 도시보다 상대적으로 변화에 긍정적인 지방에서 이민족들은 고유의 문화를 유지하며 바빌론 문화에 융합되어 살아갔다.

바빌론과 페르시아의 라이벌 관계는 근대 역사에도 남아 있다. 아랍인을 중심으로 바빌론 지역에 세워진 이라크는 1980년대에 페르시아인이 다수인 이란과 8년전쟁을 치렀다. 바빌론과 페르시아가 수천 년간 메소포타미아 지역의 패권을 두고 각축을 벌였던 것처럼 근대 역사 속에서도 양국은 지역 헤게모니를 두고 다투었다. 비록 지금은 시아 이슬람이라는 종교적 공통점을 상생의 배경으로 두 국가가 정치적으로는 협력하는 모양새지만, 수천 년간 긴장 관계였던 양국은 언제 어떻게 변할지 모른다.

또한 바빌론과 아시리아는 전쟁과 통혼을 통해 경쟁하며 서로 영향을 주고받았다. 자의 반 타의 반 아시리아로 이주한 바빌론 지식인을 통해 바빌론의 문화가 전파되었고, 고대국가 중 거대한 도서관을 갖고 있을 정도로 기록의 취합 및 정리·보관에 능하던 아시리아는 이 문화를 보존하여 현대인에게 전해 주고 있다. 아시리아가 페르시아와 다른 점은 바빌론의 정치, 종교, 문화를 존중하고 마르두크의 대리자로서의 왕 역할에 충실했다는 것이다.

기원전 8세기 바빌론을 정복한 사르곤 왕도 마르두크의 대리자이자 바빌론 왕으로 사제와 바빌론 주민에게 면세와 부역 면제의 특권을 부여하여 도시 엘리트층의 충성을 유도했다. 그러나 엘리트층에게 지나치게 특권을 제공하여 오히려 완전한 통제가 불가능해져 반란의 빌미가 되기도 했다.

메소포타미아 문명의 중심 도시인 바빌론은 강대국들의 틈바구니 속에서 일찍부터 국제도시로 발전하기 시작했다. 자연적·지리적 혜택이 있는 지역에 위치한 탓에 전쟁으로 여러 민족이 지속적으로 유입되어 다양성이라는 힘을 불어넣었을 것이다. 바빌론은 이러한 다양성을 내재화하여 자신만의 정치, 종교, 문화를 꽃피웠다.

이 책은 바빌론 도시의 장구한 역사의 핵심 요소를 중점적으로 기록하고 있다. 서두에 언급한 것처럼 중근동의 역사는 우리에게 낯선 세계사이다. 지역적인 생소함도 있고, 역사적 인물에 대한 생소함도 있다. 그럼에도 미지의 세계를 탐험하는 여행객으로 찬찬히 글을 따라가다 보면 바빌론을 중심으로 한 메소포타미아 문명 속 제국들의 경쟁사를 맛볼 수 있고, 수천 년간 이어져 내려온 화려하고 이국적인 도시 바빌론의 역사를 만날 수 있을 것이다.

그동안 한국에서 중동 고대사를 소개하는 책은 전무하다시피 했으며 바빌론 도시 역사만을 소개하는 책은 아마도 이 책이 처음일 것이다. 2001년 발생한 9·11테러 사건 이후 이슬람과 중동 국가에 대한 세계적 관심이 폭발하여 한국에서도 본격적으로 이슬람과 중동 지역의 역사·문화에 대한 책이 출판되었지만, 바빌론 도시를 중심으로 당시 국제 관계와 메소포타미아 문명의 종교와 정치 등을 소개한 책은 없었을 것이다. 그간 궁금했지만 알 길이 없던 이야기를 소개해 준 데에 감사한 마음이다. 아직도 우리가 알아야 할 세계가 무궁무진하다.

기원전 3000년대 후기	바빌론이 아카드 왕국 총독의 처소로 처음 언급됨. BAR. KI. BAR.
기원전 21세기	바빌론이 우르 왕국의 지방 중심지가 됨.
기원전 20세기	바빌론이 조그만 왕국의 수도가 됨. 수무라엘 왕이 바빌론에 새 왕궁을 지음.
기원전 19세기	아필신 왕이 바빌론에 새 성벽을 지음.
기원전 18세기	함무라비 왕은 자신의 왕국을 메소포타미아에서 가장 강력한 왕국으로, 바빌론을 중요한 도시로 만듦. 후계자 삼수일루나 왕이 바빌로니아 남부 지역의 지배권을 해국 왕들에게 빼앗김. 많은 남부 도시의 주민들이 바빌론으로 이주.
기원전 1600년경	삼수디타나 왕의 통치 기간 중 아나톨리아에서 히타이트 군대가 쳐들어와 바빌론을 정복하고 마르두크 신상을 빼앗아 감. 함무라비 왕조 멸망.
기원전 16세기	삼수디타나의 장군이었던 아굼 왕이 바빌론에 카시트 왕조를 세움. 이 왕국은 카르두니아시로 알려짐.
기원전 15세기	바빌론이 해국을 격파하고 바빌로니아 남부 지역 및 바레인을 복속함.

기원전 1400년경	쿠리갈주 1세가 이란의 엘람을 침략하여 수도 수사를 정복하고 새로운 왕조를 세움. 이 왕조는 매 세대의 통혼으로 카시트 왕조와 제휴 관계를 유지. 궁정은 바빌론에서 새로 설립된 두르쿠리갈주로 이주. 바빌론의 아라드에아 가문이 정치적 및 학문적 명성을 얻음.
기원전 14세기	부르나부리아시 2세가 왕조 간의 통혼으로 이집트, 엘람, 히타이트, 아시리아와 조약을 맺음. 아라드에아 가문의 학자 마르두크나딘아헤가 바빌론을 떠나 아시리아의 첫 왕궁서기가 되고 아수르에서 마르두크 숭배를 확립.
기원전 1328년	부르나부리아시 2세의 죽음 이후 오랜 승계 전쟁이 이어지고, 아시리아가 개입.
기원전 13세기	의사 라바샤마르두크가 바빌론을 떠나 아나톨리아의 히타이트 궁정으로 감.
기원전 1220년경	아시리아의 투쿨티니누르타 1세가 카시트 왕 카쉬틸리아시 4세를 격퇴하고 바빌론을 정복한 후, 마르두크 조각상과 신전 장서를 아수르로 가져감. 꼭두각시 통치자를 세웠으나 카시트 왕조 후예의 반란이 이어짐.
기원전 1158년	카시트 왕조의 혈통이 끊어지자 엘람의 슈트루크나훈테가 바빌론 왕위를 요구했으나 거절당함. 그는 바빌로니아를 침략하여 약탈을 자행하고 함무라비 법전을 이란의 수사로 가져감. 이후 수십 년 동안 엘람의 공격이 이어지고, 엘람 왕 쿠티르나훈테가 마르두크 조각상을 바빌론에서 수사로 가져감.
기원전 1125~1104년	이신 제2왕조의 네부카드네자르 1세가 바빌로니아

에서 엘람을 몰아내고 바빌론에 대한 통치를 강화
함. 또한 수사를 정복하고 마르두크 조각상을 바빌
론으로 되찾아옴.

기원전 1000년경 바빌론 왕국이 분열되고 청동기 말에 새로운 민족(칼
데아, 아람)이 유입. 바빌론 왕들은 마르두크 신의 대
리인이자 정치적 지도자가 됨.

기원전 851년/850년 마르두크자키르슈미 1세가 형제 마르두크벨우사테
의 반란을 진압하고 칼데아인을 물리치기 위해 아시
리아의 샬만에세르 3세(재위 기원전 858~기원전 824년)
에게 도움을 요청. 샬만에세르가 바빌론을 방문.

기원전 823년 마르두크자키르슈미 1세가 아시리아의 왕위를 지키
려는 샴시아다드 5세(재위 기원전 823~기원전 811년)를
도움. 아시리아가 압도적 군사력을 가졌음에도 바빌
론에 유리한 조약이 체결됨.

기원전 732년 아시리아와 동맹을 맺은 바빌론의 나부나딘제리가
살해됨. 이후 승계 전쟁에서 칼데아인 비트아무카니
부족의 무킨제리가 바빌론의 왕위를 차지함. 아시리
아의 티글라트필레세르 3세(재위 기원전 744~기원전
727년)가 바빌로니아를 침공.

기원전 729년 아시리아의 티글라트필레세르 3세가 무킨제리를 무
찌르고 바빌론의 왕이 됨. 그의 아들 샬만에세르 5세
(재위 기원전 726~기원전 722년)가 뒤를 이어 왕이 됨.

기원전 721~710년 칼데아인 비트야킨 부족의 마르두크아플라이디나
2세가 바빌론의 왕이 됨.

기원전 710~705년 아시리아의 사르곤 2세(재위 기원전 721~기원전 705년)
가 바빌로니아를 침공하여 바빌론의 왕이 된 후, 바
빌론에 5년간 거주.

기원전 703~689년	아시리아의 센나케리브(기원전 704~기원전 681년)가 바빌론에 대한 통제력을 상실하자 혼란에 빠짐. 마르두크아플라이디나 2세, 고대 아라드에아 가문의 마르두크자키르슈미 2세, 센나케리브의 아들 아슈르나딘슈미, 마르두크아플라이디나의 아들 네르갈우세지브 등 많은 왕이 바빌론의 왕위에 오르지만 모두 단명.
기원전 689년	아시리아의 센나케리브가 바빌론을 정복하고 도시와 마르두크 신전을 파괴하여 바빌론의 왕권을 폐지하고 신전의 종교적 및 정치적 영향력을 감소시키려 하지만 성공하지 못함.
기원전 681년	아시리아의 센나케리브가 살해당하고 아들 에사르하돈(재위 기원전 680~기원전 669년)이 왕위에 올라 바빌론과 마르두크 숭배를 복원하고 바빌론의 왕이 됨.
기원전 669년	아시리아와 바빌론의 왕권이 다시 분리됨. 샤마시슈무우킨이 부친 에사르하돈에 이어 바빌론의 왕이 되고, 그의 형제 아슈르바니팔이 아시리아의 왕이 됨.
기원전 652~648년	바빌론의 샤마시슈무우킨이 아시리아에 대항하여 반란을 일으킴. 아시리아 군대가 쳐들어와 전쟁에서 승리하지만, 아시리아와 바빌론의 왕권은 여전히 분리됨.
기원전 625년	우루크의 귀족 나보폴라사르가 아시리아의 꼭두각시 왕을 폐위하고 바빌론의 왕이 됨.
기원전 616~608년	바빌론의 나보폴라사르(재위 기원전 625~기원전 605년)가 메디아 동맹군과 함께 아시리아제국을 정복.
기원전 605~562년	네부카드네자르 2세가 바빌론제국을 통치하고 바빌론 도시를 확장.

기원전 562~556년	왕가의 후계 다툼 끝에 세 명이 바빌론 왕위에 오르지만 모두 단명.
기원전 555~539년	나보폴라사르와의 관계가 명확하지 않은 나보니두스가 바빌론의 마지막 '토종' 왕이 됨.
기원전 539년	페르시아의 키루스 대왕(재위 기원전 550~기원전 530년)이 데르전투에서 승리한 후 바빌론의 왕이 되었으나, 그와 그의 후계자는 바빌론에 거주하지 않음.
기원전 538년	황태자 캄비세스가 마르두크 신전의 신년축제에서 부친 키루스를 대신함. 이때가 페르시아 왕이 마르두크 숭배의 주요 행사에 참여한 유일한 사례임.
기원전 522년	바빌론이 페르시아의 다리우스 1세(재위 기원전 522~기원전 486년)에게 반란을 일으킴. 두 명의 지도자가 바빌론의 왕 네부카드네자르를 자처.
기원전 521년	다리우스 1세가 바빌론을 되찾고 전승 기념비를 세움.
기원전 484년	바빌론이 페르시아의 크세르크세스 1세(재위 기원전 486~기원전 465년)에게 반란을 일으킴. 벨쉬만니와 샤마시에리바가 바빌론의 왕을 자처. 반란이 진압되고 바빌론의 귀족들이 영구히 권력을 잃음. 마르두크 숭배가 개혁됨.
기원전 331년	마케도니아의 알렉산더 대왕이 페르시아를 격파하고 바빌론을 장악하여 바빌론의 왕이 됨.
기원전 323년	알렉산더 대왕이 바빌론에서 죽음.
기원전 305년	셀레우코스 1세가 티그리스 강변에 셀레우키아를 세우고, 바빌론으로부터 궁정을 천도.
기원전 275년경	안티오쿠스 1세가 바빌론의 그리스 및 마케도니아 정착민을 셀레우키아로 이주시킴.
기원전 133년	예언자 하나가 종말론을 설파하여 바빌론에서 많은

추종자를 얻음.

서기 74년	바빌론의 쐐기문자가 최후로 기록됨.
서기 116년	로마 황제 트라야누스가 바빌론을 방문.
서기 216년	마니교의 창시자 마니가 바빌론 근교에서 출생.
서기 300년경	바빌론 마르두크 신전의 정규 예배가 종말을 고함.
서기 3~5세기	《바빌론 탈무드》가 편찬됨.
서기 400년경	비잔티움 출신의 필론이 저술한 《세계 7대 불가사의》에 바빌론의 공중정원이 기술됨.
서기 10세기	이븐 호칼이 바빌론을 방문하고 그 모습을 저서 《지구의 이미지》에 기술함.
서기 1616년	피에트로 델라 발레가 바빌론을 방문하여 수집한 네부카드네자르 2세의 쐐기문자 비문이 새겨진 벽돌을 로마로 가져옴.
서기 1764년	카르스텐 니부어가 바빌론을 방문하여 유적지의 측량과 스케치를 준비함.
서기 1782년	피에르 조제프 드보샹이 바빌론을 방문한 후 그 경험을 회고록에 기술함.
서기 1811~1812년	동인도회사 바그다드 대표 클라우디우스 리치가 공식적으로 바빌론 발굴에 착수.
서기 1857년	런던 왕립아시아학회가 주도한 번역 경쟁으로 쐐기문자가 해독되어 공표됨.
서기 1879년	바빌론에서 유물을 발굴하던 대영박물관의 호르무즈드 라삼이 '키루스원통'을 발견.
서기 1899~1917년	독일 동양학회의 로베르트 콜데바이가 바빌론에서 유적을 발굴.
서기 1901년	자크 드 모르간이 수사에서 유물 발굴 중 함무라비 법전을 발견.

서기 1927년	콜데바이가 바빌론에서 발굴한 유물이 제1차 세계대전으로 오랫동안 지연된 끝에 베를린에 도착.
서기 1930년	복원된 바빌론 내성벽의 이쉬타르 문이 베를린의 중동전시관에서 전시.
서기 1978년	사담 후세인의 명령으로 이라크유물·유산위원회가 '바빌론 고고학적 복원 프로젝트'를 개시.
서기 1986년	사담 후세인이 바빌론 복원 작업에 자신의 비문이 새겨진 벽돌을 끼워 넣음.
서기 1987~2002년	복원된 바빌론 도심 건축물에서 바빌론축제가 매년 개최됨(제1차 걸프전쟁으로 1990~1991년은 취소).
서기 2003년	연합군의 이라크침공으로 사담 후세인 사망. 이라크 박물관 및 바빌론의 네부카드네자르 박물관을 포함한 많은 지역의 박물관이 약탈당함.
서기 2003~2005년	미군 부대가 바빌론에 숙영지를 건설. 나중에 폴란드 군대에게 넘겨짐.
서기 2008년	바빌론에 관한 전시가 파리, 베를린, 런던에서 열림.
서기 2009년	바빌론이 고고학공원으로 재개장됨.

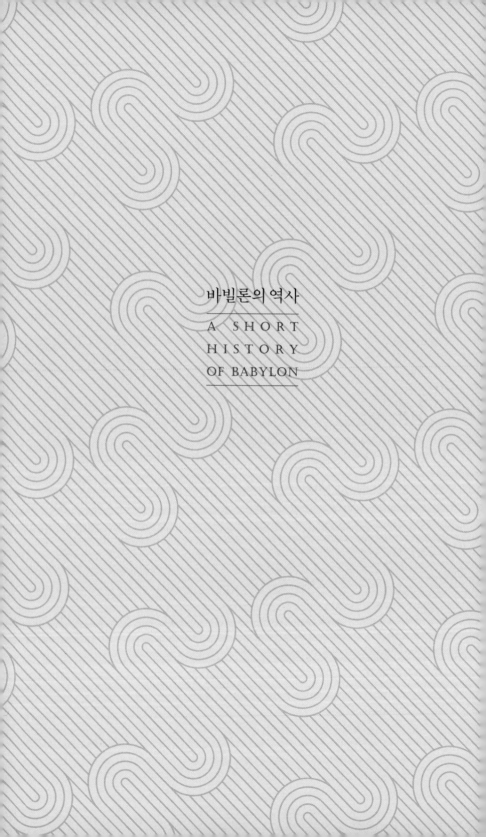

바빌론의 역사

A SHORT
HISTORY
OF BABYLON

바빌론이란 무엇인가? 바빌론은 고대도시로서, 지금의 이라크를 비롯한 여러 곳에 유적이 남아 있다. 나는 뮌헨에서 이 글을 쓰고 있다. 바빌론과 직접 관련이 없는 이 독일 도시에도 '바빌론'이라는 이름을 가진 곳이 다섯 곳 있다. 후카(물담배) 라운지, 나이트클럽, 성매매 업소, 인터넷 카페, 국제적 IT회사 사무실 이렇게 다섯 곳이다. 이들은 왜 바빌론이라는 이름을 선택했을까? 그 대답 속에서 고대도시에 대한 현대인의 일반적인 관념을 엿볼 수 있다.

후카 라운지는 흔히 리틀터키라고 불리는 지역에 있는데 석류와 대추, 그리고 터키시 딜라이트의 일종인 할바를 찾거나 물담배를 피우고 싶어 하는 사람들이 가장 먼저 찾는 곳이다. 하지만 나이트클럽은 리틀터키에 있지 않고 중동과 뚜렷한 연관성이 없다. 대신 '목요일은 이탈리아의 밤'과 같은 행사와 관련이 있다. 나이트클럽과 성매매 업소의 '바빌론'은 《성경》이 묘사하는 타락과 퇴폐의 상징적 이미지와 관련이 있다. 《성경》은 바빌론을 부도덕한 제국의 부패한 수도로 그리고 있는 것이다. 이러한 이미지는 후카 라운지와도 어느 정도 관계가 있다. 이 후카 라운지는 처음에 스트립클럽과 공간을 나누어 쓰며 각테일바 형태로 사업을 시작했다. 이라크 출신 사장이 '바빌론'이라는 상호를 택한 이유는 고향에 대한 향수 때문이었다. 이라크에서 바빌론의 이미지는 일상생활 전반에 깊숙이 자리 잡고 있다. 지폐와 동전, 우표의 문양, 심지어 바그다드국제공항의 출입구(그림 0.1)에도 바빌론의 모티프가 있다. 이라크 출신 사장은 《천일야화》에 나오는 바그다드 출신 해양 모험가의 이름을 딴 '신드바드'라는 레스토랑을 운영한 적도 있다.

'바빌론 콜숍 & 인터넷 카페'는 후카 라운지와 같은 거리에 있다. 중동 출신 손님이 많고, 리틀터키에 있는 만큼 간판은 아랍어와 터키어로 쓰여 있다. 바빌론이라는 이름은 《성경》에 나오는 바빌로니아 '언어의 혼란' 이야기에서 따온 것일까? 여러 언어가 뒤섞인 왁자지껄한 카페 분위기를 보면 그런 듯도 하다. 하지만 카운터에서 일하는 남자의 생각은 다르다. 그는 신에 맞서기 위해 세운 거대한 탑은 바빌론이 아니라 이집트에 세워졌다고 전하는 《코란》의 이야기를 들려준다. 언어의 혼란에 관한 《성경》의 이야기는 다섯 곳 가운데 마지막 장소와 관련이 있는 게 분명하다. '바빌론'이라는 온라인 통역 소프트웨어 프로그램을 운용하는 이스라엘 IT회사의 지점이다.

그림 0.1 바그다드 국제공항에서 있는 복제 이쉬타르 문. 기원전 6세기에 세워진 이 문은 이쉬타르 여신에게 바쳐진 것으로 뱀용, 사자, 황소가 새겨진 푸른색 벽돌로 장식되어 있다.

우리는 뮌헨에서 현대인이 생각하는 바빌론의 이미지에 영향을 미친 몇몇 문화적 전통을 살펴보았다. 고국을 떠나 해외에 있는 이라크 사람들은 바빌론에서 고향을 떠올린다. 반면에 다른 사람들은 《성경》의 이야기에 영향을 받아 바빌론을 세계주의 또는 다중 언어 사용과 연결 짓거나 퇴폐나 타락과 연결 짓는다. 즉 바빌론을 이상적인 도시상으로 생각하거나 타락한 도시의 원형으로 여기는 것이다.[1] 바빌론은 바빌론제국의 수도였는데(제7장), 바빌론제국은 기원전 6세기 유다 왕국을 멸망시키고 예루살렘을 약탈했으며, 신전을 파괴하고 주민들을 강제로 끌고 갔다(제8장 참조).《성경》의 〈이사야〉는 바빌론의 이미지와 제국의 몰락에 관한 예언을 담고 있다.

열국의 영광이요 갈대아 사람의 자랑하는 노리개가 된 바벨론이 하나님
께 멸망당한 소돔과 고모라같이 되리니

그곳에 거주할 자가 없겠고 거처할 사람이 대대에 없을 것이며 아라비아
사람도 거기에 장막을 치지 아니하며 목자들도 그곳에 그들의 양 떼를 쉬
게 하지 아니할 것이요

오직 들짐승들이 거기에 엎드리고 부르짖는 짐승이 그들의 가옥에 가득
하며 타조가 거기에 깃들며 들양이 거기에서 뛸 것이요

그의 궁성에는 승냥이가 부르짖을 것이요 화려하던 궁전에는 들개가 울
것이라 그의 때가 가까우며 그의 날이 오래지 아니하리라[2]

—〈이사야〉 13장 19~22절

바빌론을 묘사한 《성경》의 영향력은 이 고대도시의 웅장한 건축
물을 찬양한 그리스 역사학자 헤로도토스(실제 방문한 적은 없다)와[3]
고대의 다른 화려한 기록을 모두 압도할 정도이다.

바빌론에 주어진 이러한 인상은 여전히 이야깃거리가 된다.[4] 하
지만 이 책의 목적은 바빌론이라는 도시의 역사를 소개하는 데 있
다. 바빌론이라는 도시에 집중해 그 지역과 세계 역사에서 바빌론
이 차지한 역할에 초점을 맞추고 있다는 점에서 이 책은, 바빌론을
다룬 몇몇 책들과 다르다. 트레버 브라이스의 《바빌로니아 : 짧은
개론서*Babylonia : A Very Short Introduction*》는 기원전 18~기원전 6세기 이라크
남부 지역의 역사를 간략하게 살펴본다. 폴알랭 볼리외의 《바빌론

사, 2200 BC~AD 75*A History of Babylon, 2200 BC-AD 75*》는 제목에 바빌론을 붙였지만, 주로 메소포타미아 남부 지역을 다루고 있다. 이 책은 바빌로니아 전문가가 기원전 첫 1천 년간에 대해 집필하여 풍부한 정보를 제공하나, 교과서로 쓰인 책이기 때문에 참고문헌을 상세하게 다루고 있지 않다. 과학 작가 폴 크리왁제크가 쓴《바빌론 : 메소포타미아와 문명의 탄생*Babylon : Mesopotamia and the Birth of Civilization*》역시 책 제목과는 달리 바빌론에 초점을 맞추지 않았다. 대신 첫 도시들의 탄생에서 이슬람의 출현까지 학습을 목적으로 이라크 역사를 다루고 있다. 어빙 핀켈과 마이클 시모어가 편집한 화려한 전시 화보집인 《바빌론 : 신화와 실재*Babylon : Myth and Reality*》는 기원전 6세기의 신바빌론제국 시대와 이에 대한《성경》과 고전의 기록만 다루고 있다. 이들의 또 다른 책《바빌론 : 경이의 도시*Babylon : City of Wonders*》는 이 화보집의 요약본이다.[5] 시모어가 엮은 바빌론의 예술과 건축에 관한 매우 유용한 문헌 목록은 더 많은 정보를 알고 싶은 이에게 강력히 추천한다.[6]

바빌론의 역사는 왕과 귀족 들의 이야기이자 신전과 신 들의 이야기며, 지식과 교육의 이야기다. 또한 미래에 대한 열망과 과거에 대한 열정의 이야기인 동시에 도시의 정체성과 그를 둘러싼 외부 세력에 관한 이야기이며, 웅장한 건축물과 퇴락한 진흙벽돌에 대한 이야기다.

첫 두 장에서는 배경을 설정한다. 제1장은 고대 메소포타미아의

긴 역사 속에서 바빌론이 차지하는 시대와 공간을 다룬다. 메소포
타미아는 유프라테스와 티그리스 두 강 사이의 땅을 가리키며 오늘
날의 이라크에 해당한다. 제2장은 바빌론의 쇠락한 폐허와 재발견
에 대해 이야기한다.

그다음 5개 장은 기원전 18~기원전 6세기까지 바빌론의 역사를
추적하며, 그중 3개 장에서는 바빌론의 기나긴 역사 가운데 뛰어난
왕이 출현해 세계 속에서 중요한 역할을 해 낸 시기를 재조명하는
데에 초점을 맞춘다. 제3장에서는 기원전 18세기 함무라비가 왕이
되면서 바빌론이 새로운 정치적 패권국의 수도로 떠오른 사실을 살
펴본다. 제4장에서는 기원전 14세기 부르나부리아시 2세 치세하에
서 넓은 지역을 아우르는 지식과 정치 네트워크의 구심점이 된 바
빌론을 살펴본다. 제7장에서는 기원전 6세기 네부카드네자르 2세
치세하에서 새롭게 단장한 제국의 수도를 살펴본다.

제5장과 제6장에서는 기원전 12~기원전 7세기 사이에 메소포타
미아 남부 지역이 정치적으로 분열하면서 바빌론이 겪은 정치적 부
침을 다루었다. 제5장에서는 내부적 관점에서 이 시기에 세계의 진
정한 주인으로 재조명되는 도시 바빌론의 수호신 마르두크에 초점
을 맞추어 살펴보는 한편, 제6장에서는 외부적 관점에서 강력한 왕
국인 아시리아와의 관계를 살펴본다. 아시리아의 왕들은 바빌론의
지식과 왕권을 몹시 탐냈다. 제8장에서는 기원전 539년 페르시아
가 쳐들어오면서 바빌론의 날개가 꺾인 후 도시의 운명을 다룬다.

제9장에서는 기원전 331년 알렉산더 대왕에게 점령된 뒤의 바빌론의 역사를 살펴본다.

책 전반에 걸쳐 폐허로 남은 고대도시를 고고학적으로 발굴한 결과 중에서 특히 쐐기문자로 기록된 점토판과 다른 유물 들에 남겨진 증언들을 살펴봄으로써 이라크 남부의 흥미로운 고대도시 바빌론의 면모를 만나게 될 것이다. 바빌론은 2천 년간 변화하는 세계사의 중심에 서 있었으며 오늘날 우리에게 범세계적 삶의 전형을 보여 준다.

바빌론의 역사

A SHORT
HISTORY
OF BABYLON

제1장

바빌론의 시대와 공간

인류 최초의 영구적 정착지는 기원전 1만 년경 이른바 비옥한 초
승달 지대의 산록 구릉지에 세워졌다. '비옥한 초승달 지대'라는
용어는 미국의 고고학자이자 역사가인 헨리 브레스테드에 의해
20세기 초에 처음 등장한 뒤 널리 알려졌다.[1] 남쪽으로 펼쳐지는
비옥한 초승달 지대는 중동 지역을 휘어 감싸는 산맥들을 따라 페
르시아만에서 홍해까지 이어진다. 동쪽에서 서쪽으로 먼저 자그로
스산맥이 내달리고 토로스산맥이 뒤를 잇는다. 마지막으로 지중
해와 나란히 산맥이 달리는데 그중에서 레바논산맥이 가장 두드러
진다.

바로 이 지역에서 최초의 정착민들은 보리, 밀 그리고 완두콩, 렌
틸콩을 비롯한 콩류를 경작하고 양, 염소, 소, 돼지를 길들여 가축
으로 기르기 시작했다. 기원전 7천 년 중반에는 진흙을 불에 적절

하게 구워 방수 처리를 해 내구성을 향상시키는 커다란 기술적 진전을 이루었다. 그 후 쓰임새가 많은 이 재료는 갖가지 그릇과 장난감 및 도구를 만드는 데 사용되었고, 벽돌에서 타일·배수로와 건물 장식에 이르기까지 건축 소재로 다양하게 활용되며 삶의 모습을 크게 바꾸었다. 또한 어디에서나 흔히 볼 수 있기 때문에 신이 인간을 창조할 때도 사용되었을 것이라고 여겨졌다. 최초의 인간은 진흙으로 만들어졌다는 생각은 여기에서 비롯되었다.

초기 정착지 중 일부는 니네베(오늘날의 모술), 아르빌(이르빌 또는 에르빌으로도 불린다. 옛이름은 아르벨라, 우르벨룸이다), 알레포(아랍어로는 할라브)와 같은 도시로 성장했다. 이 도시들은 1만 2천 년의 거주 역사를 자랑하며, 꾸준히 인근 지역의 정치적·경제적 중심지 역할을 수행해 왔다. 심지어 아르빌과 알레포는 이 기간 내내 이름을 지켜 왔다. 이러한 긴 역사를 가진 도시들과 비교해 볼 때 바빌론(아카드어로는 바빌림)은 상대적으로 뒤늦게 성장했으며, 지금으로부터 약 4천여 년 전에 비로소 정치적으로 주목받는 도시가 되었다. 그리고 그로부터 약 2천 년 후에는 명성이 쇠퇴하면서 때 이른 은퇴를 경험하기도 했다.

바빌론은 메소포타미아의 '세 강이 만나는 지역'에 위치하고 있다. 즉 오늘날의 바그다드 지역으로 유프라테스강, 티그리스강, 디얄라강이 만나는 지역이다(지도 1). 이 지역은 주변 지역을 통제할 수 있는 전략적 요충지인데, 바그다드는 이러한 요충지에 세워진

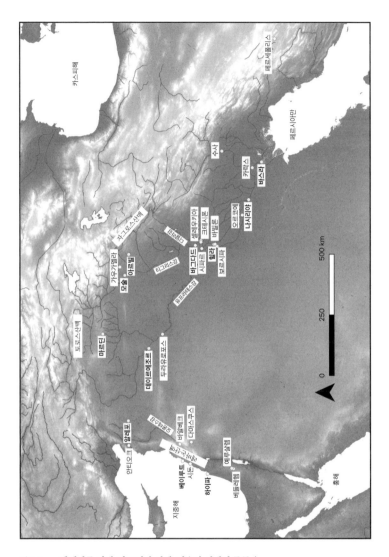

지도 1   헬레니즘 시대, 파르티아 시대, 이슬람 시대의 중동.*

* 오늘날의 지명은 굵은 글씨로 표시했다.

정착지 중 가장 늦게 자리 잡은 도시이다. 이곳은 유프라테스강과 티그리스강이 매우 가까이 흐르며, 자그로스산맥에서 발원하는 디얄라강이 티그리스강으로 흘러들면서 동쪽으로 진출할 수 있는 이상적인 경로를 이룬다.

유프라테스강과 티그리스강이 만나면서 남쪽 페르시아만으로 흘러가는 지점은 이라크 남부에 위치한 광대한 범람원의 북부 지역에 해당한다. 여기에서 두 강은 많은 지류와 수로를 만나서 삼각주를 이룬다. 봄이 되면 자그로스산맥과 토로스산맥에서 눈과 얼음이 녹은 물이 평야에 이른다. 그리고 수로가 범람하면서 소중한 침전물이 함유된 진흙을 땅에 퇴적시킨다. 이는 천연비료 역할을 하여 곡류(가장 중요한 농작물은 보리와 밀)를 경작하고 대추야자를 재배하기 위한 최상의 환경을 조성한다. 산에서 흘러내려 오는 물이 없었다면 강우량이 적은 이곳은 아마도 사막이 되었을 것이다.

반면에 너무 많은 물이 흘러내리면 농작물을 모두 쓸어 가고 정착지를 파괴해 버리기 때문에, 홍수를 관리하기 위해 기원전 5천년 초반부터 많은 수로·둑·댐·제방 등이 건설되었다.[2] 20세기에 들어서 터키·시리아·이라크가 전기를 공급하고 농지에 안정적으로 물을 대고자 대규모 댐과 저수지를 건설함으로써 계절성 범람은 없어졌고, 그로 인해 지역 환경은 큰 변화를 겪게 되었다.

끊임없이 변화하는 환경 속에서 영구적인 대형 구조물 없이 전통적 급수시설을 건설하기란 매우 어려운 일이었으므로 메소포타미아인들은 정교한 산수 능력을 발전시킬 수밖에 없었다. 수리에 관한 이들의 명성은 지금까지 이어진다.[3] 산술 능력은 공간에서 시간, 사물 및 사람에 이르기까지 사회 전반을 조직화하는 데 이용되었다. 원래는 태음년의 달들과 태양년을 조화시키기 위해 숫자 60을 기초로 한 가상의 '60진법체계'[4]를 만들었는데, 이는 규칙적인 숫자로 더 쉽게 계산하고자 자연환경의 조건을 도식화한 것이다. 지금도 우리는 각도를 재거나(원을 360도로 나눔) 시간을 읽을 때(60초는 1분, 60분은 1시간 등) 이 체계를 사용한다.

메소포타미아에서 경작하기에 좋은 조건을 만들기 위해서는 반드시 여러 지역의 많은 사람이 힘을 모아야 했다. 이러한 이유 때문에 이라크 남부에서는 이른바 '도시혁명'의 장면이 연출되었다. 이용어는 영국의 인류학자 비어 고든 차일드가 1930년대의 현상을 가리켜 사용한 것이다.[5] 메소포타미아에서 이러한 현상은 상당히 점진적으로 이루어졌으므로 이 용어는 조금 부정확하다고 할 수 있다. 하지만 이로써 사람들이 모여 사는 방식이 크게 변하여 촌락에서 도시로, 혈연사회에서 국가로 발전하게 되었다. 사회적 계층화, 기술의 전문화, 관료체제의 발달과 그에 따른 문자의 발명 등이 도시 생활을 특징짓는다. 도시의 주민들은 빗물에 의존해 농사짓는 주변의 작은 촌락 주민들과 점차 큰 문화적 · 사회적 격차를 보였다.

유프라테스강과 티그리스강이 평원으로 흘러들어 오기 전에 굽이치면서 바닥을 침식하는 고지대 지역과 아래쪽 범람원 사이의 접

점에 '세 강이 만나는 지역'이 위치한다. 고지대 지역에서는 빗물로
도 농사를 지을 수 없었을 뿐 아니라 농지에 물을 대기 위한 관개시
설도 없었다. 강과 들판 사이의 고도 차이가 상당히 큰 상황에서 이
를 극복할 만한 기술이 없었던 것이다. 그러나 이 지역은 가축을 방
목하기에는 매우 적합한 환경이었다. 기원전 9천 년경 최초로 길들
인 가축이 바로 양과 염소다. 처음에는 고기를 목적으로 사육하다
가 나중에는 젖까지 얻을 수 있었다. 양과 염소의 털이 방직 섬유로
서 가치를 가지게 된 것은 훨씬 나중의 일로, 대략 기원전 6500년경
이다. 양은 양털을 얻기 위해서도 사육되었으며, 양털을 위한 품종
의 양은 기원전 3천 년대 초반에야 신중한 선별을 거쳐 등장했다.[6]
세련된 직물의 생산은 장거리 무역에서 매우 중요했기 때문에 고대
이라크 경제에서 양털은 주요 상품이었다.[7] 양털을 섬세하고 우아
하게 짠 고급 의복은 두 강의 상류 지역에서 많이 생산된 수출 상품
이었다.

 이제 세 강 유역의 세 번째 강에 대해 알아보자. 디얄라강은 자그
로스산맥의 넓은 원류에서 흘러내린 물이 모인 것으로, 바그다드
지역에 이르러 범람원으로 흘러들어 가 티그리스강과 합류한다. 이
란으로 가는 육로에 접근하기 위한 이상적인 통로인 디얄라강은 풍
부한 금속광물 퇴적물을 함유하고 있으며, 아프가니스탄과 인도 같
은 더 먼 지역으로의 무역을 위한 훌륭한 연결로가 된다. 먼 나라들
에서는 매우 인기 있는 암청색 청금석 그리고 혈적색 홍옥수 원석

을 들여왔다. 페르시아만을 통한 해상무역보다 육상무역이 선호되던 시기에는 항상 이 세 강 유역이 이상적인 지정학적 요충지로서 지역 간 무역의 핵심 역할을 수행했다. 바빌론이 두각을 나타내기 시작한 기원전 2천 년 초기가 바로 그러한 시기였다.

바그다드의 세 강 유역에서 페르시아만까지 펼쳐지는 범람원을 오늘날 우리는 '바빌로니아'라고 부른다. 바빌로니아는 기원전 6세기경 바빌론이 바빌론제국의 수도로서 이라크에서 가장 중요한 도시로 명성을 날리던 무렵, 그리스어권 사람들이 만들어 낸 명칭이다. 이 명칭은 바빌론 초기에 살았던 사람들에게는 다소 생소하게 들렸을 것이다. 물론 바빌론이 기원전 2천 년 초부터 이 지역의 중요한 도시 중 하나였던 것은 사실이지만, 결코 언제나 가장 중요한 도시는 아니었다. 이라크 남부 지역은 미국의 고고학자 로버트 매코믹 애덤스가 명명한 것처럼 '도시들의 중심'이었다.[8] 많은 도시가 바빌론과 경쟁했고, 그중에는 바빌론보다 긴 역사를 자랑하는 도시도 많았다. 우루크·우르·키시·니푸르와 같은 도시들은(지도 2) 건축·문학·축제 및 공동체적 삶이라는 측면에서 풍부한 문화유산을 자랑했으며, 바빌론보다 퍽 오래 기록된 역사를 가지고 있었다. 이 도시들의 주민들은 이러한 사실을 자랑스러워했다. 그래서 그들은 이라크 남부 지역이라는 공통분모를 강조하는 명칭을 쓰지 않고 스스로를 '바빌론의 아들', '우루크의 아들', '니푸르의 아들' 등으로 불렀다.

세 강 유역인 바빌로니아의 북부 지역과 여러 물길이 페르시아만의 습지로 합쳐지는 바빌로니아의 남부 지역을 구분하기 위해서는 좀 더 조심스러운 명칭이 사용되어, 남부 지역은 주로 '해국'이라고 불렸다. 기원전 3천 년 중기 이후[9] 북부 지역은 그곳에 자리 잡은 국가의 수도 및 언어의 명칭을 따라 '아카드의 땅'으로 불렸다.[10] 이들의 언어 아카드어는 셈어 계열로 바빌로니아어로 이어지며, 아시리아어와는 가까우면서도 뚜렷한 차이를 보인다.[11] 남부 지역은 그곳의 언어인 수메르어의 이름을 따서 '수메르의 땅'이라 불렸는데,[12] 수메르어는 현존하는 또는 사어가 된 어떤 언어와도 연관이 없는 것으로 알려져 있다. 바빌로니아에 가장 근접한 명칭은 두 지역을 함께 부르는 '수메르와 아카드의 땅'이다.

이 두 언어는 모두 쐐기문자로 기록되었는데,[13] 젖은 점토판에 갈대철필로 새긴 문자의 모양이 쐐기 같다고 하여 그러한 이름이 붙여졌다. 문자 기록에 쓰인 재료들은 남부 이라크의 강변에서 흔히 구할 수 있었다. 이 문자는(오늘날 원생 쐐기문자로 부른다) 기원전 4천 년대 후기 우루크에서 수메르어를 사용하는 사람들이 만든 것으로 생각되는데, 이러한 주장에는 논란의 여지가 있다. 현대인의 관점에서 볼 때 기록문자의 발명은 도시혁명이 이루어 낸 가장 놀라운 성취이다. 쐐기문자는 본래 장부를 기록하기 위해 고안된 것으로, 서서히 음절기호와 어표를 포함한 문자체계로 발전하여 구어를 기록할 수 있게 되었다. 이후 3천 년간 중동 전역의 여러 언어권에서

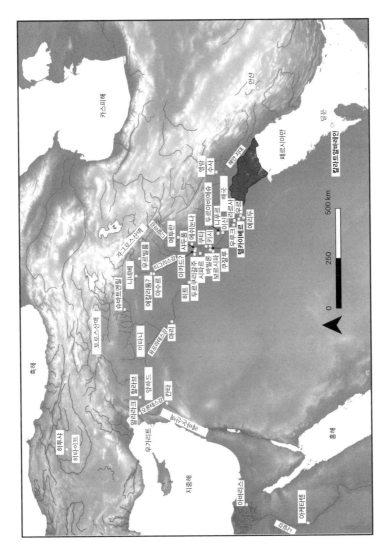

지도 2   기원전 2천 년의 중동.*

* 오늘날의 지명은 굵은 글씨로 표시하고 확실하지 않은 지명에는 물음표를 병기했다.

문서 기록에 사용되었다. 셈어족의 바빌로니아어와 아시리아어로
부터 인도유럽어족의 히타이트어와 페르시아어, 그리고 엘람어·후
르리아어·우라르투어 등을 포함한 여러 언어권에서 쓰였다. 만약
필요하다면 영어나 다른 언어에도 쐐기문자를 사용할 수 있다. 쐐
기문자체계는 한자에 견줄 만큼 조합성이 뛰어나고, 읽고 쓰는 쓰
임새에 따라 적절하게 조절해 쓸 수 있다. 기초적인 기호 100가지
를 사용하면 읽는 사람이 뜻을 제대로 이해할 수 있는 편지를 쓸 수
있다. 또는 개성이 드러나도록 흔치 않은 기호rebus를 500가지 사용
하면 글쓴이의 학식과 박식함을 과시할 수도 있다.[14] 바빌론 연구에
서 쐐기문자 텍스트는 가장 중요한 자료이다.

기원전 3천 년대 중기의 바빌론에 대해서는 거의 알려진 바가 없
지만, 이러한 쐐기문자 텍스트를 통해 약간의 정보를 얻을 수 있다.
바빌론 지역의 지하수 수위가 높은 탓에 초기 정착층은 지하수의
영향을 크게 받았을 것이므로 고고학적 발굴을 통해 정보를 얻기란
매우 어려운 일이다. 그리고 초기 정착층 위에는 몇 겹으로 후대의
정착층이 쌓여 있다(제3~4장 참조). 미국 예일대학교 서고의 바빌로
니아 소장품 중에는 기원이 불분명한 석회석 명판 조각이 있다. 거
기에는 '마르두크dAMAR.UTU 신전의 건축가' 즉 BAR.KI.BAR의 총독
이라는 뜻의 쐐기문자가 기록되어 있다.[15] 윌프레드 램버트는 이 텍
스트를 옛 아카드어로 해석해야 하며, 도시 바빌론의 수호신이 마
르두크임을 감안할 때 BAR.KI.BAR(아마도 바발Babal로 읽히는 듯하다)

는 바빌론을 지칭하는 초기의 철자로 이해해야 한다고 주장했다.[16] 이 지명의 통상적인 표기는 KÁ.DINGIR.RA 또는 KÁ.DINGIR인데, 이는 모두 '바빌림'의 아카드어 명칭을 어표로 표기한 것이다. 바빌림은 '신의 문'이라는 뜻으로 이를 그리스어로 번역한 것이 오늘날 우리가 말하는 '바빌론'이다. 바빌론은 이 지역의 중심지로서 아카드 왕국(기원전 3천 년 중기)과 우르 왕국(기원전 3천 년대 후기)의 재상들이 발행한 텍스트에 등장한다.[17] 우르 왕국이 무너지고 난 후 바빌론과 같은 여러 도시들 사이에서 전쟁이 이어지는 기원전 2천 년대 초기의 역사적 상황은 제3장에서 살펴볼 것이다.

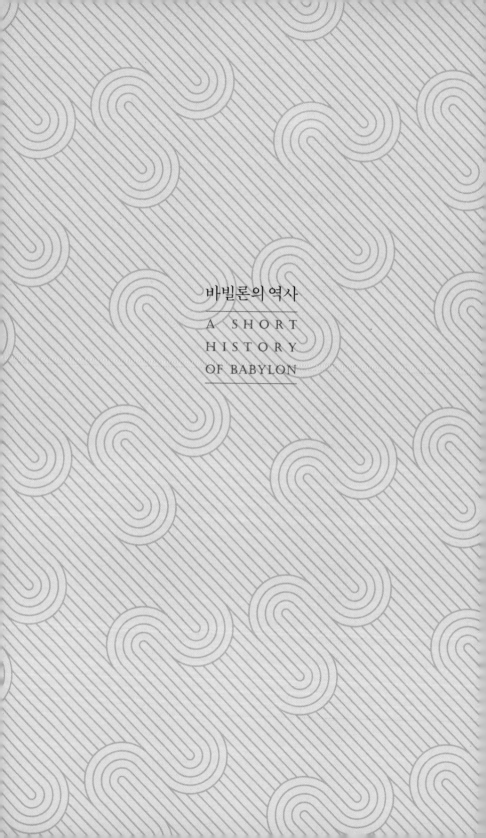

바빌론의 역사

A SHORT
HISTORY
OF BABYLON

제2장

바빌론의 쇠락한 폐허와 재발견

트라야누스 황제는 로마제국이 낳은 가장 성공한 통치자 중 하나이다.[1] 그는 서기 98~117년에 통치했으며 유례없는 평화와 번영의 시대를 열었다. 그가 이끈 군사 원정의 성공으로 로마제국은 최대의 영토를 확보했으며, 잠시나마 메소포타미아 전역을 지배했다.

트라야누스 황제는 건축을 장려하여 많은 건축물을 지었다. 총애하던 다마스쿠스 출신 건축가 아폴로도로스와 함께 독특한 건물과 기념물 들을 지음으로써 로마의 전경을 바꾸어 놓았다. 트라야누스 포룸, 트라야누스 다리, 트라야누스 목욕탕 등은 튼튼하게 지어져 지금까지 남아 있으며 여전히 로마의 경치를 이루고 있다. 오늘날에도 많은 관광객이 안내 책자를 들고 이 건축물들을 감상하며 로마제국의 옛 영화에 감탄한다. 서기 116년 트라야누스 황제는 고대도시 바빌론에서도 이와 똑같은 일을 하고자 했다.

트라야누스는 서기 114~117년 사이 파르티아제국과 전쟁을 벌이던 시기에 바빌론을 방문했다.[2] 강력한 동방의 적 파르티아는 이란과 중앙아시아뿐 아니라 오늘날의 이라크까지 지배했다. 파르티아의 정치적 영향력 때문에 로마의 야망은 터키 동부와 페르시아만으로 뻗어 나갈 수 없었다. 이는 인도와의 무역을 통해 막대한 이윤을 얻는 데 큰 장애가 되었다.

로마는 수십년 간 파르티아 땅을 정복하려 했지만 번번이 실패했으며, 기원전 20년 아우구스투스 황제는 유프라테스강을 따라 시리아사막을 가로지르는 국경선에서 멈춰 서야 했다. 이 국경선은 서기 116년 트라야누스와 로마의 군대가 오늘날 시리아와 이라크의 국경인 유프라테스강변에 위치한 두라유로포스 요새(앞의 지도 1)에서 파르티아 영토로 진격할 때까지 그대로 유지되었다. 트라야누스의 함대는 파르티아가 지배하는 메소포타미아로 나아갔다. 트라야누스 황제는 파르티아의 요새인 크테시폰과 티그리스 강변의 셀레우키아를 공격하기 위해, 유프라테스강에서 바그다드 지역의 좁은 해협을 거쳐 티그리스강으로 함대를 이동시켰다. 전투에서 승리한 그는 페르시아만으로 나아가 중요한 무역항인 카락스(오늘날의 자발카야바르)에 이르렀다. 무역선은 인도에서 향료 · 후추 · 상아 · 보석 · 진주 같은 귀중한 상품을 실어 왔는데, 이러한 사치품은 로마제국의 상류층에게 큰 인기를 끌었다.

트라야누스 황제는 카락스에서 메소포타미아 정복과 로마제국

속주로의 합병을 선포했다.[3] 그러나 2년 후 트라야누스가 로마로 돌아가는 길에 사망하자, 다시 이 지역을 파르티아에 내어 주면서 로마제국의 지배는 짧게 끝났다. 트라야누스의 후계자 하드리아누스 황제는 영토 확장보다는 안정적이고 방어할 수 있는 국경선을 중시했다. 하지만 이는 나중의 일이며, 당장은 트라야누스의 승리가 완성되었다. 그는 새로운 무역체계와 로마 행정부를 수립하는 바쁜 일정에도 잠시 시간을 내어 명성이 자자한 바빌론을 방문하여 둘러보았다.

바빌론을 방문한 트라야누스는 매우 실망하고 말았다. 로마 역사학자 카시우스 디오에 따르면 트라야누스 황제가 바빌론을 방문하고 싶어 한 이유는 바빌론이 도시로서 유명했을 뿐 아니라, 기원전 323년 알렉산더 대왕이 사망한 곳이었기 때문이다. 트라야누스는 마케도니아의 정복자 알렉산더를 동방원정의 역할모델로 삼았기에, 그 사실이 그에게는 더욱 의미가 있었다.

또한 트라야누스는 디오도로스 시켈로스(《역사총서》 II 7-9)와 스트라본(《지리지》 XVI 1.5-6) 같은 지리학자들이 서술한 바빌론에 대해 알고 있었을 것이며, 특히 알렉산더 대왕의 전기 작가 퀸투스 쿠르티우스 루푸스(《알렉산더 대왕 전기》 V 1.17-39)가 건축·공학·미의 결정체로 극찬한 바빌론의 왕궁 정원도 알고 있었을 것이다. 이른바 바빌론의 공중정원으로 불리는 이 정원은 세계 7대 불가사의로 알려져 있다. 또한 그는 시돈(레바논)의 시인이자 탐험가 안티파

47

트로스가 유명한 시(《그리스선집》 IX.58)에서 노래한, '난공불락의 바빌론 성벽과 그 안에서 이루어진 전차 경주'에 대해서도 들어 보았을 것이다.

기대할 만한 건축물은 매우 많았으나, 안타깝게도 바빌론의 실제 광경은 디자인 애호가로 널리 알려진 트라야누스 황제에게 깊은 인상을 남기지는 못했다. 카시우스 디오는 다음과 같이 기술했다.

그(트라야누스)가 그곳(바빌론)에 간 이유는 그 도시의 명성과 알렉산더 대왕 때문이었다. 허나 그가 본 것은 둔덕과 돌 그리고 폐허뿐이었다. 그는 알렉산더가 사망했다고 알려진 방에서 혼령에게 제사를 올렸다.

— 카시우스 디오, 《로마사》 68.30.1.

여행사들이 일반인을 대상으로 이라크 여행을 제안하던 1970년대와 1980년대에 바빌론을 찾은 많은 관광객이 그랬듯이, 로마 황제 트라야누스는 바빌론의 옛 명성과 눈앞에 있는 건축물의 잔해를 조화시키기 위해 애썼다. 비록 파르티아제국 시대의 영화로웠던 모습 일부가 남아 있기는 하지만, '둔덕과 돌 들과 폐허'뿐이라는 기술이 부적절하거나 불친절한 것은 아니다.[4]

이것은 진흙벽돌로 만든 건축물의 한계다. 진흙벽돌은 강변에서 흔히 구할 수 있는 진흙에 짚을 섞은 다음 햇볕에 말려서 만든다. 값싸고 튼튼한 건축 재료이며 특히 단열성과 통기성이 뛰어나다.

그런데 진흙벽돌은 상대적으로 내구성이 약해 지속적으로 보수해야 한다. 보수하지 않고 방치하면 진흙벽돌로 지은 건축물은 50년에서 70년이면 폐허로 변한다. 물론 진흙벽돌을 불에 구우면 내구성을 향상시킬 수 있다. 하지만 메소포타미아에서는 비가 많이 내리지 않고 연료가 비싸므로 구운 벽돌은 일반적으로 건물의 장식 재료나 건물 구조상 중요한 부분의 보강 재료로 쓰였다. 20세기 중반에 콘크리트가 도입되기 전까지 바빌론 지역의 많은 건물이 햇볕에 말린 진흙벽돌로 지어졌다. 제대로 관리하지 않은 건물들은 무너져 내려 결국 진흙더미가 되고 말았다. 건물이 더 이상 사용되지 않을 경우, 재활용할 수 있는 목재 문짝이나 지붕보 등을 떼어 내고 남은 구조물은 자연에 그대로 노출된 채 급속히 부식되었다. 기계를 사용하기 전까지는 진흙벽돌 잔해를 철거하기란 매우 힘든 일이어서 대부분은 그대로 방치되었다. 그래서 건물이 폐허가 된 지역에서는 잔해를 치우는 대신 땅을 평평하게 고른 다음, 그 위에 다시 건물을 세우는 게 훨씬 쉬웠다. 이러한 이유 때문에 진흙벽돌을 이용한 정착지는 시간이 흐를수록 지면의 고도가 높아지는데, 이러한 인공적 둔덕(텔)은 중동 지역의 전형적인 고고학적 특징이다.

서기 116년 도시 바빌론을 방문한 트라야누스 황제가 특별한 관심을 보인 곳은 수세기 동안 버려진 채 사용되지 않은 네부카드네자르 2세(재위 기원전 605~기원전 562년)의 고대 왕궁이었다(제5장 참조). 알렉산더 대왕이 그곳에 머물다 세상을 떠났고, 고대의 여러 작가는 이 왕궁의 아름다운 정원을 자세하게 묘사했다. 고고학적 발굴에 따르면, 왕궁이 더 이상 왕들의 거처로 사용되지 않게 된 기원전 1세기 이후 일반인들이 이곳에 집을 짓고 묘를 쓰며 거주했던 것으로 보인다.[5] 그곳을 찾은 트라야누스 황제가 본 것은 실제로 알렉산더가 사망한 곳일 수도 있지만, 이미 그곳은 옛 왕궁터의 진흙 벽돌 잔해 속에 사람들이 점유해 살고 있는 곳으로 바뀐 뒤였을 것이다. 또한 유명한 정원 역시 남은 것이 없었으며, 트라야누스가 깊은 관심을 보였던 수리공학의 흔적 역시 찾을 수 없었다. 트라야누스는 이곳에서 자신의 역할모델인 알렉산더 대왕을 기리기 위해서라도 그럴듯한 모습을 기대했을 것이다.

트라야누스의 방문 시기 왕궁터가 그렇게 쇠락한 이유는 그로부터 약 4세기 전 알렉산더 대왕의 후계자들이 내린 정치적 결정에서 찾을 수 있다.[6] 알렉산더 대왕 사후 그의 정복지를 차지하기 위한 전쟁이 일어났다. 바빌론은 알렉산더의 장군 셀레우코스와 애꾸눈 안티고노스 사이의 격전에 휘말려 기원전 310~기원전 309년경 침탈을 당했다. 셀레우코스는 알렉산더의 정복지 가운데 중동 지역을 장악하는 데 성공하자, 기원전 305년경 바빌론에서 북쪽으로 약 90킬로미터 떨어진 티그리스 강변에 위치한 곳에 자신의 이름을 붙인 셀레우키아(오늘날의 텔우마르)라는 새로운 도읍을 건설했다. 셀레우코스는 바빌론이 아니라 그곳에 자신의 궁정을 세웠다. 그의 아들이자 후계자인 안티오코스 1세가 기원전 275년경 바빌론의 그리스인과 마케도니아인 정착민들을 셀레우키아로 이주시켰고, 고대도시 바빌론의 중요성은 더욱 감소했다. 남은 주민들은 당시 중동 지역에서 가장 큰 규모를 자랑하던 8제곱킬로미터에 달하는 바빌론의 정착지를 감당할 수 없었다. 도시의 상당 부분이 버려진 채 폐허가 되었고, 궁정이 티그리스 강변의 셀레우키아로 이전하면서 주요 기능을 상실한 왕궁 역시 마찬가지 신세가 되었다.

트라야누스 황제가 바빌론을 방문했었다는 역사적 사실이 사람들의 관심을 불러일으키는 데에는 크게 도움이 되지 않았겠지만, 이 도시의 옛 영화에 대한 서방 세계의 관심은 사그라들지 않았다. 헤로도토스는 역사서에서 바빌론에 대해 환상적인 기술을 남겼다. 공중정원은 여전히 세간의 관심을 끌었고, '기이한 현상 기록가'로 알려진 비잔티움 출신의 필론(기원전 3세기에 공학, 물리학, 역학에 관한 많은 저술을 남긴 필론과 혼동하지 않아야 한다)이 4세기 또는 5세기에 기록한 《세계 7대 불가사의*De septem mundi miraculis · On the Seven Wonders of the World*》에도 등장했다. 필론은 바빌론을 직접 방문하지는 않았지만 고대 자료를 활용했다. 《세계 7대 불가사의》의 인기는 오래도록 지속되었는데, 많은 어린이가 이를 통해 바빌론에 대해 처음 들어 보게 되었다. 나 역시 여섯 살 때 시리얼 박스 뒷면에 그려진 그림을 오려서 공중정원 모델을 만들었던 일을 생생히 기억한다.

필론의 책은 독자들의 상상력을 크게 자극했다. 그중에는 빈과 잘츠부르크의 널리 알려진 건물을 여럿 지은 오스트리아의 유명한 바로크 건축가 요한 베른하르트 피셔 폰 에를라흐가 있다. 1721년 출간된 그의 저서 《역사적 건축 설계 *Entwurff einer Historischen Architectur*》는 최초로 쓰인 세계 건축 비교연구서의 하나로 인기를 끌었고, 1730년에 《공공 및 역사적 건축 설계 *A Plan of Civil and Historical Architecture*》라는 제목으로 영문판이 출간되었다. 후대에 큰 영향을 미친 이 책은 《세계 7대 불가사의》에 대한 서술로 시작하는데, 바빌론의 공중정원 역시 에를라흐가 직접 그린 그림과 함께 자세히 소개된다(그림 2.1). 바빌론 왕궁은 에흘라흐에게 깊은 인상을 주어 그가 오스트리아의 쇤브른궁전을 설계하는 데 영향을 미쳤다. 특히 빈에서 가장 인기 있는 관광명소의 하나로 자리 잡은 넓고 화려한 정원에 그러한 점이 잘 나타난다.

그렇다면 바빌론의 실제 모습은 어떠했을까? 아랍의 여행가이자 연대기 작가인 이븐 호칼은 10세기에 바빌론을 방문한 적이 있다. 바빌론은 비록 작은 촌락의 모습이었지만 여전히 주민이 살고 있었다. 지역 주민들은 그곳이 고대에 매우 중요한 도시였음을 기억하고 있었다. 그는 자신의 유명한 저서 《지구의 이미지 *Book of the Image of the Earth*》에서 다음과 같이 서술했다.

"바빌론은 작은 촌락이지만 이라크에서 가장 오래된 도시다. 이 도시의 이름을 따서 이 지역 전체가 바빌론으로 불린다."[7]

현대 학자들은 바빌론이 이라크에서 가장 오래된 정착지라는 그의 견해를 인정하지 않는다. 모술이나 아르빌 같은 도시는 이미 호

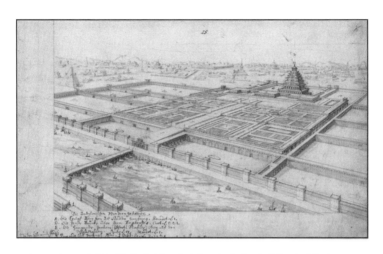

그림 2.1　오스트리아의 건축가 에를라흐가 직접 그린 〈바빌론의 경이로운 건축물〉(1712). 그의 저서 《역사적 건축 설계》에 실린 스케치로, 이 책에는 마찬가지로 직접 그린 바빌론의 공중정원도 수록되어 있다.

칼의 시대에 번성했으며 그 뒤로도 정치적 요충지였다. 이 도시들에는 1만여 년 전 '신석기혁명' 시대에 최초로 사람들이 정착했으며, 이는 바빌론보다 1천 년 이상 앞선 것이다. 바빌론의 명성에 대한 기억은 지역 주민의 전통 속에 잘 녹아 있으며, 메소포타미아의 다른 많은 고대도시들과 달리 바빌론이라는 이름은 결코 잊히지 않았다.

　트라야누스 황제 이후 로마에서 바빌론을 찾은 저명한 인사는 귀족 출신 여행가 피에트로 델라 발레였다.[8] 당시 스물여덟 살이던 피에트로는 로마의 명망 있는 가문 출신으로 시인 겸 음악가였다. 실연의 상처 때문에 1614년 이탈리아를 떠나 긴 성지 순례길에 오른 그는 12년에 걸쳐 오스만제국, 페르시아, 인도를 아우르는 기나긴 여행을 했다. 실연의 상처는 1616년 알레포에서 한 아름다운 아시리아 기독교도 여성의 초상화를 봄으로써 치유되었다. 그 주인공 레이디 마니 주웨리(이탈리아어로는 시티 마니 조에리다)는 원래 마르딘 출신으로 바그다드에 살고 있었는데, 피에트로는 그녀를 만나기 위해 곧 그곳으로 떠났고 이후 두 사람은 결혼했다.

피에트로 델라 발레는 1616년 바그다드에 머물면서 그 지역을 둘러보았고, 바빌론을 방문하여 쐐기문자가 새겨진 고대의 구운 벽돌들을 수집했다. 1626년 그는 이것을 여행 중에 모은 다른 수집품과 같이 로마로 가져왔다. 당시 해독할 수 없는 문자가 새겨진 고대의 벽돌은 우모리스티 아카데미*와 교황청의 학자 사이에 대단한 반향을 불러일으켰다. 한편 1622년 이란에서 유산 후 사망한 시티 마니는 납으로 밀봉한 관에 안치되어 남편의 남은 여행길에 동행하여 로마에 함께 돌아왔는데, 미라화된 그녀의 사체는 사람들의 큰 관심을 끌었다. 그녀는 로마에 있는 델라 발레 가문의 묘지에 성대한 의식을 치른 뒤 안치되었다.[9]

피에트로 델라 발레는 여행담을 책으로 펴냈고 많은 사람이 읽었다. 이라크를 찾는 유럽의 여행가들은 그의 선례를 따라 바빌론에 가서 쐐기문자가 새겨진 벽돌을 찾았다. 1764년에는 독일의 탐험가 카르스텐 니부어가 덴마크 왕실을 위해 바빌론을 방문해 측량하

---

* Accademia degli Umoristi(Academy of the Humorists). 1603년 설립되어 17세기 로마의 문화생활에 큰 영향을 준 지식인과 귀족 들의 학회였다.

고 스케치했다. 1782년에는 프랑스의 외교관이자 성직자인 피에르 조제프 드보샹이 바빌론을 방문했었는데, 그의 회고록이 1792년 영어로 번역되자 영국의 동인도회사는 바그다드와 이라크 동남부 바스라에 있는 주재원들을 현지로 보내 고대 유물을 찾게 했으며, 그것들을 런던으로 실어 보냈다.

동인도회사를 필두로 바빌론의 고고학적 발굴이 열기를 띠었다. 동인도회사의 바그다드 책임자 클로디우스 리치는 1811~1812년 첫 공식적인 발굴에 착수했고, 1817년 다시 발굴을 시행했다. 이후 19세기 내내 영국과 프랑스의 발굴이 이어져 메소포타미아의 많은 유물이 대영박물관과 루브르박물관에 소장되었다. 지역 주민들도 발굴에 참여하여 바그다드 시장 거리에는 바빌론의 쐐기문자판과 유물 들이 넘쳐났다. 이는 모두 경제적 이득 또는 박물관 소장을 목적으로 한 보물찾기나 다름없었다. 오늘날 이라크에서 횡행하는 고대 유적지의 불법 발굴 또한 마찬가지다. 상당한 유물이 발굴된다 할지라도 유적지 자체가 훼손될 뿐 아니라 고대 유적에 대한 이해 증진에 전혀 도움이 되지 않는다. 기록 및 관리가 전혀 이루어지지 않고 매우 기본적인 수준에 머물렀으며, 측량이나 스케치조차 제대로 이루어지지 않았기 때문에 현대 고고학자들은 바빌론 초기 발굴에 문제가 많았다고 여긴다.

그러한 발굴 중에는 호르무즈드 라삼[10]이 1879년 3월에 발견한 유명한 키루스원통(그림 8.1)이 있다. 이는 마르두크 신전 기초에 매장된 건축 비문으로서, 기원전 539년 바빌론을 접수한 페르시아의 정복자가 바빌론의 왕을 자칭하면서 기록한 것이다. 이 유물은 오늘날 가장 유명한 쐐기문자 기록의 하나로 인정받으며, 키루스의 이름이 기록된 유일한 고대 기록물이다. 당시 바빌론의 많은 발굴자처럼 라삼은 수천 점의 점토판을 발굴했다. 그중에는 사적인 거래장부나 에산길라(또는 에사길라) 신전 서고의 문서들도 있으며, 이는 현재 대영박물관에 소장되어 있다. 호르무즈드 라삼은 오늘날 이라크 최초의 고고학자로 여겨진다. 그는 모술의 아시리아 기독교인 명문가 출신으로, 1846년 동인도회사 주재원 헨리 레이야드의 니네베 발굴을 도왔고 그 후에는 대영박물관을 위해 이라크에서 일했다. 니네베는 그의 고향인 모술의 옛 이름이며, 그는 바로 그곳에서 가장 중요한 발굴을 이루어 냈다. 라삼은 발굴가로서 성공을 거둔 반면 외교관으로서는 그다지 좋은 성과를 내지 못했다. 1864~1868년 에티오피아 황제에게 억류된 영국 선교사들을 석방시키는 임무를 수행하다가 자신마저 억류되고 말았다. 후에 라삼은 고고학적 발굴의 성과 덕분에 왕립지리학회와 런던의 성서고고학회의 회원이 되었으며, 튜린의 왕립과학원의 명예회원이 되었다.

고대 바빌론과 메소포타미아에 대한 지식인들의 관심은 19세기 전반에 걸쳐 파리, 런던을 비롯한 유럽 전역으로 번졌다. 한때 번영을 구가하던 지역이 이제는 폐허가 되었다는 사실에서 유럽의 발전과 우월감이 인정받고 돋보이는 것인 양 인식되었다. 쐐기문자를 해독하는 것이 당시 지식인들에게는 새로운 지적 도전이 되었다.[11] 성직자, 관료, 발명가, 동양학 학자, 골동품 수집가 등 다양한 분야의 인재들이 신비로운 문자를 해독하기 위해 애썼다. 런던과 파리뿐 아니라 덴마크 코펜하겐의 닐스 루드비 베스테르고르, 독일 괴팅겐의 게오르크 프리드리히 그로테펜트, 북아일랜드의 작은 도시 킬릴리의 에드워드 힝크스 등의 인재들이 동참했다.

여러 그룹의 개별적 노력이 모여서 쐐기문자의 해독이 이루어져 마침내 1857년 런던의 왕립아시아학회는 아카드어로 쓰인 쐐기문자 텍스트가 완전히 해독되었다고 선언했다. 해독에 참여한 인물 중 헨리 롤린슨이나 율리우스 오페르트 같은 이들은 직접 바빌론에서 발굴에 참여하기도 했지만, 대부분은 자기 서재에서 작업했다 (현대의 쐐기문자 학자들도 대부분 그러하다). 일부는 사적으로 잘 아는 사이여서 직접 만나거나 편지로 소식을 나누기도 했다. 하지만 고대문자의 해독이 가능했던 것은 쐐기문자 비문의 그림을 관심 있는 독자들에게 보급한 새로운 학문적 소통체계 덕분이었다. 19세기 들어 특정 주제에 초점을 맞춘 학술지가 다수 창간되어 정기적으로 출판되었고, 독자들은 그것들을 개인적으로 구독하거나 도서관에서 이용할 수 있었다. 이러한 학회지 중 《왕립아시아학회지》는 오늘날까지 출간을 이어 오고 있다. 현재 고대 메소포타미아에 관한 전문학회지는 수십 종에 이르며, 인터넷의 발달로 연구 교류 방식이 급속히 변화하는 추세이지만 여전히 적지 않은 학자들이 학회지를 주요 교류 수단으로 삼고 있다.

독일의 건축가이자 고고학자인 로베르트 콜데바이가 독일동양학회를 위해 1899년 발굴을 시작하면서 바빌론 발굴은 본격화되었다.[12] 고고학에 심취한 통치자 빌헬름 2세가 다스리던 프로이센은 '오스만의 문'*과 협정을 맺어 독일동양학회가 발굴 장소를 선정할 수 있도록 공식 허가를 받았다. 빌헬름 2세는 1898년 술탄 압둘 하미드 2세의 초청으로 오스만제국을 두 번째 방문하여[13] 한 달간 중동을 여행했다. 요트를 타고 이스탄불에서 하이파까지 이동했고, 거기에서 예루살렘과 베들레헴으로 갔다가 베이루트를 거쳐 기차를 타고 다마스쿠스로 돌아왔다. 돌아오는 길에 유명한 바알베크의 로마 신전을 방문했는데, 그곳에는 그의 방문을 기념하는 비문이 남아 있다. 그는 베를린과 바그다드를 잇는 철도를 프로이센의 회사가 건설하기로 한 약속을 재확인하고, 오스만 당국은 그에게 원하는 곳은 어디든 발굴할 수 있도록 허가함으로써 기존의 약속을 공고히 했다. 이로써 사업 기회를 놓친 영국과 프랑스의 정부와 회사들에게 큰 좌절을 안겼다.

고고학에 열광한 빌헬름 2세의 후원을 받은 독일동양학회는 콜데바이의 조언에 따라 바빌론을 첫 번째 발굴지로 선택했다. 콜데바이는 1897년 바빌론을 방문했을 때, 폐허 속 지면에 유약 바른 타

---

* 오스만제국을 가리킨다. 통치자가 궁전의 문에서 공식적인 결정과 판결을 발표하던 오랜 관행에서 유래한 표현이다.

일 파편들이 가득한 모습을 보고 깊은 인상을 받았다. 그래서 그곳을 학회에 추천했고, 진행 중이던 프로젝트를 위해 고대 유물을 손에 넣는 데 혈안이 되어 있던 학회 측은 곧 이 제안을 수용했다. 당시 루브르박물관과 대영박물관의 메소포타미아 고대 유물은 방문객에게 대단한 인기를 끌었기 때문에, 베를린의 신생 중동전시관에도 이 유물들을 전시하고자 했던 것이다.

콜데바이의 바빌론 발굴은 1899년에 시작되어[14] 약 20년에 걸쳐 지속되었다. 열정적인 발굴가였던 그는 바빌론의 유적을 조사하고 발굴하는 데 15년 가까이 헌신했다. 바빌론의 고대 건축물을 발굴하기 위해 수백 명의 일꾼을 고용했으며, 숙소에 고양이를 여러 마리 키웠다. 그는 가끔씩 찾아와 관광 가이드를 요구하는 외부의 방문객들을 맞는 것보다 고양이들과 함께 지내는 것을 더 좋아했다. 어쩔 수 없이 관광 가이드로 나서야 할 때면 바빌론에 관한《성경》이야기를 뒷받침할 만한 증거를 내심 기대하는 관광객들에게 얼토당토않은 이야기를 들려주곤 했다.

콜데바이는 관광객들이 찾아오면 구운 벽돌에 새겨진 네부카드네자르 2세의 이름이 사실은《성경》의〈다니엘〉에 나오는 바빌론 황태자 벨샤자르의 만찬 이야기에 등장하는 '벽에 쓰인 글'이라고 그럴듯한 이야기를 풀어놓았다.《성경》에 따르면, 벨샤자르와 하객들은 바빌론 군대가 예루살렘 성전을 파괴하고 약탈했던 성전 기물을 꺼내 와서 겁도 없이 이를 술잔으로 사용했다. 그러자 갑자기 손이 나타나 맞은편 벽에 글을 쓰기 시작했다.

"메네 메네 데겔 우바르신."

선지자 다니엘만이 이 글을 해독할 수 있었는데, 이는 바빌론의 멸망을 예언하는 내용이었다.

피에트로 델라 발레, 피에르 조제프 드보샹, 그리고 2001년과 2018년의 나를 포함한 많은 방문객이 그랬던 것처럼 바빌론의 도심지를 찾은 이들이 이러한 벽돌을 발견하는 건 매우 흔한 일이었다. 네부카드네자르 2세가 거대한 건축 사업을 진행하면서 그러한 벽돌을 무수히 찍어 냈기 때문이다(제7장 참조). 콜데바이의 이야기를 듣고 매우 흥분했다가 학문적 가치 때문에 벽돌 조각을 기념품으로 가져갈 수 없다는 말을 듣고 크게 실망하는 방문객들의 모습을 상상해 보라. 하지만 자칫 시시하게 느낄 수 있는 바빌론 방문이 괴짜 고고학자의 재치 있는 장난으로 활기를 되찾았을지도 모른다.

콜데바이의 발굴 작업은 제1차 세계대전이 발발하여 1917년 영국 군대가 바그다드를 침공하면서 갑작스럽게 중단되었다. 그는 발굴 현장으로 진격해 오는 영국군을 피해 급히 떠난 후 다시 돌아가지 못했다. 일흔 살 생일을 얼마 남기지 않은 1925년 생을 마감한 것이다. 베를린 리히터펠데 묘지의 그의 무덤에는 바빌론 건축물의 양식을 본뜬 계단식 탑 조형물이 세워졌다.

바빌론에서 콜데바이의 작업은 직사각형 모양의 도시 중심 지역에 집중해 있다. 이곳은 유프라테스강을 중심으로 좌우에 걸쳐 있

그림 2.2 로베르트 콜데바이가 참여한 독일 발굴팀 외 영국, 이라크 등이 실시한 바빌론 발굴 작업 지점.

으며 큰 다리로 연결되어 있으며, 사방에 방벽을 세우고 그 주위로 해자를 파서 유프라테스강의 물을 끌어들여 채웠다(그림 2.2).[15] 도심 중앙에는 마르두크 신의 고대 신전과 웅장한 계단식 탑이 들어섰다. 《성경》속 바벨탑 이야기로 유명한 이 건축물은 보존 상태가 좋지 않았는데, 폐허가 된 상부 구조를 알렉산더 대왕 시기에 떼어 낸 후(제9장 참조) 지면에 남아 있는 것은 거의 없었다. 19세기 말 식수를 얻기 위해 우물을 파던 주민들은 우연히 놀랍도록 잘 보존된 구운 벽돌들로 이루어진 계단식 탑의 기초를 발견했다. 사람들은 품질이 뛰어난 이 벽돌들을 건축 재료로 재사용했고 우물을 판 구멍은 지하수로 채워졌지만, 계단식 탑의 바닥면은 보존되었다. 오늘날에는 기하학적 모양의 연못만이 한때 위용을 자랑했던 건축물의 흔적으로 남아 있다. 다행히도 네부카드네자르 2세의 석비(그림 7.10)에는 중건을 허용하는 텍스트가 남아 있다.

1927년 유물을 담은 상자 536개가 베를린에 도착했다. 상자에는 콜데바이의 관심을 끌었던 유약 바른 벽돌 조각들이 주로 담겨 있었다. 베를린의 중동전시관에서 여러 해에 걸쳐 조각들을 끼워 맞추어 마침내 바빌론 내벽의 성문 중 하나인 이쉬타르 문의 전면이 모습을 드러냈다. 뱀용(무슈후슈)과 황소 들로 화려하게 장식된 이 놀라운 건축물을 본 트라야누스 황제는 분명 흡족했을 것이다. 이쉬타르 문에서 마르두크 신전으로 이어지는 행진도로를 따라 성벽이 이어지는데, 이 성벽과 네부카드네자르의 왕좌 전면부에서도 일부 벽돌들을 채취했다. 복원된 벽돌들에서는 꼬리를 휘두르며 이빨을 드러낸 사자들의 모습을 볼 수 있다. 화려하게 채색된 벽돌 장식과 복원된 이쉬타르 문은 중동전시관에서 상설 전시 중이며, 많은 관광객의 인기를 끌고 있다(그림 2.3).

바빌론에서도 이 거대한 문의 기초를 확인할 수 있는데, 동물 문

그림 2.3　베를린 중동전시관에 있는 이쉬타르 문. 이 문은 콜데바이가 발굴한 수많은 유물 중에서 조각조각 맞추어 복원한 것이다. 오른쪽에는 이 문을 건설한 네부카드네자르 2세의 남쪽 왕궁 알현실도 복원되어 있다.

양은 유약을 바르지 않은 벽돌에 장식되어 있다(그림 2.4). 고대에는 땅속 깊이 파묻혀 있어서 이 부분들을 전혀 볼 수 없었다. 1960년대에 이라크 정부가 바빌론을 관광명소로 개발하기 시작하여 관광객들에게 벽돌의 화려한 색상을 보여 주기 위해 근처에 원래의 절반 크기로 이쉬타르 문의 모형을 만들었다. 이라크의 사담 후세인 대통령은 대규모 재건축을 지시했고, 이는 '바빌론 고고학적 복원 프로젝트'로 이어졌다.[16] 1978년에 착수한 이래 이라크유물 · 유산위원회의 사업은 10년간 몹시 숨가쁘게 이어졌다. 심지어 1980~1988년

그림 2.4   바빌론에 남아 있는 이쉬타르 문의 기초.

까지 이어진 이란 · 이라크전쟁 기간에도 중단되지 않은 이 사업은 바빌론 도심 북부 지역을 거대한 박물관으로 탈바꿈시켰다. 사담 후세인이 관광객들에게 고대 바빌론의 웅장함을 보여 주고 싶어 했기에 복원 프로젝트는 정확성보다는 복원의 규모와 크기가 강조된 결과로 나타났다. 고고학자들은 실망했지만 일반인들은 큰 감명을 받았고, 트라야누스 황제의 다소 유감스러운 방문 이후 처음으로 바빌론은 관광 특수를 누리게 되었다.

  가장 철저하게 복원된 건물은 네부카드네자르의 남쪽 왕궁이다. 입구는 30미터 높이의 아치로 재탄생했고 방들과 스위트룸, 안뜰로

그림 2.5　사담 후세인의 비문이 새겨진 재건된 남쪽 왕궁에 있는 벽돌. 후세인은 복원 작업에 관한 자신의 업적을 아랍어로 새긴 벽돌을 사용할 것을 스스로 제안했다.

이어진다. 이것들 중 일부 벽은 18미터 높이로 지어졌다. 이라크유물·유산위원회 위원으로 복원 프로젝트를 총괄했던 도니 조지 유칸나는 2003년 《뉴욕 타임스》와의 인터뷰[17]에서 1986년 바빌론을 방문한 사담 후세인이 복원 작업에 쐐기문자가 아니라 아랍어로 된 자신의 비문이 새겨진 벽돌을 사용할 것을 제안했다고 말했다. 남쪽 왕궁과 이쉬타르 문에서 네부카드네자르의 벽돌을 볼 수 있는 것처럼, 복원된 벽에서는 벽돌에 새겨진 사담 후세인의 비문을 볼 수 있다(그림 2.5). 여러 종류의 비문이 새겨졌는데, 그중 하나는 다음과 같다.

승리를 거둔 공화국 대통령으로서 위대한 이라크의 수호자이자 부흥의 개혁가이며 문명의 건설자인 사담 후세인을 신께서 지켜 주실 것이며, 그 빛나는 치세하에서 위대한 도시 바빌론의 재건이 1987년에 완성되었다.

시티 마니 델라 발레 및 호르무즈드 라삼과 마찬가지로 도니 조지 유칸나는 아시리아 기독교인이다.[18] 이라크 출신의 저명하고 존경받는 고고학자인 그는 2003년 이라크침공 이후의 혼란기에 국제적으로 주목을 받았다. 그는 박물관이 약탈당하는 것을 막고자 과감하고 무모하게도 미군의 탱크를 이라크박물관 입구에 배치해 줄 것을 요청했다(미군은 공식적인 명령이 없었기 때문에 그렇게 할 수 없었다). 박물관에서 1만 5천여 점의 유물을 도둑맞은 뒤에는 이를 강력하게 규탄했으며, 이후 지역 이슬람 성직자들에게 약탈한 유물의 반환을 종용해 줄 것을 부탁했다. 그는 이라크박물관 관장을 역임한 후 사담 후세인의 사촌을 대신해 이라크유물·유산위원회 위원장을 맡았다. 그러나 다른 기독교인과 마찬가지로 지속적으로 종파 간 폭력의 표적이 된 끝에 2006년 가족과 함께 이라크를 떠났다. 오스만제국에서 번영을 누렸던 이라크의 기독교인들은 대부분 이라크를 떠나고 말았다. 1987년에 실시된 이라크 인구조사에 따르면, 당시 140만 명에 이르던 기독교인은 2003년 150만 명까지 서서히 증가하다가 2016년에는 30만 명으로 급감했다.

1986년 도니 조지 유칸나는 '바빌론 고고학적 복원 프로젝트'[19]의 책임자로서 또 다른 도전에 직면했다. 1987년 9월 사담 후세인이 추진한 '바빌론축제'가 처음으로 열릴 예정이었는데, 축제 전까지는 복원 작업의 첫 단계를 완료해야 했다. 한 달 동안 음악과 무용, 온갖 문화 행사가 이어지는 이 축제는 2002년까지 매년 개최되었다 (걸프전쟁으로 1990~1991년은 중단되었다). 재건된 건축물은 행사의 무대와 배경이 되었다. 거대한 왕궁 알현실은 공연장으로 쓰였고, 닌마 여신의 신전과 후대의 그리스 양식(제9장 참조) 극장 또한 행사를 치르기 위해 복원되었다. 또한 사담 후세인은 세 개의 인공 호수와 더불어, 전 지역을 내려다볼 수 있도록 인공 둔덕 위에 자신을 위한 궁전을 건축하라고 명령했다. 이 모든 공사는 유적 보존에 대한 고려가 충분히 이루어지지 못한 상태로 진행되었다. 사담 후세인은 두 개의 인공 둔덕을 더 만들라고 지시했는데, 거대한 규모의 바빌론을 더 잘 감상하기 위해 케이블카를 설치할 계획이었다. 하지만 이는 실현되지 못했다.

2001년 4월 바빌론을 처음 방문한 나는 복원 작업의 규모에 무척 놀랐다. 기대한 만큼 관광객이 없어서인지 거대한 규모로 복원된 남쪽 왕궁은 웅장하기보다 황량하게 느껴졌다. 진흙벽돌 건축물은 여러 곳이 쇠락해 가고 있었고, 조금 떨어진 곳에 위치한 나부샤레 신전의 내실 벽에는 분필로 포켓몬 피카추 그림이 그려져 있었다. 1990년 사담 후세인의 쿠웨이트침공으로 촉발된 제재로 이라크는 세계로부터 고립되어 있었지만, 이곳 어린이들조차 1996년

일본에서 출시된 닌텐도의 비디오게임으로 일어난 세계적인 포켓
몬 열기에서 소외되지 않았다는 사실이 이상하게도 안도감을 주었
다. 바빌론 방문에서 가장 좋았던 점은 의외로 기념품 가게였다.
이라크는 고립된 탓에 중국산 플라스틱 상품을 들여오지 못했다.
대신 갖가지 수제 도자기 기념품을 팔았는데, 네부카드네자르의
건축물을 장식한 사자와 뱀용이 그려진, 유약 바른 타일과 다른 바
빌로니아 유물의 복제품을 살 수 있었다.

2003년 미국의 이라크침공과 함께 이라크에 대한 금수조치가 해
제되었다. 당시 미군은 바빌론 도심에 병영을 세웠다. 고고학적 현
장에 진지를 구축한 미군의 이야기는 《뉴욕 타임스》의 2003년 기사
에 잘 나와 있다. 15년이 지나고 기사를 다시 읽어 보니 폐허가 된
고대도시 내에 주둔한 미군에 대한 닐 맥파쿠하르 기자의 무비판
적인 태도가 불편하게 다가온다(이 보도팀은 국제보도 부문에서 2017년
퓰리처상을 수상했다).

이 지역은 미 해병대의 작전 지역이 되었다. 이라크 중부 지역에 자리 잡
은 미 해병대의 주둔지는 고대 유적지와 1991년 이 지역을 조망하기 위해
인공 둔덕에 세워진 후세인의 왕궁을 아우른다. 미군은 약탈당한 기념품
가게와 박물관을 복구하고 무너진 지붕을 다시 얹었으며, 새 리놀륨 마루
를 깔고 에어컨을 설치했다.[20]

바빌론에 병영을 설치하기로 한 결정은 이라크 안팎에서 고고학자들의 공분을 샀다. 그들은 기념품 가게와 박물관에 대한 복구 노력은 차치하고 유적지를 조심히 다루지 않는다고 비판했다. 특히 연합군에 의해 고대 유적지가 훼손되었다는 기사가 나온 뒤 비난은 더욱 거세졌다.[21] 바그다드의 이라크박물관이 약탈당하고 파괴되도록 방치했으며, 고고학적 유적지 내에 진지를 구축해 이라크의 문화유산에 대한 연합군의 무지와 오만을 드러냈다고 날을 세웠다.

군대가 주둔했음에도 바빌론의 약탈과 파괴를 방지하기 위한 조치는 없었다. 특히 사담 후세인의 궁전은 2주 동안 철저하게 약탈당했다. 가져갈 수 있는 것은 모조리 떼어 갔고, 벽은 2미터 높이까지 낙서로 뒤덮혔다. 현재 온전하게 남아 있는 것은 건물의 천장뿐인데, 화려한 그림과 정교하게 조각된 나무 패널을 볼 수 있다(그림 2.6). 오늘날 관광객들은 유적지가 내려다보이는 언덕 위에 세워진 건물 잔해를 직접 확인할 수 있다. 언덕 위에 오르면 이전에 복원되었던 네부카드네자르 2세의 남쪽 왕궁을 조망할 수 있는데, 이는 예전에는 사담 후세인과 그의 귀빈들만이 누리던 특권이었다. 미군이 애썼지만 기념품 가게는 결국 다시 문을 열지 못했다.

미군은 바빌론에서 철수했고 진지는 폴란드군에게 넘어갔다. 이후 병영은 150만 제곱미터 규모로 확대되었고, 병사 2천 명과 군용 차량을 수용할 수 있도록 넓은 지역이 평탄화되었다. 참호를 파고 진지 주위로 방어벽을 쌓기 위해 바빌론 밖에서 엄청난 양의 흙과

그림 2.6　바빌론에 있는 사담 후세인 왕궁의 알현실 천장화. 이쉬타르 문, 황소와 용의 모습, 함무라비법전 등 이라크 역사상 가장 유명한 기념물들이 묘사되어 있다.

모래를 가져와 생분해 모래주머니를 채웠다. 또한 모래 먼지를 줄이려고 자갈 수백 톤을 지면 위에 뿌렸지만 별로 소용이 없었다. 2005년 군대가 철수하면서 병영은 해체되었지만 많은 자재가 그대로 버려졌고, 그로 인해 도시의 고고학적 모습은 변형되었다.

　2008년 파리, 베를린, 런던에서 있었던 바빌론 유물 전시회[22]가 성공을 거둔 데에는 2003년 이라크침공 이후 이라크박물관 약탈과 고대 유적 파괴에 대한 충격과 분노가 한몫했다. 전시회는 사담 후세인의 복원 프로젝트와 연합군의 바빌론 주둔 문제를 비판적으로 다루었다.

2009년 5월 바빌론은 고고학공원으로 다시 문을 열었다. 그러나 사담 후세인과 같은 후원 없이 방대한 규모의 옛 도시를 관리하기란 매우 어려운 일이었고, 결국 재건한 건물들은 다시 황폐해지기 시작했다. 2018년 방문 당시 이라크유물 · 유산위원회 바빌론 지부의 예산은 사담 후세인 통치 시에 비해 현저하게 삭감되었다는 이야기를 들었다. 복원된 신전이 현재 일반 관람객에게 개방되지 않는 이유는 구조적 안정성에 문제가 있기 때문이다. 해결책이 있을까? 최근 뉴욕의 세계기념물기금은 온라인을 통해 더 많은 사람에게 고대의 건축물을 보여 주고 보존의 필요성을 호소하고자 이쉬타르 문과 나부샤하레 신전의 3D 디지털 복원을 후원했다.[23]

다양한 면모를 지닌 고대도시에 대한 사람들의 태도는 시대에 따라 바뀌어 왔다. 트라야누스 황제는 알렉산더 대왕의 바빌론을 보고 싶어 했고, 근대의 서구 여행객들은《성경》속의 바빌론을 기대했으며, 현대의 이라크 당일치기 관광객과 몇 안 되는 외국인 방문객은 네부카드네자르의 바빌론뿐 아니라 사담 후세인의 바빌론에도 관심을 보인다. 남쪽 왕궁 벽에 생긴 구멍들이 이러한 현실을 여실히 보여 준다. 이는 무분별한 일부 관광객이 사담 후세인의 비문이 새겨진 벽돌을 떼어 가고 남은 흔적이다.

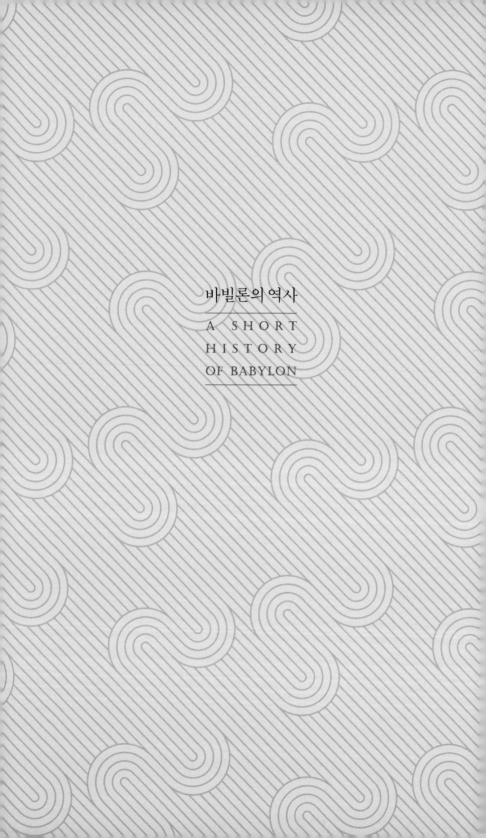

바빌론의 역사

A SHORT

HISTORY

OF BABYLON

패권국의 수도로 떠오르다

함무라비의 바빌론

이 장에서는 기원전 18세기 함무라비 왕 치세하에 작은 왕국의 중심부에서 현대 이라크의 대부분을 아우르는 메소포타미아의 정치적 패권국의 수도로 부상하여 전성기를 누린 바빌론을 찾아간다.

기원전 2천 년대의 첫 세기 동안은 국가 간의 전쟁이 끊이지 않았다. 이는 곧 크나큰 정치적 기회를 의미하여 많은 왕이 출현했다. 통치자들은 보통 '아모리인'의 후손을 자처했다. '서방인'을 의미하는 이 용어는 기원전 3천 년대 후기 우르 왕국 재상들의 텍스트에서 처음 등장했다. 이는 메소포타미아로 이주해 온 셈어를 사용하는 이민자들을 가리키는 말이었다. 우르 왕국은 많은 아모리인을 용병으로 고용했고, 왕국이 멸망한 후 그들 중 일부는 왕조를 열었는데 바빌론 왕가는 그중 하나였다. 당시 함무라비 왕이 스스로 '아모리인과 아카드인'의 통치자임을 천명했을 때에는 이를테면 군사엘리

트 대 평민과 같이 사회적 · 정치적 구별을 의미했을 수도 있다. 그
러나 더 이상 민족언어상의 특정 집단을 의미하지는 않았다.

함무라비[1]가 할아버지와 아버지로부터 작은 영토를 물려받아 바
빌론 왕위에 오를 무렵, 중동의 패권국들은 중앙 시리아와 남서부
이란에 근거지를 두고 있었다(앞의 지도 2 참조). 얌하드 왕국의 수도
는 고대도시 할라브였고,[2] 엘람 왕국의 수도는 당시 가장 큰 도시
중 하나인 거대 도시 수사(이란 쿠제스탄주의 슈시)였다.[3] 유프라테스
강과 티그리스강 주변 지역은 수십 개의 공국으로 나뉘어 있었다.
이신 · 라르사 · 우르 · 에쉬눈나 등 제법 규모가 큰 나라가 몇몇 있
었고, 바빌론 · 마리 등 비교적 작은 나라들도 있었다. 나머지 아주
작은 나라들은 보통 도시와 그 주변 경작지로 이루어져 있었다. 이
작고 다양한 국가들은 얌하드와 엘람 양대 세력의 완충 역할을 했
으며, 국가들 사이의 동맹은 자주 바뀌었다.

기원전 18세기에는 고대 세계의 주요 무역로에 중대한 변화가 있
었고 이 시기는 변화와 기회의 시대였다. 그전까지는 페르시아만을
이용한 해상무역로가 중심을 이루었으며, 남부 메소포타미아의 항
구에서 바레인과 오만을 거쳐 인더스평원의 하라파 문명 도시들과
교역을 했다. 그러나 알 수 없는 이유로 이 도시들이 쇠퇴하면서 해
상무역도 시들해졌고,[4] 그 결과 이 도시들은 더 이상 장거리 무역의
거점이 되지 못했다.

예전에는 이 도시들을 통해 중앙아시아와 아프가니스탄의 상품

을 메소포타미아로 들여왔다. 상품 중에는 희귀한 동물들과 신의 눈빛으로 여겨져 인기가 많은 암청색 청금석 등의 사치품이 있었다.[5] 청금석은 귀한 보석으로 가공되거나 갈아서 안료로 썼는데, 파란색 안료로는 가장 값비싼 최상품이었다. 19세기 들어서 천연석과 화학적 성분이 동일한 가공석을 합성할 수 있게 되면서 준보석류로 값어치가 떨어졌지만, 그전까지는 금보다 귀한 몸값을 자랑했다. 르네상스와 바로크시대의 화가들은 청금석 안료를 몹시 갖고 싶어 했으며, 구하더라도 비싼 가격 때문에 아껴 써야 했다. 그러한 이유로 이탈리아의 화가 티치아노, 네덜란드의 화가 페르메이르 등은 그림 속 주인공의 옷 색깔을 암청색으로 표현했고, 기독교 예술 속 성모 마리아 역시 암청색과 깊은 연관이 있다.

주석 역시 페르시아만을 거친 해상무역로를 통해 중앙아시아에서 수입되었다. 가장 이상적인 청동을 만들려면 주석과 구리를 1대 9의 비율로 섞어야 했다. 그런데 이 두 금속은 고대의 이 지역 어디에서도 얻을 수 없었기 때문에, 남들보다 돋보이고 차별화되는 이국적인 물건들을 손에 넣고자 하는 엘리트층에게 장거리 무역은 좋은 기회였다. 또한 기원전 4천 년 무렵까지 청동은 도구와 무기를 만드는 데 가장 널리 이용되는 재료였으므로 장거리 무역은 필수적이었다. 그전까지는 도끼, 낫, 화살촉과 창날, 칼, 바늘 등은 돌이나 뼈로 만들었다. 하지만 금속은 훨씬 쓰임새가 다양했고, 재활용이 가능해 다른 것으로 다시 만들 수 있는 장점이 있었다. 즉《성경》

에서 이사야의 예언처럼 "그들의 칼을 쳐서 보습을 만들고 그들의
창을 쳐서 낫을 만들" 수 있었다(《이사야》 2장 4절). 이러한 이유로
메소포타미아인은 비용이 많이 들더라도 현대의 키프로스와 타지
키스탄과 같은 먼 지역에서 구리와 주석을 수입해야 했다.

따라서 페르시아만을 거쳐 인도반도로 가는 해상무역로가 폐쇄
되어도 동방과의 무역은 지속되어야 했다. 그러자 자그로스산맥의
낮은 산길을 통한 육상무역로는 어느 때보다 중요해졌다. 이렇게
장거리 무역과 여로가 변화하면서 메소포타미아의 정치적 중심지
는 항구들이 위치한 최남단에서 유프라테스강, 티그리스강, 디얄
라강이 만나는 세 강 유역으로 서서히 옮겨 갔다(제1장 참조). 현재
이 지역의 중심지는 중세 초기 이후 이라크에서 가장 큰 도시인 바
그다드다. 하지만 바그다드보다 3천 년 앞서 바빌론이 있었으며,
함무라비가 왕위에 있던 기원전 18세기 바빌론은 메소포타미아의
중심 도시가 되었다.

이러한 변화의 시대에 세 강 유역에 자리 잡은 바빌론의 지정학
적 위치는 대단한 상업적 · 전략적 가치를 지녔으므로 인접한 강력
한 도시국가들은 바빌론을 차지하기 위해 각축을 벌였다. 함무라비
의 부친 신무발리트는 메소포타미아의 정치적 강자인 남쪽의 라르
사 왕국으로부터 영토를 지키기 위해 분투했다. 그의 재위 기간과
43년간 통치한 그의 아들 함무라비의 재위 초기에 가장 두각을 나
타낸 국가로는 에쉬눈나 왕국도 있다.[6] 티그리스강과 디얄라강의

제3장 패권국의 수도로 떠오르다

합류 지점에 위치하고 동쪽의 강자 엘람 왕국과 동맹을 맺은 에쉬눈나는 육상무역로의 중요성이 커지면서 가장 큰 수혜를 입었다. 반면에 바빌론 왕국은 단지 몇몇 도시를 포함한 반경 60킬로미터 정도의 지역에 불과했다. 그중 가장 중요한 도시는 이미 500여 년 전에 메소포타미아의 중심 도시로 자리 잡은 고대 키시였다. 그 외에도 서기관들의 수호신 나부의 에지다 신전이 있는 보르시파, 태양신 샤마시의 에바바르 신전이 위치한 시파르, 사후 세계의 신 네르갈의 에메슬람 신전이 있는 쿠타 등이 있었다. 함무라비는 기회가 찾아오자 에쉬눈나를 밀어내고 영토를 합병함으로써 메소포타미아 군소 왕국의 이름 없는 통치자에서 전 지역의 패권자로 떠올랐다. 그는 메소포타미아 전 지역을 자신의 통치하에 하나의 나라로 통합했다.

함무라비는 많은 군소 국가를 합병하여 거대한 메소포타미아의 국가를 건설했는데, 이는 그의 먼 친척뻘인 삼시아두(샴시아다드 1세)의 위업을 이어받은 것이다.[7] 함무라비가 바빌론의 왕위에 막 올랐을 무렵 삼시아두는 맨손으로 강력한 왕국을 건설했다. 그는 처음에 티그리스강의 북쪽(정확한 위치는 알려져 있지 않다)[8]에 위치한 에칼라툼을 근거지로 삼았다가, 이후 슈바트엔릴('엔릴 신의 거주지'라는 뜻으로, 엔릴은 메소포타미아 신들의 전통적인 수장이다. 오늘날 시리아 북동부의 텔레일란)을 수도로 삼았다.[9] 삼시아두는 바그다드의 좁은 해협 북쪽 지역에 유프라테스강과 티그리스강에 의해 형성된 제지

77

라('섬'이라는 의미의 아랍어) 전 지역을 장악했다. 하지만 삼시아두 사망 후 이 신생 국가는 곧 붕괴했으며, 너무나 갑작스럽게 붕괴되었기에 제대로 된 이름조차 남기지 못했다. 오늘날 학자들은 이 나라를 '북메소포타미아 왕국'이라고 부른다. 삼시아두는 주변의 군소 왕들과 자신을 차별화하기 위해서 스스로를 '위대한 왕'이라고 칭했다.

삼시아두의 짧았던 통치기 후반부는 유프라테스강의 도시국가 마리의 왕실 기록 명판을 통해 잘 알 수 있다. 마리는 오늘날 시리아와 이라크 국경에서 멀지 않은 곳에 위치한 폐허 유적지로 남아 있다. 그러나 당시에는 메소포타미아와 지중해 및 아나톨리아 무역의 중요 거점 도시 역할을 했다.[10] 삼시아두는 마리를 수도로 한 마리 왕국을 정복하고 작은아들을 왕으로 세웠다. 삼시아두의 작은아들이 고압적인 아버지 및 온화한 형과 주고받은 편지들을 통해 이 부자들 간의 복잡한 정치적 관계를 생생하게 들여다볼 수 있다. 삼시아두의 큰아들은 왕국의 원래 근거지였던 에칼라툼을 맡아 통치했다. 삼시아두는 작은아들 야스마아두는 못마땅해한 반면 큰아들 이쉬메다간은 매우 총애했다. 그는 한 편지에서 야스마아두를 이렇게 다그쳤다.

"너는 어린아이인가? 다 큰 어른이 아니더냐? 턱에 수염도 나지 않았느냐?"[11]

또 다른 편지에서는 이렇게 몰아붙였다.

"네 형은 이렇게 큰 승리를 거두었는데, 너는 아직도 계집들 품에 안겨 있느냐?"[12]

'위대한 왕'이라는 칭호답게 그는 아들들을 정치적 야망을 위한 수단으로 여겼다. 그는 야스마아두에게 사랑하는 아내를 버리고 정치적으로 도움이 되는 벨툼 공주와 다시 결혼하라고 종용했다. 그녀는 서부 시리아의 주요 도시 카트나(오늘날의 텔엘미쉬리페)를 다스리는 왕의 딸이었다.[13] 편지 속에는 문제투성이 가정의 관리와 새 왕국의 정치적 이익 사이에서 갈팡질팡하는 위압적인 가장의 모습과 권력을 차지하기 위해 경쟁하는 무례하고 질투심 많은 자식의 모습이 생생하게 드러나 있다. 이 메소포타미아 통치자의 화려한 정치적 부상에도 불구하고 두 아들 모두 부친이 건설한 방대한 영토를 지켜 내지 못했다.

삼시아두의 몰락은 왕국을 잃어버린 여러 군소 국가의 도태된 군주들에게는 영토를 되찾을 수 있는 기회를 의미했다. 그중에서 마리의 왕 짐리림[14]은 삼시아두가 죽자 야스마아두를 몰아내고 왕위를 되찾았다. 그는 왕궁을 복원하여 그늘이 드리운 안뜰, 화려한 영빈관, 시원한 분수대 등을 만들고 멋진 조각상과 화려한 그림으로 장식했다. 청금석 색소로 표현한 암청색은 호화로움의 극치를 보여 주었다. 13년간 이어진 짐리림의 통치는 기록으로 잘 남겨져 있으며, 그의 서신과 행정 기록이 담긴 점토판은 함무라비가 전면에 등장하는 이 시기의 역동적 정세를 잘 보여 주는 자료가 된다.

삼시아두는 타고난 능력으로 기회를 잘 활용한 유능한 정치가이 자 치밀한 군사 지휘관이었으나, 자식들을 잔인하고 강압적으로 양 육하여 좋은 부모는 아니었다. 그러나 먼 친척뻘인 함무라비에게는 영감과 자극을 준 사람이었다. 함무라비의 선조들이 통치하던 시기 에 바빌론 왕국은 남쪽의 카잘루와 북쪽의 에쉬눈나 사이에 끼인 약소국에 불과했다. 함무라비가 왕위에 오른 무렵, 카잘루의 옛 영 토는 수년간의 공방 끝에 수복되었고, 에쉬눈나 왕국은 티그리스강 과 디얄라강의 합류 지점에 위치하여 동방과의 육상무역로의 이상 적 거점이 됨으로써 이 지역의 패자로 부상해 있었다.

그런데 엘람 왕국의 군대가 에쉬눈나 연합국을 침략하여 정치적 지형에 큰 변화가 생기자, 함무라비는 야망을 위해 이 기회를 놓치 지 않았다. 엘람 왕에게 충성의 의무가 있었던 그는 엘람의 분봉왕 分封王으로서 이 전쟁에 참여했다. 이는 마리의 왕 짐리림 역시 마찬 가지였다. 엘람 왕국의 통치자가 지명한 에쉬눈나의 새로운 군주는 자신의 왕위를 지키지 못했고, 함무라비는 이 상황을 이용해 전략 적 요충지인 에쉬눈나의 여러 국경 도시를 바빌론 왕국에 편입시키 면서 자그로스산맥으로 이어지는 동방교역로를 확보했다.

엘람의 통치자는 즉각 군대를 보내 이러한 반역 행위를 응징하려 했다. 하지만 함무라비는 마리 왕 짐리림의 도움과 특히 신속히 보 충 병력을 파견해 준 서쪽의 강대국 얌하드의 지원에 힘입어 이 공격을 막아 내 새로 확보한 영토를 지킬 수 있었다. 이 일을 계기로 얌하드에 대한 지지를 천명하는 한편 엘람과의 동맹을 확실히 끝냈다. 결과적으로 이 시도는 성공을 거두었다. 메소포타미아 북부 지역에 대한 얌하드의 영향력 확산을 저지하기 위해 서쪽으로 진출하려 한 엘람의 시도는 시리아 북동부에 위치한 삼시아두의 옛 수도 슈바트엔릴에서 저지당했다. 전쟁에서 패한 엘람은 군대를 메소포타미아에서 철수시키고 새로운 권력 지형을 받아들여야 했다. 유프라테스강, 티그리스강, 디얄라강이 합류하는 지역은 육상교역로의 전략적 요충지로 떠올랐고, 이 지역의 패자 함무라비는 얌하드를 지지함으로써 새로운 정치적 강자로 떠올랐다.

　함무라비는 새로운 상황을 적극적으로 활용하여 메소포타미아에서 엘람의 가장 중요한 동맹국인 남쪽의 라르사 왕국을 합병했다. 이 시기에 동맹국 마리의 짐리림과 주고받은 서신을 통해 함무라비의 정치와 외교 스타일을 살펴볼 수 있다. 마리 왕국의 특사는 바빌론에 있는 함무라비의 궁전에서 오랜 시간을 보냈다. 이 궁전은 함무라비의 고조부 수무라엘이 지은 것으로, 정확한 위치는 알려져 있지 않다.[15] 훨씬 후대인 기원전 600년경 나보폴라사르(재위 기원전 625~기원전 605년)와 그의 후계자 네부카드네자르 2세가 지은 궁전들 밑에 있지 않은 것은 확실하다. 왜냐하면 이 궁전들은 함무라비 시대의 도시 외곽에 위치하기 때문이다(그림 3.1과 그림 7.2를 비교). 짐리림의 특사들은 정기적으로 함무라비를 알현하고 본국으로 소

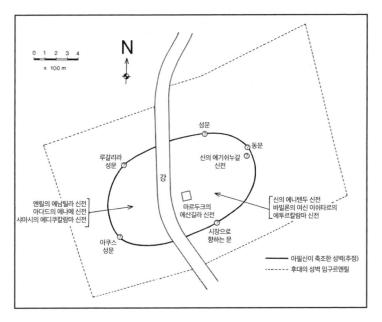

그림 3.1 중요 지형지물과 도시 구간이 표기되어 있는 기원전 18세기의 바빌론 지도.

식을 전했다. 이들이 전한 서신에는 바빌론 왕의 말을 그대로 인용한 내용이 많다.[16]

   짐리림과 함무라비는 유프라테스강 유역의 국경 도시 히트가 마리 왕국과 바빌론 왕국 중 어느 편에 속하는지를 두고 첨예하게 대립했다. 가장 큰 이익을 안겨 주는 자원인 역청과 천연 아스팔트의 주산지가 바로 히트였다. 역청은 두루 쓰임새가 많았는데, 그중 가장 중요한 것은 배의 방수 처리였다. 마리의 한 사신이 인용한 글에는 히트가 바빌론 왕국에 속하는 이유에 대한 함무라비의 주장이 잘 드러나 있다.

내 생각을 말하겠다. 만약 이것이 (간단한) 문제라면 왜 내가 히트를 그토록 원하겠는가? 귀국의 힘이 당나귀와 수레에 있다면 본국의 힘은 배에 있다. 내가 이 도시를 원하는 것은 바로 역청과 아스팔트 때문이다. 그렇지 않다면 내가 왜 이를 원하겠는가?[17]

이러한 인용문에 비추어 볼 때, 함무라비는 통찰력 있는 타고난 협상가였던 것으로 보인다. 다른 보고서에서 볼 수 있는 그의 모습은 때론 변덕스럽고 때론 무섭기도 하다. 이를테면 에칼라툼의 이쉬메다간(삼시아두의 큰아들)이 보낸 사신들이 그를 만난 사건을 자세히 기록한 편지를 보면 그의 위협적인 면모가 잘 드러난다.

함무라비는 그들(사신들)에게 이렇게 대답했다.
"내가 누구에게 군대를 보내 주었느냐? 내게 대답하라! 대답하란 말이다!"
그는 가까이 다가와 대여섯 번이나 똑같은 질문을 외치며 그들을 닦달했다.

같은 편지의 후반부에서는 불같은 성격도 엿볼 수 있다.

함무라비는 그 말을 듣고 이렇게 소리쳤다.
"말도 안 되는 소리!"[18]

몇 년 후 함무라비는 마리를 배신했다. 그는 수도를 정복하고 짐리림의 유명한 궁전을 파괴했다. 그 건축물을 보고 싶어 하는 사람들에게는 슬픈 일이겠지만, 현대의 연구가들에게는 오히려 잘된 일이다. 이후 한 번도 사용된 적 없는 그 폐허는 1933년부터 발굴되었다. 프랑스 고고학자들이 수십 년에 걸쳐 발굴한 유적을 통해 화려한 건축물과 그 안에 담긴 많은 쐐기문자 문서들이 세상 밖으로 모습을 드러냈다. 짐리림의 궁전을 약탈한 함무라비의 군대는 2만 5천 개 이상의 점토판을 상자 일곱 개에 나누어 담았다. 상자들은 유실되었지만 상자에서 떨어져 나온 인식표로 이 사실을 알 수 있다. 어쨌든 알려지지 않은 이유 때문에 그 상자들은 바빌론으로 운반되지 못했다.[19] 이 문서들은 대부분 〈마리 왕국 아카이브〉 시리즈로 출간되었으며,[20] 이미 앞에서 강조한 바와 같이 이 책에 기술되는 내용의 주요한 자료가 되고 있다.[21]

중동의 정치적 지형은 함무라비에 의해 근본적인 변화를 겪게 된다. 기존의 강대국인 엘람과 얌하드 사이에서 눈치를 보던 다수의 군소 국가들이 이제 하나의 왕국이 되었다. 수사와 할라브의 지배에서 벗어난 신생 바빌론 왕국의 영토는 페르시아만에서 북부 이라크까지 아우렀다.

바빌론은 쐐기문자의 시대와 그 이후까지 학문과 시·예술의 중심지로 인식되지만, 함무라비가 부친의 궁정에서 자라던 때에는 그러한 위상을 갖지 못했다(제9장 참조). 그가 군사적인 성공을 거두자 바빌론은 메소포타미아의 군소 도시국가에서 정치적 중심이자 세련된 대도시로 변화하기 시작했다. 바빌론이 지속적으로 문화적 영향을 미치는 국가가 될 수 있었던 것은, 이류 또는 삼류 국가에 불과하던 바빌론을 메소포타미아의 강대국으로 탈바꿈시킨 함무라비의 통치력 덕분이었다. 에쉬눈나 왕국이 이란의 강자 엘람과 중앙 시리아의 얌하드 왕국 간 갈등의 희생양이 되어 패망하자, 이 기회를 놓치지 않고 함무라비는 바빌론을 전략적·상업적 요충지인 세 강 유역의 패권국으로 변모시켰다. 그는 남쪽의 라르사 왕국을 멸망시키고 합병하여 바빌론을 고대 수메르의 유산을 물려받은 강력한 국가로 부상시켰다. 고고학자 도미니크 샤르팽[22]은 바빌론의 라르사 합병이 갖는 중요성을 강조하면서 이를 통해 바빌론의 문화적 영향력이 이후 2천 년 동안 중동에서 지속될 수 있었다고 주장했다. 특히 라르사 궁정의 세련되고 교양 있는 인물들은 소박한 함무라비 궁정에 편입되면서 바빌론의 정치·종교·문화·문학·예술 등 다방면에 지대한 영향을 미쳤고, 이를 통해 '바빌론' 문화가 새로이 모습을 드러냈다.

아쉽게도 이 지역의 지하수 수위[23]가 높아 초기 바빌론의 유적은 거의 발굴되지 않은 탓에 이러한 변화를 실제 유적을 통해 확인할 길은 없다. 지난 수십 년간 댐 건설로 유프라테스강의 엄청난 양의 물이 시리아와 터키 상류 지역으로 흘러들어 간 결과, 강물의 수위가 크게 낮아져 앞으로 언젠가는 바빌론의 초기 정착층이 발굴될지도 모른다. 기원전 7세기 후반 이후 나보폴라사르와 네부카드네자르 2세가 대규모 건축 사업을 진행하면서 도시의 모습은 급격한 변화를 겪게 된다(제7장 참조). 따라서 함무라비 시대의 도시 모습을 그려 내기란 불가능에 가깝다.

바빌론이 유프라테스강 양쪽에 걸쳐 자리를 잡았으며, 도시 주위를 성벽으로 둘렀다는 사실은 알려져 있다(그림 3.1). 그런데 이 성벽은 후대에 널리 알려진 것과 같은 직사각형 요새는 아니었다. 이러한 형태의 성벽은 카시트 왕조 시대 또는 그 후대에 완성된 것으로 생각된다. 대신 함무라비 시대의 성벽은 당시 메소포타미아의 전형적인 도시 성벽의 형태인 원형에 가까웠을 것으로 추측된다. 함무라비의 조부이자 선왕 아필신은 즉위 2년에 새 성벽을 세웠는데,[24] 이 성벽은 함무라비 통치기에도 꽤 좋은 상태를 유지했을 것이다.

비록 왕궁의 위치는 알 수 없지만, 도시의 수호신 마르두크의 신전인 에산길라(머리를 높이 든 자의 집)는 유프라테스강 동쪽 강둑에 있던 게 확실하며 이 위치는 수백 년 후까지 그대로 이어진다. 메소포타미아의 전통에 따르면 신전의 위치는 매우 중요하여 결코 바뀌지 않는다. 또한 메소포타미아의 주요 신들을 섬기는 다른 신전들 역시 이미 존재하고 있었다. 도시의 동쪽에는 바빌론의 여신 이쉬타르의 에투르칼람마(땅의 외양간) 신전이 있었고, 달의 신인 신Sin의 에니텐두(즐거운 휴식의 집) 신전은 에산길라 근처에 자리를 잡았다. 반면 달신의 두 번째 신전인 에기쉬누갈(뜻은 명확하지 않다)은

그림 3.2　흔히 함무라비법전으로
불리는 함무라비 석비.
카시트 왕조가 몰락하며 혼란한 틈을 타
엘람의 왕이 수사의 신전에 두었던 것을
1901년 프랑스 고고학자들이 발견했다.

그보다 훨씬 동쪽, 아마도 원래 성벽 가까이에 있었을 것이다. 유프라테스강 건너 도시 서쪽에는 땅의 신 엔릴의 에남틸라(생명의 집) 신전, 폭풍신 아다드의 에나메(풍요의 집) 신전, 태양신 샤마시의 에디쿠칼람마(땅의 심판의 집) 신전 등이 있었다.[25] 이 신전 대다수는 2천 년 후인 헬레니즘 시대까지 번영을 누렸다(제9장 참조).

　오늘날 함무라비 시대의 건축물은 남아 있지 않지만, 쐐기문자 텍스트를 통해서 바빌론 시대의 생생하고 상세한 모습을 엿볼 수 있다. 그중 가장 중요한 자료는 함무라비법전(그림 3.2)이다. 이 법전은 함무라비가 새로이 건설한 왕국의 통합을 공고히 하는 데 중

요한 역할을 했다. 200여 년 전 우르 왕국이 몰락한 뒤 어느 국가에
도 속하지 않던 이 지역의 도시국가들을 하나로 통합하려는 그의
전략에 있어 새로운 법규범의 도입은 대단히 중요한 수단이었다.
함무라비법전은 각 도시국가의 수용과 안정을 보장하는 데 핵심적
역할을 했다. 그의 역할모델이던 삼시아두와 달리 함무라비는 43년
간 통치를 이어 갔으며, 아들 삼수일루나에게 왕위를 물려주었다.
삼수일루나는 그의 뒤를 이어 38년간 통치를 이어 갔다.

  오늘날 함무라비법전으로 불리는 유물은 아카드어로 기록된 쐐
기문자 비문으로 큰 석비에 새겨져 있다. 석비에는 함무라비가 정
의의 수호자 태양신 샤마시에게서 왕의 휘장을 받는 모습도 담겨
있다. 원래는 왕국 내 중요한 신전들에 모두 이러한 유물이 있었다.
하지만 그중에서 남아 있는 것은 단 하나뿐이며, 애초에 세워졌던
곳이 아니라 머나먼 수사에서 발견되었다. 기원전 12세기 카시트 왕
조가 몰락하면서 혼란한 틈을 타 엘람 왕 슈트루크나훈테가 바빌로
니아의 가장 권위 있는 신전을 습격해 석비를 수사로 옮겨 갔다(제4장
참조).

  2.35미터 높이의 함무라비 비석은 검은 섬록암으로 만들어졌는
데, 이 돌은 오만에서 채석한 것으로서 매우 귀한 것이었다. 이 인
상적인 전리품을 획득한 엘람의 왕은 의기양양하여 이를 자신의 신
인슈쉬나크(수사의 주인)의 신전에 두었다. 1901년 자크 드 모르간
이 이끄는 프랑스 탐험대 고고학자들은 이 함무라비 석비를 발굴해

냈다. 그들은 이외에도 슈트루크나훈테가 메소포타미아 신전들에서 약탈한 더 오래된 많은 유적을 발굴했으며, 그것들은 현재 파리의 루브르박물관에 전시되어 있다.

함무라비의 긴 비문에는 왕의 업적이 기록되어 있는데, 그 업적은 신들의 도움, 특히 바빌론의 수호신 마르두크의 도움으로 가능했다고 쓰여 있다. 텍스트 첫 줄의 기록에 따르면 가장 높은 두 신 즉 신들의 주인 아누와 땅의 주인 엔릴이 함무라비를 통치자로 정하고, 바빌론과 마르두크의 위상을 끌어올렸다. 함무라비가 군사적으로 성공을 거두면서 수도 바빌론이 새 왕국 내에서 명성을 떨치자, 바빌론의 도시 신 역시 신들 사이에서 명성을 얻게 되었다. 이를 통해 지역 신에 불과하던 마르두크가 서서히 전 세계의 독보적인 지배 신으로 변모하기 시작했다(제5장 참조).[26]

아눈나쿠 신들의 왕인 존엄한 신 아누와 하늘과 땅의 주인이며 땅의 운명을 결정하는 신 엔릴이 에아 신의 첫아들인 마르두크에게 모든 사람에 대한 통치권을 부여했으며, 이기구 신들 중에서 그를 특히 높이 치켜세웠다. 바빌론에게 존엄한 이름을 수여하고 세상의 모든 지역 중에서 최고의 지위를 부여했으며, 그곳에 하늘과 땅처럼 견고하고 영원한 왕권을 확립했다. 그때 신 아누와 엔릴이 백성의 안녕을 기하고자 나 함무라비의 이름을 불렀다. 이는 경건한 왕 나 함무라비가 신들을 공경하고 이 땅에 정의를 펴뜨리며, 악인과 악을 없애고 흉포한 자들이 약자들을 억압하지 못하

게 하며, 태양신 샤마시처럼 땅 위의 모든 사람에게 빛을 비추게 하기 위함이었다.[27]

텍스트의 첫 줄에서 함무라비는 모든 백성을 공평하게 대하는 '정의로운 왕'으로 소개된다. 이는 비문을 아우르는 핵심이며 이를 뒷받침하기 위해 판결문 275개가 자세히 기록되었는데, 그중 일부는 왕이 직접 판결한 것이다. 이 판결문은 함무라비가 전 영토에 임명한 판관들에게 지침서 역할을 했으며 모든 백성이 활용할 수 있었다.

함무라비가 통합과 합병의 토대로서 관습법을 원용한 최초의 군주는 아니다. 그보다 3세기 전 우르 왕국의 건국자 우르남마가 똑같은 이유로 일련의 법령을 제정했고, 이후 많은 메소포타미아의 통치자가 이 전략을 답습했다. 에쉬눈나 왕국에는 함무라비보다 반세기 앞서 비슷한 법체계가 있었다.[28] 오늘날까지 남아 있는 원原유물은 없지만 통치 기록이 담긴 비문 일부를 베껴 쓴 점토판들이, 한때 에쉬눈나 왕국에 속했던 샤두품(바그다드의 텔하루말)과 메투란(디얄라의 텔하다드)에서 발굴되었다.[29] 따라서 흔히 알려진 바와는 달리 함무라비법전이 역사상 최초의 법전은 아니다.

판결문을 보면 함무라비는 납세와 공공사업 노역으로 국가에 충성하는 사람들의 권리를 보호하는 데 특별히 관심을 기울였다. 예컨대 바빌론의 공무로 해외에 나간 군인이나 상인이 해외 체류 중

국내 재산을 잃을 경우, 귀국 시 처와 자식을 포함한 재산을 되찾을 수 있도록 보장했다. 국가의 관심은 국가의 기능 수행을 보장하는 납세층의 근간이 되는 남자들의 권리를 보호하는 데 있었다. 당시에는 부채 노예의 관행이 성행했는데, 채권자는 채무 변제를 위해 채무자의 재산과 경우에 따라서는 그 가족까지 데려갈 수 있었다. 함무라비는 빈부 격차를 완화하고 안정된 사회를 이루고 유지하기 위해 부채 노예 기간을 최대 3년으로 제한했다. 이후 부채 노예에 대한 추가적 제한 조치가 시행되었는데, 왕국 내에서 노예로 출생한 바빌론 남자와 여자만이 노예로 팔릴 수 있게 했다. 그리고 판매자가 이들의 출생을 증명할 때만 가능했다. 당연히 외국인은 이러한 보호를 받지 못했다. 이러한 조치는 곤경에 처한 바빌론 국민의 이익을 보호하는 데에는 성공을 거두었지만, 대신 왕국의 영토 밖에서 인신매매를 조장하는 결과를 초래했다.[30] 이를 통해 시리아 · 아나톨리아 · 이란에서 많은 사람들이 바빌론으로 유입되었으며, 바빌론은 거리에서 10여 가지 언어를 들을 수 있는 번잡한 도시로 변모해 갔다.

또한 함무라비는 통합된 바빌론 사회를 만들고 유지하는 데 각별히 노력을 기울였다. 이는 결혼과 상속에 관한 복잡한 판결문들을 통해 확인할 수 있다. 그중에는 '수녀'(나디툼)에 관한 내용이 많은데, 이는 수녀의 독특한 사회적 지위 때문이었다. 수녀는 신전에 부속된 수녀원에 살면서 신에게 헌신하는 자로서 살아 있는 가족뿐 아니라 특히 죽은 가족을 위해 기도하는 데 전념했다. 바빌론 사회에서는 죽은 가족을 추모하는 일이 대단히 중요했다. 죽은 가족이 사후 세계에서 생존하도록 정기적으로 먹고 마실 음식을 바치고, 또한 기도와 노래로 이들을 추모했다. 현세에서의 고결한 행동이 사후에 결실을 맺을 것이라거나 '천당과 지옥'과 같은 개념은 존재하지 않았으며, 환생의 개념 역시 없었다. 따라서 딸을 수녀로 보내는 것은 신(보통 도시의 수호신)에 대한 존경심의 표현이자, 죽은 조상을 보살피는 일이었다.

수녀 대부분은 부유한 가문 출신이어서 신전의 경제적 지원에 의존하지 않았다. 딸이 수녀원에 들어가면, 즉 평생 독신으로 살게 되면 아버지는 보통 결혼 지참금에 해당하는 돈을 딸에게 주었다. 수녀는 이 돈을 신전에 바치지 않고 개인적으로 사용할 수 있었다. 당시 바빌론과 시파르, 키시, 니푸르 같은 도시의 가문들의 사적인 거래 기록들을 보면 많은 수녀가 성공적인 사업가로 활동했음을 알 수 있다. 이들은 독자적으로 사업을 벌이거나 남자 친족의 사업에 투자를 하기도 했다. 대개는 가족 사업에 동참하는 형태였으나, 일반 바빌론 여자들과 달리 자기의 이름을 걸고 경제활동을 할 수 있었다. 평범한 바빌론 여자들은 아버지, 남편, 남자 형제, 성인 아들의 권위 아래 있었기에 그러한 기회를 갖지 못했다. 또한 과부들은 법적인 문제를 처리할 때 남자 친족을 대리로 내세워야 했다. 현대의 일부 독자에게는 다소 실망스러울 수 있겠지만, 가부장제가 확고한 규범이었던 고대 바빌론에서 자기 재산을 스스로 관리하는 것은 전통적인 가족체계에서 배제된 수녀들의 전유물이었다. 하지만 그들 스스로가 이러한 삶을 결정했으리라고 추측한다면 순진한 생각이다. 딸을 신전에 보내는 것은 가족을 위한 희생물이자 신에게 바치는 공양이지, 당사자는 이러한 결정에 거의 아무런 결정권이 없었다.

자식 없이 평생을 살아가는 수녀들은 자신의 후계자로 다른 수녀를 입양하여 재산을 물려주는 것이 관습이었다. 후계자로는 보통 가족 중 다음 세대에서 입양할 수녀를 고르는데, 남자 형제의 딸인 경우가 많았다. 딸을 수녀원에 수녀로 들이는 전통에는 시집보낼 때 신랑 측 집에 보내야 하는 지참금이라는 손실을 막는다는 부수적이고 긍정적인 효과가 있었다. 부유한 집안의 경우, 이는 조세를 피하는 것에 맞먹는 효과가 있었다. 따라서 이러한 관습은 꽤 인기를 끌었으며, 어떤 집안에서는 한 세대에 딸 셋을 신전에 들이기도 했다.

이러한 고대의 전통은 왕국 전반에 걸쳐 수도 바빌론과 신전 에산길라에 거주하는 바빌론의 수호신 마르두크에 대한 충성심을 고취시키는 결과를 낳았다. 바빌론이 패권을 잡은 이후 왕국 전역의 귀족 가문에서는 딸을 바빌론의 마르두크에게 수녀로 보내는 것이 유행했다.[31] 태양신의 시파르 신전을 비롯해 다른 신전의 수녀들은 신전에 부속된 수녀원에서 살아야 했던 데 반해서, 마르두크 수녀

들은 바빌론 왕국 전역에서 생활했다. 함무라비의 왕국에 편입된
지 얼마 되지 않은 도시의 가문들은 딸을 마르두크의 수녀로 보냄
으로써 마르두크에 대한 존경심을 표하는 동시에 마르두크의 대리
인인 함무라비 왕가와 수도 바빌론에 대한 충성심을 공개적으로 드
러냈다. 이로써 새로운 통치자에 대한 협조를 약속할 뿐 아니라 스
스로 바빌론 왕국을 지탱하는 사회계층의 일원임을 공표한 것이다.
마르두크의 수녀들이 왕국 전역에서 살았다는 사실을 통해 이들이
마르두크의 특사이자 바빌론 왕국의 특사 역할을 했다는 것을 유추
할 수 있다.

　딸을 마르두크의 수녀로 보내는 것을 독려하기 위해 마련된 법령
은 왕국 전역의 부유한 가문에게 매우 매력적으로 다가왔다. 다른
신의 수녀들과는 대조적으로 마르두크의 수녀들은 결혼하여 남편
의 가족과 함께 생활할 수 있었다. 함무라비법전은 이로 인해 발생
하는 결혼 및 상속에 관한 복잡한 문제를 다루고 있다. 마르두크의
수녀는 결혼은 할 수 있지만, 신에게 바쳐진 몸으로서 평생 순결을
지켜야 했기에 남편의 아이를 가질 수 없었다. 법령에 따르면 남편
은 마르두크 수녀인 아내가 지정하는 여자를 통해 아이를 가질 수
있는데, 그렇게 얻은 자식은 수녀의 합법적 후손으로 인정되었다.
나아가 아이들의 생모가 가족으로 함께 살지 여부는 마르두크 수녀
가 결정했다. 일반 부부 중 자식이 없는 때에는 후손을 가질 수 있
도록 하는 규정이 이들에게도 적용되었다. 다만 수녀의 경우, 자식

이 없는 일반 가정의 아내보다는 남편에 대해 훨씬 유리한 입장에
있었다.

함무라비법전의 규정은 바빌론 마르두크 수녀가 신성한 직무에
걸맞은 사회적 지위를 보장받고 남편의 가문에 잘 받아들여질 수
있도록 하기 위한 것이었다. 남편의 아이를 가질 여자에 대한 결정
권과 아이의 생모를 남편의 두 번째 아내로 받아들일지 여부의 결
정권을 보장함으로써 자녀가 없는 일반 가정의 아내에게는 없는 재
량권과 힘을 수녀들에게 부여했다. 법령의 권고 사항은 남편이 노
예 여자를 통해 아이를 갖고 출산 후에는 여자를 내보냄으로써 수
녀의 사회적 지위가 흔들리지 않도록 사전에 예방하는 것이었다.
그리고 아이의 생모를 가족의 영구적 일원으로 받아들이는 것 역시
마르두크 수녀가 선택할 수 있었다. 사적 내용을 다룬 법적 문서들
의 기록을 보면 이러한 선택을 하는 경우는 보통 아이의 생모가 수
녀의 자매일 때였다.

마르두크 수녀에 관한 제도는 바빌론의 통합을 촉진하기 위한 고
도의 전략이었다. 마르두크 수녀의 결혼을 허용함으로써 함무라비
는 두 배의 효과를 달성했다. 먼저 수녀의 친정 가문이 바빌론의 수
호신 마르두크에게 공개적으로 신앙을 고백했는데, 이는 곧 새로이
건립된 바빌론 왕국과 그 왕에 대한 충성의 맹세와 같았다. 그다음
수녀의 남편과 그의 가문 역시 같은 방식으로 바빌론의 신과 왕 그
리고 국가에 대한 존경심을 공개적으로 선언했다. 수녀가 결혼 후

에도 순결을 지키는 것은 마르두크의 영광을 위해 그녀의 가족과 친정 및 시댁이 기꺼이 받아들이는 희생을 의미했다. 이러한 마르두크 수녀의 독특한 생활방식은 개인적 경외심과 충성심의 표현인 동시에 그녀가 속한 가문들의 바빌론 왕국에 대한 강력한 지지의 공표였다.

함무라비의 아들이자 후계자인 삼수일루나(37년), 아들인 아비에슈(28년), 손자인 암미디타나(37년), 증손자인 암미샤두카(아마도 19년), 고손자인 삼수디타나(아마도 26년)로 이어지는 긴 통치 기간과 비교적 순탄한 바빌론 왕위의 계승을 통해 볼 때 함무라비 왕조는 왕국의 중심으로서 순조롭게 받아들여진 것으로 보인다. 이 왕들 중에서 적어도 한 명은 이집트와 외교적 관계를 수립한 것 같다. 2009년 나일강 동부 삼각주 지역의 아바리스(텔엘다바)에 위치한 힉소스 왕조 카얀 왕의 왕궁에서 서신 조각이 발견됨으로써 이러한 사실이 알려졌다.[32]

한편 함무라비 사후 바빌론의 영토는 급격히 축소되었다. 아들이자 후계자 삼수일루나가 왕위에 오른 지 몇 년 지나지 않아 남부 지역에서 반란이 일어나 라르사와 우루크가 독립을 선포했다. 반란은 진압되었지만 이후 곧 삼수일루나는 남부의 통제권을 신흥 강자에게 넘겨주고 만다. 즉 페르시아만을 따라 형성된 습지에 근거지를 둔 일루마일룸 왕의 해국이 급부상했다. 그러자 우루크, 우르, 니푸르 같은 도시의 주민들이 집을 버리고 수도 바빌론으로 이주했다.

그런데 이주를 촉발한 것은 반드시 전쟁 때문만은 아니었다. 또 다른 이유, 더 근본적인 갈등의 뿌리는 심각한 물 부족 사태였다. 바빌론 북부 도시 키시 근처의 유프라테스강 지류의 방향이 바뀌어[33] 하류에 자리한 여러 정착지로 이어지는 강물의 공급이 끊어졌다. 결국 남부의 여러 도시는 버려졌고, 니푸르와 같은 중부의 도시들은 큰 어려움을 겪게 되었다.[34] 여러 사료에서 삼수일루나 통치기에 바빌론 전역에서 대규모 기근이 있었음을 확인할 수 있다.[35]

고대 신전과 제례를 포기하는 것은 대단히 큰 문제였기에 얼마 동안은 장거리로 부분적인 의식이 이루어졌다. 엔릴 신의 에쿠르 신전 제례가 근처의 요새인 두르아비에슈 주민들에 의해 거행된 것이 가장 대표적인 증거이다. 그러나 이조차 큰 위험을 감수해야 하는 일이었다. 이 지역에는 말을 타고 빠르게 이동하며 생명을 빼앗기도 하는 도적떼가 출몰하여 신전을 노리곤 했기 때문이다.[36] 결국 남부 지역의 피난민들은 신들을 모시고 피난길에 올랐다. 이들은 왕의 허락을 받고 바빌론에 새 보금자리를 꾸렸으며, 함께 피난 온 신들을 위해 새로운 신전을 건립하여 그들을 숭배했다.[37] 사람과 신들의 유입을 통해 한 세대 전 함무라비가 라르사 궁정을 바빌론 왕가에 통합함으로써 시작된 바빌론의 문화적 정체성의 변신은 계속되었다.

바빌론의 부유한 가문들은 글을 읽고 쓰는 능력을 매우 중요한 자질로 여겼고, 교육받은 사람임을 증명하는 특징이라고 생각했

다. 쓰고 읽는 것은 왕궁이나 신전에 국한되지 않아 왕궁과 신전의
문서 담당자나 의례 전문가 들의 전유물이 아니었다. 아들을 둔 도
시의 엘리트들은 집에서 쓰기와 읽기를 가르쳤으며, 이 시기에 일
부 가문에서는 딸에게도 어릴 때부터 쐐기문자를 가르쳤다. 이렇게
교육을 받은 사람들은 당시에 사용되던 글을 이해하고, 살아가면서
접하는 대부분의 문서를 읽을 수 있었다. 고대 수메르어 문서도 읽
을 수 있었으며, 기록이 필요한 경우에는 문서나 목록을 작성하기
도 했다.[38]

바빌론의 필기 교육에 대한 자료는 그리 많지 않다. 발굴이 많이
되지 않았을 뿐 아니라, 발굴된 학습용 명판들의 출처가 명확하지
않기 때문이다(글쓴이의 이름이나 신원을 유추할 만한 내용이 없다). 다
만 확실한 것은 초보 필경사 교육이 집에서 이루어졌고, 왕국 내 어
느 곳에서나 똑같은 교육과정으로 진행되었다는 사실이다. 사상 처
음으로 쐐기문자의 교육과 학습이 이중 언어의 텍스트로 이루어졌
다. 같은 문장을 바빌론어와 수메르어로 쓴 것으로 보아 당시의 교
육에 문자, 언어(현용어와 사어)와 글쓰기 사이의 연관성에 대한 새
로운 사고방식이 적용되었음을 알 수 있다.

현대의 쐐기문자 학자들은 최근 수십 년 동안 고대의 문자가 어
떻게 가르쳐졌는지에 깊은 관심을 기울였으며, 바빌론 시대의 필기
교육과정을 재구성하는 데 큰 진전을 보였다.[39] 이러한 연구 결과에
따라 수련 필경사들이 어떻게 단계적으로 쐐기문자를 학습했는지

를 알게 되었다. 발굴된 연습 명판을 통해 이들이 실력을 키워서 점 토판을 명판으로 바꾸어 나갔음을 짐작해 볼 수 있다. 이들은 갈대 철필로 점토판에 쐐기문자를 기록했다. 수련생들은 어린 나이에 시 작하여 성인이 될 때까지 여러 해에 걸쳐 점진적으로 기술을 연마 했다. 쐐기문자의 어휘 숫자를 단계적으로 늘려 갔으며, 점점 더 복 잡한 문서들을 다룰 수 있게 되었다. 처음에는 간단한 단어에서 시 작하여 나중에는 철학과 시, 역사까지 다루었다(왕이나 영웅과 같은 유명한 인물이 작성한 실제 편지 또는 가상의 편지를 활용하여 교육했다). 산술 능력과 수학 기술을 습득하는 것 또한 글을 읽고 쓰는 것 못지 않게 중요했다.[40] 보통은 아버지가 아들을 교육했고 전문적 교사도 있었으나, 교육의 장소는 국가나 신전이 운영하는 학교가 아니라 가정이었다.

삼수일루나의 통치가 끝날 무렵, 바빌론 왕국의 영토는 그의 부 친 함무라비 통치 초기의 바빌론과 마리 왕국 영토에서 약간만 확 장되었다. 바빌론 왕국의 마지막 세기에는 바빌론 중심부 이외의 지역에서 기록된 자료가 거의 없어 이 시기의 역사를 재구성하기란 쉽지 않다. 이 시기에 이라크 남부 지역은 극적인 변화를 겪었다. 최남단의 도시들과 티그리스강 동쪽 지역의 많은 도시가 버려졌다. 이전에 이란과의 연대를 통해 메소포타미아에서 중요한 전략적 역 할을 해온 에쉬눈나가 통치하던 지역에는 새로운 집단이 등장하여 사회질서를 바꾸어 나갔다.

그중에서 가장 두각을 나타낸 카시트인은 결국 바빌론을 장악하게 된다.[41] 하지만 이는 멀리 아나톨리아에서 군대가 쳐들어와 바빌론의 신상들을 가져가고 함무라비 왕조를 멸망시킨 뒤의 일이다. 이 군대는 무르쉴리 1세가 이끄는 히타이트 세력이었는데, 이들은 여러 해 전 토로스산맥을 넘어 중앙아시아의 바빌론 동맹국 얌하드를 공격하여 할라브를 약탈했다. 이 사건 이후 히타이트 특사들이 바빌론을 방문했고 바빌론 상인들은 유프라테스강 상류 지역과 무역을 했음을 바빌론의 문서들에서 확인할 수 있다.[42] 그런데 이러한 교류를 통해 노출된 바빌론의 부유함이 히타이트의 공격을 불러왔을 수도 있다.

아나톨리아의 군대가 유프라테스 남쪽으로 진군해 올 때, 바빌론은 함무라비의 5대손 삼수디타나의 통치하에 있었다. 히타이트의 목적은 영토 획득보다는 약탈이었다. 아나톨리아 군대는 왕궁, 일반 주택, 신전 들에서 엄청난 전리품을 거두었고 수많은 주민이 전쟁 포로로 끌려갔다. 함무라비 때 라르사 왕국 등의 포로 유입으로 바빌론 사회가 심각한 변화를 겪은 것처럼, 바빌론 포로의 유입은 아나톨리아의 문화적 역사를 크게 변화시키는 전환점이 되었다. 메소포타미아의 전통을 적극적으로 수용하고 결국 다양한 쐐기문자 비문들을 모두 받아들였다. 히타이트의 하투샤(보가즈쾨이) 궁정은 바빌론 문화 수용에 적극적이었으며, 이들이 남긴 기록 문서는 메소포타미아의 문학·의례·의학 연구의 귀중한 자료가 되고 있다

(제4장 참조).

이 시기 정착층의 고고학적 발굴이 매우 제한적이어서 바빌론의 건축물이 히타이트의 공격으로 얼마나 큰 피해를 입었는지는 판단하기 어렵다. 후대 사람들은 이 시기 바빌론의 종교가 큰 타격을 입었다고 기억하면서[43] 신상을 강탈당한 것을 매우 애석해했다. 현대인의 관점에서 보면 신들이 도시를 저버리는 것은 도시의 통치자, 즉 신의 대리인에게 실망했기 때문이다(제5장 참조). 바빌론이 수호신들에게 공개적으로 버림받음으로써 함무라비 왕조는 종말을 고했다. 하지만 많은 주민을 잃었음에도 바빌론은 살아남았으며, 카시트 왕조하에서 새로운 삶을 이어 나갔다.

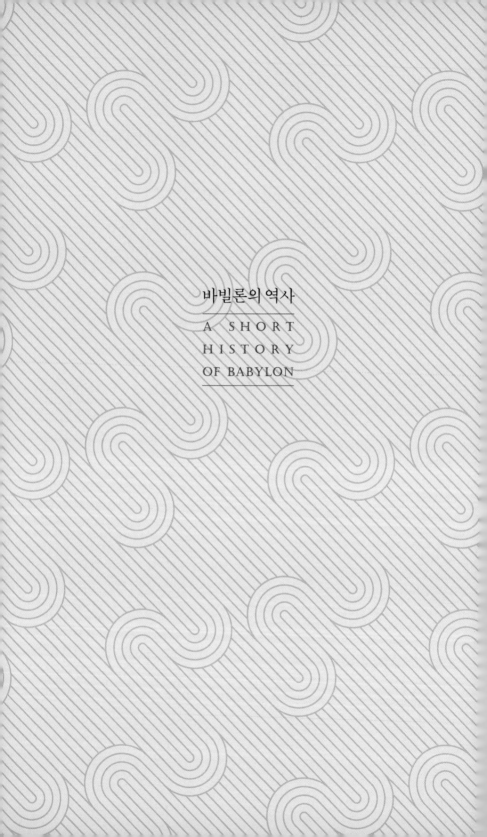

바빌론의 역사
A SHORT
HISTORY
OF BABYLON

제4장

지식의 원천이 되다

부르나부리아시 2세의 바빌론

이 장에서는 기원전 14세기의 바빌론에 대해 알아본다. 이 시기의 바빌론은 카르두니아시(카라두니아시 또는 카란두니아시로도 불린다) 왕국의 일부였고, 부르나부리아시 2세는 딸들을 이용해서 강대국들과 동맹을 맺었다. 강대국으로는 이란 남서부의 엘람, 중앙 아나톨리아의 히타이트가 있었고, 북부 이라크의 아수르에 수도를 둔신흥 강자 아시리아가 있었다(앞의 지도 2 참조). 바빌론의 학자들은국제 관계를 공고히 하는 데 중요한 역할을 했다. 먼저 함무라비 왕조가 망한 후 바빌론의 운명이 어떻게 되었는지를 살펴보고, 카시트로 불리는 왕가가 어떻게 바빌론을 장악했는지를 알아본다.

예전의 학설과 달리 현대의 학자들은 카시트인들이 정복을 통해바빌론을 지배하게 되었다고 여기지 않는다. 대신 함무라비 왕조의바빌론 통치가 붕괴되기 훨씬 이전부터 카시트 남자들이 근동의 여러 국가에서 용병으로 활약했다는 사실을 강조한다. 오론테스 계곡(오늘날 터키 남동쪽의 안타키아에 매우 가깝다)의 알라라크 궁정에 살던 일부를 제외하면 카시트 여성은 거의 등장하지 않는다. 용병으로 활약한 남자들은 보병이나 특별 전차부대원으로 복무했다. 카시트인 지휘관들이 이끈 이 부대들은 별도의 연대로 편성되어 독자적인 체계로 운용되었다. 바빌론의 고위 관료는 명목상의 지휘관 역할을 맡았다.

카시트 병사들에게는 땅이 하사되었으며, 이들은 중동의 여러 지역에 정착했다. 바빌론 왕국은, 지금의 시리아와 이라크 국경 지역에 해당하는 북동부 지역에 이들을 주로 배치했는데, 여기에는 두 가지 목적이 있었다. 하나는 이들의 군사적 능력을 활용하여 유프라테스강의 주요 길목을 경계하는 것이고, 다른 하나는 때때로 통제하기 어려운 이 부대를 가능한 왕국의 중심부에서 먼 곳으로 보내는 것이었다. 하지만 함무라비의 손자인 아비에슈 때부터 이미 수도 방어를 위해 바빌론 내에 카시트인 수비대가 있었다.[1]

바빌론의 첫 카시트인 군주는 아굼이다.[2] 그는 이미 함무라비 왕조의 마지막 왕인 삼수디타나의 장군으로 등장한다. 그는 아마도 히타이트의 바빌론 습격으로 야기된 혼란을 틈타 카시트 부대의 지원으로 바빌론 왕위에 오른 것이 아닌가 생각된다. 군대의 지휘관이라는 그의 지위는 권력을 쟁취하고 질서를 회복하는 데에 도움이 되었을 것이다. 훨씬 후대에 기록된 두 개의 비문에서 아굼이 유배에서 돌아온 바빌론의 수호신 마르두크와 그의 배우자 자르파니투의 숭배를 어떻게 회복시켰는지를 알 수 있다. 정기적인 신전 활동의 재개는 신이 그의 통치를 인정한다는 것을 공적으로 보여 주어 권력 쟁취를 정당화했을 것이다. 비문에 따르면 아굼은 스스로를 카시트인과 아카드인(당시의 바빌론 주민을 가리킨다) 모두의 '목자'로 묘사했다. 이는 그가 자기 동족을 다른 주민보다 우대하지 않을까 하는 우려를 불식시키기 위해서였다.[3]

그의 왕국은 카르두니아시로 불렸는데, 이는 의미를 알 수 없는 카시트어이다. 카시트어는 당시 문자로 기록되지 않았으므로 문서를 통한 검증이 어렵다. 자료가 매우 제한적이기 때문에 이 언어가 어떤 어족에 속하는지를 판별하기가 어려우나, 다만 셈어는 확실히 아니며 바빌론어와 다르고 수메르어와도 연관이 없는 것은 분명하다. 5세기 넘게 바빌론의 왕위를 이어 온 왕들의 이름이 카시트어로 전해지듯 카시트어는 주로 이름으로 전해진다.

아굼이 세운 왕실은 바빌론 역사상 가장 긴 왕조를 이룬다. 〈바빌로니아 왕명록〉에서 볼 수 있는 것처럼[4] 이 지역의 역사적 전통은 이 왕조를 카시트 왕조로 지칭한다. 왕명록을 보면 총 36명의 통치자가 등장하는데, 아굼의 부친 간다시부터 시작된다. 하지만 그가 바빌론을 통치했다는 기록은 보이지 않는다(그의 존재 자체가 확실치 않다). 〈바빌로니아 왕명록〉을 편집한 사람들은 아마도 마르두크의 신관들이었을 것이다(제5장 참조). 이들은 아굼을 새 왕조의 첫 군주로 내세우기를 꺼린 반면, 그가 왕위 찬탈자로 비칠 수 있음을 고려했다. 그래서 군주의 아들로서 부친에게서 합법적으로 왕위를 물려받은 왕으로 제시했을 수도 있다.

카시트 통치자들과 그들의 재위 기간에 대해 알려진 바는 매우 제한적이며 피상적으로, 그 핵심적 이유는 그들의 비문이 대개 무척 짧다는 점이다. 그 이전 시대에는 통치자가 신전이나 왕궁을 짓거나 보수하면 이를 기념하는 텍스트를 지어서 선별된 벽돌과 석조 구조물(문턱) 등에 새겨 넣었다. 그러나 함무라비 왕조나 중동의 다른 통치자들과 대조적으로 카시트인은 군주의 계보나 업적을 비문에 새기지 않았다. 그들이 비문에서 유일하게 가진 관심은 건물을 지은 사람의 이름이 영원히 남도록 건물 구조에 새겨 넣는 것뿐이었다.[5]

기원전 15세기 이전에는 현재 이라크의 최남단 지역이 카르두니아시 왕국의 지배를 받지 않았기 때문에 페르시아만으로 직접 진출할 수 없었다. 함무라비 왕조는 해국이라는 정치적 세력 때문에 남부 지역에 대한 지배권을 상실한 상태였다. 해국이라는 명칭답게 이들은 해상무역에 적극적이었다. 해국의 주요 도시는 대부분 페르시아만의 습지에 위치했는데, 특히 인도양으로 나가는 관문인 바레인섬(고대의 딜문)으로 이어지는 길을 따라 자리를 잡았다. 한편 해국이 고대 메소포타미아 전통과의 문화적 연계를 대단히 중시했다는 것은 의심의 여지가 없다. 대부분의 해국 통치자들은 정통 수메르인 이름을 선호했다. 예컨대 굴키샤르(대지의 습격자), 멜람쿠르쿠라(땅의 영화), 페쉬갈다라메시(이벡스의 아들), 아야다라갈마라(영리한 수사슴의 후계자) 등이 그렇다. 대부분의 해국 사람들은 좀 더 평범한 아카드인 이름을 가졌으며 일부 통치자들도 이를 따랐다. 담키일리슈(신의 총애를 받는 자), 에아가밀(에아는 자비롭다) 등이 이에 해당한다.[6]

현재까지 해국의 유적 중 공식적으로 발굴된 곳은 현대 이라크의 티카르 지역에 있는 나시리야 한 곳밖에 없다. 2013년 이후 진행된 발굴을 통해서 대략 4,400제곱미터에 이르는 직사각형의 거대한 요새가 모습을 드러냈다. 이 요새에서 아카드어로 쓰인 쐐기문자 점토판들이 발견되었다. 일부는 필경사들의 훈련을 보여 주는 필기연습용이고, 일부는 곡물과 농민에 관한 행정 기록을 담은 것이다.[7] 최소한 한 곳이 도굴꾼들에 의해 파헤쳐졌는데, 그 위치는 알려져 있지 않으며 그때 발견된 텍스트의 내용 또한 알려진 바가 없다.[8]

기원전 15세기에 카르두니아시 왕국은 해국을 정복하여 영토를 자국으로 편입했다.[9] 이를 통해 국가의 안정과 경제적 성장이 이루어지고 바빌로니아 전역에서 인구가 증가했다. 해국을 통합한 후 새로 얻은 땅을 경작지로 활용하기 위해 대규모 수로 건설이 시작되었다.[10] 또한 칼라트알바레인의 발굴 작업에서 발견된 쐐기문자 텍스트로 딜문이 카시트 왕정의 지배를 받게 되었다는 사실이 밝혀졌다.[11] 이를 통해 바빌론은 함무라비 왕조 때처럼 페르시아만 지역으로 진출할 수 있었다. 이 지역을 차지한 카시트 왕조는 오만에서 들여온 윤기 나는 검은색 경질석硬質石인 섬록암으로 기념비를 세웠다.

카시트 시대의 전형적인 유물은 이른바 돌로 만든 쿠두루(이러한 유물들과 관련된 아카드어)이다. 이 유물의 목적은 재산권과 세금 특혜를 영구적으로 공표하는 것이므로 섬록암이 가장 적합한 재료로 간주되었다. 보통 왕이 하사한 토지의 장기 소유에 관해 다루었으며, 세금 면제가 함께 하사되기도 했다. 이러한 내역은 대개 봉인된 점토판에 기록되었는데, 이는 기원전 3천 년대 중기 이래로 메소포타미아에서 토지소유권이 변경될 때 통상적으로 이루어지는 관행이었다. 토지와 세금 면제를 하사받은 이들은 그 내역을 쿠두루에 새겼다.[12]

전형적인 쿠두루는 자연스러운 모습 그대로의 큼지막한 섬록암 바위로, 매끄럽게 다듬어진 표면에 비문이나 종교적 상징을 새겼다. 신의 초승달, 샤마시의 태양, 이쉬타르의 별(실제로는 금성. 그림 4.1의 맨 윗줄) 등의 상징과 치유의 신 굴라의 개, 애정의 여신 이샤라의 전갈(그림 4.1의 맨 아랫줄) 등의 상징은 쿠두루가 신들의 보호 하에 있음을 의미했다. 텍스트의 마지막에 있는 계약 위반에 따른 저주는 신들이 이 거래의 후견인과 보증인임을 보여 준다. 쿠두루는 함부로 파손되지 않도록 보호하고자 신전에 세워졌다.

그림 4.1 마르두크나딘아헤 왕(재위 기원전 1099~기원전 1082년)이 우르카트부레아의 아들 이키샤니누르타에게 하사한 재산을 기록으로 남긴 쿠두루. 사진의 쿠두루 비문은 '바빌론 왕의 봉인된 문서 사본'이라고 쓰여 있으며, 아라드에아 가문의 에아쿠두리이브니가 보증한다는 내용이다.

이렇게 값비싸고 정교한 유물의 목적은 군주가 하사한 특권을 인정하고 존중하게 하기 위함이었던 것 같다. 하사받은 권리를 크고 단단한 바위에 새기고 이를 신전에 두어 영구적으로 전시함으로써, 특권의 수혜자는 자신과 후원자인 왕 사이 힘의 불균형을 조금이나마 해소하고자 한 것이다. 그리고 수혜의 내용을 최대한 많은 사람에게 보여 주어 대중의 시선을 통해 왕이 반드시 약속을 이행하게 했다.

해국은 동쪽의 이웃나라 엘람과 강력한 동맹을 맺었는데, 엘람의 두 중심지는 이란 남서부 쿠제스탄 저지대의 고대도시 수사와 시라즈 근처 파르스고원 지대의 안샨(오늘날의 텔이말얀)이었다. 기원전

1400년경 카시트 왕 쿠리갈주 1세가 엘람을 침략하여 수사를 정복했다. 쿠리갈주의 지원에 힘입은 새 왕조가 권력을 잡았다. 새로운 엘람 왕조는 첫 통치자 이기할키의 이름을 따서 이기할키 왕조라 불린다. 두 왕가는 잦은 통혼을 통해 긴밀한 관계를 맺었다. 이기할키의 아들 파히르이샨은 쿠리갈주의 딸(또는 누이)과 결혼했으며, 매 세대 카시트의 공주가 엘람의 왕세자와 결혼함으로써 두 왕국 간의 긴밀한 관계를 공고히 했다.[13]

쿠리갈주는 군사적 성공과 수사에서 가져온 전리품 덕분에 영토 전역에서 방대하고 값비싼 건축 프로젝트를 진행할 수 있었다. 그중 가장 심혈을 기울인 것은 티그리스강과 디얄라강의 합류 지점 근처, 바빌론 서쪽 30킬로미터 지점(오늘날의 아카르쿠프)에 위치한 왕궁과 신전이었다. 매우 화려하게 치장했던 그 유적은 오늘날 바그다드 교외에서 볼 수 있다.

쿠리갈주는 자신의 이름을 따서 이 도시를 두르쿠리갈주로 명명했는데, 이는 '쿠리갈주의 요새'라는 의미이다. 엔릴 신에게 바쳐진 두르쿠리갈주 신전의 계단식 탑은 69×68미터의 바닥면 위에 세워졌다. 이 유적은 오늘날 이라크에서 가장 잘 보존된 지구라트로 알려져 있다. 구운 벽돌과 굽지 않은 벽돌, 역청(아스팔트)과 엮은 갈대 등으로 세워진 이 거대한 인공 건축물은 메소포타미아 건축의 유적으로서 감탄을 자아내기보다는 인간의 건축물이 얼마나 덧없는 것인지를 여실히 보여 준다고 하겠다. 사담 후세인 시절에 부분적으로 재건이 진행되었으며, 복원된 일층 테라스는 신혼부부들이 사진을 찍기 위해 즐겨 찾는 곳이 되었다.

바빌론과 두르쿠리갈주의 관계는 분명하지 않지만, 파리와 베르사유의 관계에 비견되지 않을까 싶다. 즉 바빌론은 수도이자 행정의 중심지이고, 두르쿠리갈주는 궁정의 본거지인 셈이다.[14] 두르쿠리갈주가 얼마나 오래 사용되었는지는 명확하지 않은데, 어쩌면 통치자 쿠리갈주를 기쁘게 하기 위한 것이었으므로 왕궁이 다시 바빌론으로 돌아가기 전 아주 짧은 기간 동안만 사용되었는지도 모른다. 두르쿠리갈주의 정확한 역할이 무엇이든 간에 바빌론은 제국의 수도로서 명성을 유지했다. 비록 일시적이든 장기간이든 두르쿠리갈주와 명성을 나누기는 했지만, 카르두니아시의 어느 도시들보다 가장 중요한 도시였던 것만큼은 틀림없다.

1940년대에 이라크유물·유산위원회의 발굴을 통해 두르쿠리갈주의 왕궁과 신전 유적 일부가 세상에 모습을 드러냈다.[15] 하지만 함무라비 시기의 바빌론에서 보았듯이 바빌론의 지하수는 수위가 높아 초기 정착기의 유적을 발굴하는 것은 불가능에 가깝다(제3장 참조). 따라서 카시트 바빌론의 극히 일부분만 발굴될 수 있었다. 먼저 후대의 유적을 모두 거두어 내기란 시간과 노력이 대단히 많이 요구되었으므로 로베르트 콜데바이는 후기 정착층에서 접근 가능한 지역을 선택해야 했는데, 결국 후대 건축물의 안뜰을 파 내려가야 한다는 것을 의미했다. 이러한 방식으로 메르케스('중심지'를 뜻하

는 아랍어)로 불리는 지역에서 카시트 시대 일반 주거 건물의 일부가 발굴되었다.[16]

메르케스 지역은 유프라테스 동편 강둑에 위치하고 강에서는 약간 떨어져 있었으며, 마르두크 신전과 다른 신전이 있는 성도의 동쪽에 있었다(제7장 참조). 이 도심의 거주민들은 대개 부유층이었다. 집 한 채를 고스란히 발굴할 수는 없었지만, 콜데바이가 여러 방에서 발굴해 낸 유물들은 카시트 시대 바빌론의 실제 삶의 모습을 들여다볼 수 있는 매우 소중한 자료이다.

가장 놀라운 것은 학교로 사용된 것으로 보이는 일반 주택에서 발견된 수백 개의 쐐기문자 필사 연습용 점토판이다.[17] 초심자가 만든 것임이 틀림없는, 하나의 쐐기가 새겨진 엉성한 점토판부터 단어목록, 징조모음집, 성가, 시가(홍수설화인 〈아트라하시스 서사시〉 포함)[18] 및 비문(함무라비법전 포함. 제3장 참조)을 담은 전문가의 점토판까지 다양하게 출토되었다. 이를 통해 도시 엘리트들의 읽기·쓰기 능력이 높은 수준을 유지했으며, '고전'에 깊은 관심을 갖고 있었음을 엿볼 수 있다. 고대 수메르어는 이미 수세기 전에 구어로 사용하지 않게 되었으나, 부유한 바빌론 주민은 여전히 이를 공부하여 시와 학문을 이해했다. 또한 신전 예식에 필요한 일부 기도문과 성가역시 수메르어를 이용했다. 그리고 법률 문서 등에서 수메르어가 널리 통용되던 함무라비 왕조 때와는 대조적으로, 일상생활에서 쓰이지 않는데도 수메르어를 공부하는 것은 높은 사회적 지위를 보여 주는 강력한 도구였다. 누구나 이를 위한 시간과 비용을 감당할 수 있는 것은 아니었기 때문이다.

카시트 시대에는 저명한 학자들의 학문이 크게 발전했다. 예컨대 나지마루타시(재위 기원전 1307~기원전 1282년) 치세 때에는 바빌로니아의 7개 도시(북쪽의 바빌론과 시파르, 남쪽의 니푸르와 라르사·우르·우루크·에리두)에 대한 예전의 자료를 취합하여 왕의 책무에 적합한 길일과 그렇지 않은 날을 모아서 책으로 편찬했다. 이 텍스트는 기원전 첫 1천 년 동안 매우 인기가 있었으며, 그 사본들이 아수르에 있는 개인 서고 두 곳에서 발견되었다.[19]

기원전 7세기에 니네베의 아시리아 왕궁 서고를 통해 알려진 이른바 〈텍스트와 저자 요람〉을 보면, 쐐기문자로 쓰인 주요 작품들은 저자의 직업과 출신지 그리고 때로는 후원한 왕이 같이 언급되어 있다.[20] 이 텍스트에 소개되는 저자 대부분은 바빌론 출신인 것으로 보아 바빌론이 학문의 중심지였음을 알 수 있다. 기원전 1천 년기 바빌론의 가장 명망 있는 가문 중에는 시조가 카시트 시대의 학자인 가문이 많았다.[21] 이들 중에는 〈길가메시 서사시〉의 정통 12점토판본의 저자로 알려진 신관 신레케운닌니 가문과 바빌론 출신의 유명한 수학자 아라드에아 가문이 있었다.

우루크 출신으로 잘 알려지지 않은 신레케운닌니 가문과는 달리 아라드에아와 그 가문은 널리 알려졌다.[22] 아라드에아는 쿠리갈주 왕의 '전문 회계사'(수메르어로 움미아니그카시)였는데, 이 쿠리갈주가

수사를 정복한 왕인지 아니면 동명의 두 번째 왕인지는 분명치 않
지만 기원전 14세기 카시트 왕조의 왕이었던 것은 분명하다. 아라
드에아의 부친 우슈르아나마르두크는 니푸르의 에쿠르 신전 책임
자였고, 그의 조부 우시아나누리슈는 딜문의 총독이었다. 이 가문
은 대를 이어 왕가와 깊은 인연을 맺고 정치적 영향력을 행사했다.
수학자 아라드에아가 가문의 명예를 가장 드높였으므로 그의 이름
이 가문의 이름이 되었다.[23]

아라드에아의 수학과 관련된 텍스트는 전해지는 것이 없다. 하지
만 대영박물관에는 아라드에아의 아들 우발리수마르두크의 원통
인장 두 개가 소장되어 있는데, 그중 하나에 토지 측량의 여신 닌수
문을 향한 기도문을 담은 긴 비문이 있다. 이 인장의 재료인 옥수에
는 검정색·연보라색·황갈색·백색 등의 줄무늬가 있어 비문을
읽기 쉽지 않지만, 이를 진흙판에 굴리면(그림 4.2) 원통의 표면에
있는 열두 줄의 비문을 분명하게 볼 수 있다. 그중 한 줄에는 개미
가 다섯 마리 그려져 있는데 그 의미는 명확하지 않다. 나머지 줄에
나오는 쐐기문자 비문의 내용은 다음과 같다.

지혜로 모든 것을 완벽하게 만드시는 엔릴 신의 토지 담당관, 위대한 아누
신의 장녀, 강력한 힘을 가지신 닌수문 여신이시여. 여신님을 찾는 자를
즐겁게 하시며, 그가 하는 일이 잘되게 하옵소서. 그리하여 그가 지나간
땅에 평안이 깃들게 하소서. 온 세계의 왕, 쿠리갈주의 신복이자 전문 회

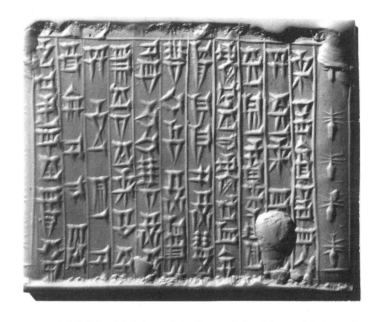

그림 4.2 수학자 아라드에아의 아들 우발리수마르두크의 원통인장. 줄무늬가 있는 돌인 옥수로 만들어져서 진흙판에 굴리면 비문이 선명하게 나타난다.

계사인 아라드에아의 아들 우발리수마르두크.[24]

아라드에아 가문은 대대로 닌수문 여신과 깊은 관계를 유지했으며, 많은 후손이 토지 측량관을 역임했다. 바빌론 사회에서 매우 중요한 위치를 차지한 이 직책은 뛰어난 수학적 기술이 필요할 뿐 아니라 백성들의 신망도 두터워야 했다. 이 가문의 후손들은 기원전 7세기 무렵까지 바빌론에서 다양한 요직에 올랐는데, 그중 한 명은 마르두크자키르슈미 2세로서 기원전 703년에 잠시 바빌론 왕위에

오르기도 했다.[25]

기원전 14세기 아라드에아의 조카 중 한 명을 살펴볼 필요가 있다. 아라드에아의 형제 마르두크우발리트의 아들인 마르두크나딘아헤는 당시 국제 정세 속에서 무척 흥미로운 발자취를 남겼다. 그는 고향 바빌론을 떠나 북쪽 아시리아 왕국의 수도인 아수르로 가 그곳에서 아슈르우발리트 왕이 새로이 만든 직책인 왕궁서기가 되었다. 이전 수세기 동안 아수르와 그 배후 지역은 메소포타미아 북부의 미타니 왕국의 지배를 받았다. 그런데 외적의 침략과 왕조 내부의 문제로 미타니가 쇠락하면서 아시리아(현대에는 아수르 왕국이라 부르기도 한다)가 탄생하게 되었다. 아슈르우발리트는 스스로 왕이라 칭했으며,[26] 신생 국가 아시리아를 이집트나 바빌론과 같은 강력한 왕국으로 만드는 것을 지상 과제로 여겼다. 그런 맥락에서 왕을 보좌하는, 학문에 조예가 깊은 전문가를 전면에 내세울 필요가 있었고, 특히 대대로 바빌론 왕가를 섬긴 명성 있는 가문 출신을 새로운 왕궁서기로 임명한 것이다.

마르두크나딘아헤에 대한 것은 그가 아수르에 새집을 지으면서 작성한 비문으로 알 수 있다. 사본[27]을 통해 후대로 전해지는 텍스트는 바빌론의 주인 마르두크에 대한 기도로 마무리된다.

나의 왕 마르두크시여, 이 집을 살펴보시고 이 어려운 시기에 이 집을 나에게 허락하소서. 이 집을 오래도록 지켜 주셔서 내 아들, 손자, 후손 대대로 살게 하시고, 그리하여 나와 내 가문이 신 마르두크와 여신 자르파니투를 대대로 공경하게 하소서. 또한 일가친척이나 친족 중에 반역에 이끌린 자가 있다면 그를 바로잡아 주소서. 마르두크시여, 이 세계의 왕이시며 나를 사랑하시는 아슈르우발리트에게 번영과 장수를 허락하소서.

어려운 시기와 반역을 언급한 것으로 보아 마르두크나딘아헤가 기원전 1328년 부르나부리아시 2세 사후 발생한 바빌론 왕위 계승 전쟁(이에 대해서는 차후 논의하겠다)에 휘말렸음을 짐작할 수 있다. 이후 그는 아슈르우발리트 왕의 후원으로 아수르에 새집을 지었다. 그는 자신과 후손이 고향 바빌론으로 돌아갈 수 없으리라고 생각했다. 마르두크나딘아헤는 아시리아 왕의 학술적 고문 역할 외에도, 아수르에 새로 자리를 잡은 마르두크와 그의 배우자 자르파니투를 모시는 제사장 역할을 맡은 것으로 보인다. 그의 비문은 이렇게 시작한다.

나 마르두크나딘아헤는 왕궁서기이며, 우슈르아나마르두크의 아들 마르두크우발리트의 아들이다. 신과 왕의 총애를 받은 자이며, 겸손하고 순종적이며 왕을 기쁘게 하는 자이다. 마르두크 신전 그늘 아래 지어진 집에 훌륭한 거처를 마련했으며, 마르두크 신의 지혜로 구획을 정한 곳에 시원한 물이 솟아나는 우물을 팠다. 나는 그 우물 아래에 구운 벽돌로 지혜와 정성을 다해 아무도 모르는 방을 만들었다. 내가 집 전체를 건축했고 접견

실과 숙소도 완성했다. 나는 백치들이 이 집을 취하도록 내버려 두지 않을
것이다.

'마르두크 신전 그늘 아래 지어진' 마르두크나딘아헤의 집은 아수
르 신전에서 매우 가까운 곳 또는 신전의 경내에 지어졌다. 정확한
위치는 알 수 없지만, 우물과 두 개의 부속 건물은 당시 아수르 엘
리트들이 거주하던 전형적인 주택의 모습이었다. 한 건물은 공적인
공간이고, 다른 건물은 가장 안쪽의 지하에 지어진 사적인 공간이
다(우물 아래쪽, 아무도 모르는 구운 벽돌로 만든 방).

그런데 비문의 마지막 문장 "나는 백치들이 이 집을 취하도록 내
버려 두지 않을 것이다"는 무슨 의미일까? 아시리아 주민들에 대한
우월감을 표현한 것일까? 또는 프랑스 비거만의 주장처럼 바빌론
에 남아 있는 친족을 조롱한 것일까?[28] 바빌론의 지식과 전통을 아
수르와 아시리아에 전파하는 데 학자들이 매우 중요한 역할을 한
것은 확실하다. 바빌론에 있는 친족들은 아시리아의 요직에 있는
그와 거리를 두고 싶었는지도 모른다. 그래서 딜문의 총독 우시아
나누리슈 또는 에쿠르 신전의 책임자 우슈르아나마르두크처럼 더
명망 있는 선대의 조상 대신 아라드에아를 가문의 얼굴로 내세운
것인지도 모른다. 바빌론의 친족은 마르두크나딘아헤와 그 후손을
가문에서 배제하고 가문과의 관계를 단절했다. 바빌론과 아시리아
의 거듭된 갈등은 제6장에서 살펴본다.

의사 라바샤마르두크[29]는 카시트 왕조 시대의 또 다른 저명한 학자였다. 그 이름의 의미는 '마르두크는 위대하다'로, 바빌론의 수호신에 대한 가문의 존경심을 나타낸다. 기원전 13세기 그는 국제적으로 명성을 얻은 유명한 의사였으며 두 왕가를 섬겼다. 뛰어난 의술 덕분에 카시트의 왕 나지마루타시의 총애를 받았고, 기원전 1285년 이후 바빌로니아에서 멀리 떨어진 히타이트의 수도 하투샤로 파견을 가게 되었다. 히타이트 왕 무와탈리 2세(재위 기원전 1290~기원전 1272년경)의 궁정에 외교사절의 일원으로 동행했는데, 당시 히타이트에서는 바빌론과 이집트의 의사가 큰 각광을 받았다.

기원전 1255~기원전 1250년 라바샤마르두크는 여전히 하투샤에 머물며 매우 우호적인 환경 속에서 지냈다. 그의 후원자는 집을 주고 히타이트 왕가의 일원과 결혼을 주선했다. 그는 아마도 고향으로 돌아갈 수 없었을 것이다. 당시 군주들은 유능한 외국 출신의 인재들을 본인의 의사와 상관없이 최대한 곁에 두려고 했기 때문이다. 라바샤마르두크에 대해 알려진 내용은 히타이트 왕 하투쉴리 3세(재위 기원전 1265~기원전 1240년경)가 카시트의 왕 카다쉬만엔릴(재위 기원전 1258~기원전 1250년)에게 보낸 편지에서 나온 것이다. 하투쉴리 3세는 한 바빌론 출신 의사가 하투샤에 도착한 지 얼마 안되어 사망했다고 카다쉬만엔릴 왕에게 소식을 전하며, 이 불행한 소식이 외국인 전문가의 히타이트 억류를 은폐하기 위한 계략이 아님을 애써 강조했다. 그는 자신이 이러한 책략을 얼마나 반대하는

지를 명확히 밝히고, 이를 입증하기 위해 그는 그의 형제이자 선왕인 무와탈리 2세 때 히타이트로 온 의사 라바샤마르두크에 대해 언급했다.

〔내 형제에게〕 말하노라. 내 형제 무와탈리가 왕위에 있을 때 (바빌로니아 출신의) 신관과 의사를 받아들였고, 그들을 억류했다. 내가 그에게 따져 물었다.

"왜 그들을 억류하는가?〔신관과 의사를 억류하는 것은〕우리의 관습에 어긋나는 일이다!"

그런데 이제 내가 그대의 의사를 억류했단 말인가? 이전에 이곳에 온 전문가 중 신관은 죽었고,〔의사 라바샤마르두크는〕아직 살아 있다. 그가 이곳에서 결혼한 여자는 나의 일족이며, 그는 좋은 집도 가지고 있다.〔만약 그가〕'고향으로 돌아가고 싶다'고 말했다면 그는 곧 돌아갈 수 있었을 것이다.〔그런데〕내가 의사 라바샤마르두크를 붙잡아 두었다는 것인가?[30]

라바샤마르두크의 의술은 바빌로니아와 아나톨리아뿐 아니라 이라크 북부의 아시리아에서도 인정을 받았다. '라바샤마르두크의 첫 번째 명판, 두통을 위한 18개의 처방'이라는 제목으로 그의 의술이 담긴 점토판이 아시리아의 수도 아수르에서 발견되었다. 대체로 약초를 사용한 그의 첫 처방은 다음과 같다.

두통에 시달릴 때에는 에루 씨, 티길루 씨, 큰꽃마리 씨, 에두풀 씨, 뜰의 씨, 키샤누콩 씨 등을 갈아 체에 거르고 나서 같은 비율로 섞은 다음 식초를 넣어 반죽으로 만든다. 그 위에 구운 보리와 엠머밀 가루를 뿌린 다음 피부에 문지르고 머리카락을 민 후 머리에 붙여 고정시킨다. 그러면 나을 것이다.[31]

바빌론 의술은 비교적 잘 알려져 있는데, 처방전과 재료의 목록을 담은 수백 개의 텍스트가 전해 내려오며, 거기에는 바빌론의 의학적 지식과 치료법이 쓰여 있다.[32] 그에 따르면 진단 및 치료 후 예후는 관찰을 기본으로 하며, 방대한 약초의 효능에 대한 지식은 임상실험을 바탕으로 하고 있다. 하지만 의학과 주술의 경계가 명확하지는 않다. 두통 치료제로 소개된 도포제는 현대인들도 충분히 적용할 만한데, 여기에 나오는 치료제는 일종의 호랑이연고와 비슷하다. 라바샤마르두크의 명판에 나오는 치료법 중에는 현대인이 이용하기에는 상당히 주저되는 처방 또한 있다.

도성의 성문에서 오래된 끈적한 기름을 취한다. 성문을 통해서 나갈 때 오른쪽 문에서 (취한다). (……)그날 밤과 낮에 (이를) 뭉쳐 꼬아서 줄 모양으로 만든다. 이를 양털 꾸러미에 둘둘 만 다음에 (관자놀이에 댄다).

그러나 환자가 병의 원인이 초자연적인 이유 때문이라고 믿는다면 이야기가 달라진다. 이 치료법은 '귀신이 들어서 환자가 지속적인 두통에 시달릴 경우'를 위한 처방이다.

의사 라바샤마르두크는 국제정치에서도 활약했다. 그는 바빌론에서 아나톨리아의 산악 지대로 파견되었는데, 이를 좋은 기회로 여겼는지 아니면 끔찍한 좌천으로 생각했는지는 알 수 없다. 그 외에도 기원전 14세기경에는 바빌론의 많은 고관대작이 외국의 궁정으로 파견되었으며, 부르나부리아시 2세의 세 딸과 쿠리갈주 1세의 손자 또한 이에 동참했다.

부르나부리아시 왕은 왕조 간 결혼을 외교 수단으로 적극 이용한 통치자였다. 그는 자신의 세 딸을 세 강대국의 군주에게 시집을 보냈는데 그들은 엘람의 운타쉬나피리샤, 이집트의 아케나텐(아멘호테프 4세), 히타이트의 슈필루리우마였다. 부르나부리아시 2세 역시 이전에 카시트 왕의 예속왕으로 여겨지던 아시리아의 아슈르우발리트 1세의 딸과 결혼했으며, 그의 사후에는 피비린내 진동하는 승계 전쟁이 이어졌다. 이것은 앞에서 이야기한 마르두크나딘아헤가 바빌론을 떠나 아시리아의 수도 아수르로 가게 된 계기였다.

부르나부리아시의 딸 중 하나는 엘람의 여왕이 되었다. 쿠리갈주가 수사에서 성공적으로 중재를 이끌어 낸 이래 엘람은 바빌로니아의 동맹국이 되었다. 이러한 동맹은 이후 각 세대에서 재확인되었고, 통혼을 통해 두 왕가의 결속은 공고해졌다. 운타쉬나피리샤와 부르나부리아시 딸의 결혼 역시 이러한 전통을 따른 것이다.[33] 부르

그림 4.3 부르나부리아시 2세의 세 딸 가운데 한 명인 엘람의 나피라수 여왕의 실물 크기 동상. 1903년 프랑스 발굴팀이 이란의 슈시에서 발굴했다. 자수가 있는 튜닉을 걸친 이 동상의 스커트 전면에는 비문이 새겨져 있다.

나부리아시의 딸은 엘람에서 나피라수 여왕으로 불렸을 것이다. 그녀의 실물 크기 동상이 1903년 슈시의 니누르사그 신전에서 프랑스 발굴팀에 의해 발견되었다(그림 4.3).[34]

그녀의 동상에는 비문이 새겨져 있는데 그녀가 여왕이며, 나피리샤·키리리샤·인슈쉬나크 신들의 가호가 있기를 기원하는 내용과 이 동상을 손상시키는 자를 저주하는 내용이다. 그럼에도 이 동상은 고대에 손상되어 여왕의 머리 부분과 왼팔이 사라졌다. 남아 있는 부분만으로도 무게가 1,750킬로그램에 달한다. 매우 정교하게 제작된 이 동상의 중심 부분은 구리와 주석으로 단단하게 만들어졌고, 바깥 부분은 로스트왁스법으로 주조되었다.[35] 동상의 여왕은 섬세한 자수 또는 아플리케가 놓인 반소매의 튜닉을 걸치고 있다. 또한 화려하게 장식된 직물 조각은 허리에 두르는 치마 모양으로 치마 전면에는 비문이 새겨져 있다. 치마의 양 옆면과 남아 있는 한쪽 팔에는 홈이 나 있는데, 원래는 옷이 은이나 금으로 장식되어 있었음을 알 수 있다. 한편 손목에는 네 겹의 팔찌를 차고, 왼손 약지에는 반지를 끼고 있으며, 오른쪽 어깨에는 걸쇠가 달려 있다.

부르나부리아시 2세의 또 다른 딸은 이집트 신왕국의 '이단자' 파라오 아케나텐과 결혼했다. 엘람과 마찬가지로 이집트와 카르두니아시 두 왕가의 첫 통혼은 쿠리갈주 1세 치세 때 이루어졌으며, 이후 세대마다 동맹이 연장되었다. 그런데 이집트의 경우에는 통혼이 일방적으로 이루어졌다. 이집트의 군주들은 대체로 카시트의 공주를 여러 부인 중 하나로 받아들이는 것은 환영했지만, 반대로 딸을 시집보내기는 거절했다. 왜냐하면 이집트 왕가의 혈통은 신성한 것이라서 이집트의 공주들은 친족 내에서 결혼해야 했기 때문이다. 부르나부리아시가 아케나텐에게 쓴 편지가 한때 이집트의 수도였던 아케타텐(오늘날의 텔엘아마르나)에서 발견되었는데, 부르나부리아시 2세가 이집트 공주를 신부로 보내 달라고 간청했지만 허사였고, 대신 다른 사람이라도 보내 달라고 했으나 그 역시 거절당했음을 편지를 통해 알 수 있다.

나의 형제여, 그대의 딸과 결혼하고 싶다고〔그대에게〕보낸 편지에 대해,
그대는 (딸을) 내어 주지 않는 관행을 설명하면서 다음과 같은 답장을〔내
게〕보내었소.

"태곳적부터 이집트 왕의 딸은 누구에게도 준 적이 없었다."

도대체 왜 아니 된다는 말씀이오? 그대는 왕이오. 하고 싶은 대로 하면 되
지 않소. 만약 그대가 (딸을) 주기로 한다면 누가 반대할 수 있단 말이오? 내
가 이 전갈을 받고 난 후 다음과 같은 글을〔그대에게〕보내었소.

"〔누군가의〕장성한 딸, 아름다운 여인이 있을 것이오. 그 아름다운 여인
을 그대의 딸인 것처럼 대신 내게 보내 주시오. 누가 감히 '그녀는 왕의 딸
이 아니다'라고 말할 수 있겠소?"

하지만 그대는 고집을 부리고, 내게 사람을 보내지 않았소. 그대가 먼저
양국의 우애와 친선을 원했고, 그래서 내게 통혼을 통해 서로 가까워지자
고 한 것이 (아니오)? 그리하여 나 역시 같은 목적, 즉 우애와 친선을 위해,
양국이 더욱더 서로 가까워지기 위해 통혼에 대해 쓴 것이 아니겠소? 그런
데 내 형제는 왜 내게 아무도 보내지 않은 것이오? 그러면 그대가 내게 여
자를 보내지 않은 것처럼 꼭 그대로 나도 그대에게〔여자를 보내지〕않기
를 바라는 것이오? 하지만 내 딸은 결혼할 준비가 되어 있고, 나는 그대에
게 보내는〔것을〕거절하지 않겠소. [36]

부르나부리아시는 몹시 실망했음을 분명히 밝혔지만, 이집트와
의 동맹이 매우 중요했기에 딸 하나를 이집트의 아케나텐에게 신부

로 보냈다. 또 다른 편지를 보면 그의 딸은 아버지의 궁정에서 신랑도 없이, 파라오가 보낸 사절단과 통역사를 대동하고 약혼식을 치렀다. 예전에 3천 명의 호위대가 카시트의 공주를 이집트로 데려간 사례를 언급하며 아케나텐에게 신부를 이집트 왕궁으로 데려갈 호위대를 즉시 보내라고 요청했다. 이를 통해 부르나부리아시가 딸에 대한 합당한 예우를 요청한 것을 알 수 있다. 한편 이 딸의 이름은 편지에 나와 있지 않다.[37] 그녀는 결국 아케나텐의 궁정에 당도했지만, 그녀의 삶에 대해서 알려진 것은 없다. 그녀는 아케나텐의 위대한 왕후 네페르티티의 지위와 명성을 전혀 잠식하지 못한 것으로 보인다.

이는 그녀의 자매이자 부르나부리아시 2세의 셋째 딸 말니갈의 운명과는 뚜렷한 대조를 보인다. 말니갈은 위대한 군사 지도자로서 아나톨리아 대부분을 장악한 히타이트의 슈필루리우마와 결혼했다. 히타이트 왕가는 여느 히타이트 가문과 마찬가지로 일부일처제를 따랐으며, 슈필루리우마에게는 이미 아들 다섯을 낳은 부인이 있었다. 그래서 카시트의 공주와 결혼하기 위해서는 먼저 첫 번째 부인을 추방해야 했다. 물론 부르나부리아시의 딸 말니갈에 대한 사랑이나 애정 때문에 촉발된 사건은 아니었다. 이 결혼은 정치적인 야망을 이루는 데 필요한 카시트의 지원 또는 중립을 보장하는 중대한 동맹의 일부였다. 그는 메소포타미아 북쪽의 미타니 왕국을 침략해 지중해의 시리아에서 유프라테스강까지 히타이트의 지배

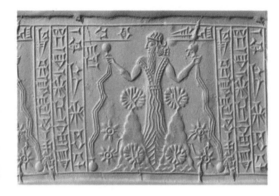

그림 4.4　청금석으로 만든 원통인장. 신이 세상에 물을 대는 모습이 그려져 있으며, '세상의 왕 부르나부리아시의 신하, 사일림마담카의 아들, 키딘마르두크'라고 쐐기문자로 새겨져 있다. 그리스 보이오티아의 테베에 있는 미케네 왕궁 작업장에서 많은 청금석 인장들과 함께 발견되었다.

하에 두려는 야망을 품고 있었던 것이다.

　1961년 그리스 보이오티아 테베에 위치한 미케네 왕궁의 작업장에서 최상품의 카시트 원통인장 열두 개와 다른 인장들이 발굴되었는데, 그중에는 히타이트의 인장도 있었다. 이것들은 모두 아프가니스탄에서 들여온 귀한 청금석으로 만들어졌는데, 공주를 시집보낼 때 지참금의 일부로 바빌론에서 아나톨리아로 보내진 것을 이후에 히타이트가 미케네와 동맹을 맺으면서 외교적 선물로 재사용한 것이 아닌가 추측된다.[38] 귀중한 인장 중 하나에서 부르나부리아시 2세의 신하 한 사람의 이름이 나온 것으로 보아 부르나부리아시가 이 유물들과 관계가 있음은 명백해 보인다(그림 4.4).[39]

　슈필루리우마의 아내가 된 말니갈 공주는 타와난나로 불렸는데,

그림 4.5 　슈필루리우마 1세와 왕비 타와난나의 이름이 나란히 새겨진 점토판. 타와난나는 정치적·종교적 지위를 지닌 히타이트 왕비의 칭호로서, 슈필루리우마 1세의 왕비는 바빌론 왕가 출신이라는 사실이 그녀의 지위를 더욱 확고하게 만들어 주었다.

이는 전통적으로 대단한 정치적·종교적 지위를 가진 히타이트 왕비의 칭호였다. 바빌론 왕가 출신이라는 사실은 그녀의 공적인 지위를 더욱 돋보이게 했다. 예컨대 우가리트 왕국과의 동맹조약을 인준하는 공식 인장에 그녀와 남편의 이름이 모두 새겨져 있는데, 그녀는 또한 바빌론의 공주로 인식되었다(그림 4.5).

폭풍신의 총애를 받은 자, 위대한 왕, 히타이트 왕국의 왕, 슈필루리우마

의 인장. 바빌론 왕의 딸, 위대한 왕비, 타와난나의 인장.[40]

그런데 타와난나는 히타이트의 왕이 첫 결혼에서 얻은 아들들에게 호감을 얻지 못해 그들로부터 전형적인 사악한 계모 취급을 받았다. 히타이트의 관습에 따라 타와난나는 슈필루리우마가 유행병으로 사망한 이후에도 여왕의 지위를 유지했으며, 그의 아들이 왕위를 계승한 후에도 영향력을 유지했다. 슈필루리우마의 첫 후계자 아르누완다 역시 같은 유행병에 걸려서 아버지 사후 얼마 되지 않아 사망했다. 그 뒤를 이어 동생 무르쉴리 2세(재위 기원전 1321~기원전 1295년)가 왕위에 올랐는데, 그는 아버지와 형의 죽음뿐 아니라 자신의 사랑하는 아내의 갑작스러운 죽음마저 타와난나의 탓이라며 그녀를 사악한 마녀로 비난했고 결국 아버지 사후 12년, 자신의 재위 9년에 그녀를 추방했다.[41]

부르나부리아시 2세도 아시리아의 첫 번째 왕 아슈르우발리트 1세의 딸 무발리타트셰루아와 결혼했다.[42] 기원전 1328년 부르나부리아시가 죽었을 때, 아들 카라하르다시가 바빌론의 왕위를 이어받아야 했다. 하지만 바빌론 백성들은 새 통치자에게 등을 돌리고 그를 처형한 뒤 나지부가시를 왕위에 앉혔다. '보잘것없는 사람의 아들'이라는 뜻의 이름이 보여 주듯 그는 왕가와 아무 관계가 없는 자였다. 처형당한 왕의 외조부인 아시리아의 아슈르우발리트는 즉시 바빌론을 침략했다. 애초에 카라하르다시가 백성들에게 인기가 없었던 일차적인 원인이 그와 아시리아의 인연 때문일 것이다. 아시리아 군대는 나지부가시의 군대를 물리치고 그를 죽였으며, 아슈르우발리트는 바빌론의 왕위를 또 다른 손자 쿠리갈주 2세에게 주려 했다. 바빌론의 국론은 나지부가시를 지지하는 반군 세력과 아시리아와 연관성이 있음에도 기존의 왕가를 지지하는 세력으로 분열되었다. 앞에서 이야기한 아슈르우발리트의 왕궁서기 마르두크나딘아헤와 그의 바빌론 친족 아라드에아 가문 사이가 틀어진 것 또한 이러한 복잡한 정세 때문이었을 것으로 추측할 수 있다.

부르나부리아시 2세 사후 아시리아가 바빌론 왕위 계승에 개입한 사건은 왕조 간 통혼을 선호한 카시트 왕가의 전통 때문에 이웃한 두 나라가 왕위를 두고 다툴 수밖에 없었던 많은 사례 중 하나에 불과하다. 기원전 12세기 중반에 이르러 카시트 왕가의 부계 혈통은 완전히 단절되었다. 엘람 왕 슈트루크나훈테는 그의 선조들과 카시트 왕가 사이의 오랜 통혼의 전통을 근거로 바빌론 왕위에 대한 권리를 주장했는데, 이른바 '베를린 편지'[43]에서 바빌론 백성들에게 이런 사실을 상기시켰다. 이 주장이 거부당하자, 그는 기원전 1158년 바빌론을 침공했다.

슈트루크나훈테의 군대는 카르두니아시의 왕국을 약탈했고 특히 신전을 유린했다. 전리품에는 쿠두루와 그때 이미 600년가량 된 바빌론의 함무라비 석비 같은 유명한 유물뿐 아니라 바빌론 신전에 1천 년 넘게 서 있던 아카드 왕들의 석비와 조각상 등 더 오래된 유물도 포함되어 있었다. 슈트루크나훈테는 수도인 수사로 가져온 전리품에 자신의 비문을 새긴 다음 인슈쉬나크(수사의 주인) 신전의 뜰 안에 세워 두었다. 20세기 초 프랑스 고고학자들이 이것들을 발견했고, 이 유물들은 오늘날 루브르박물관에 전시되어 있다.

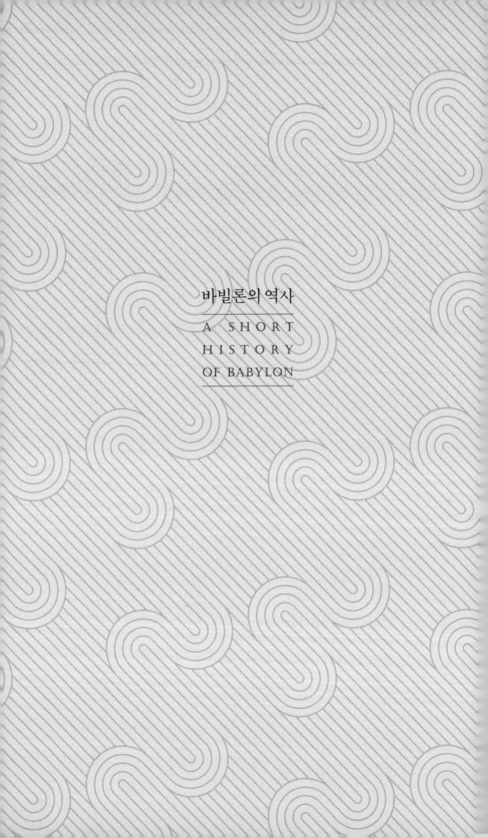

바빌론의 역사

A SHORT
HISTORY
OF BABYLON

제5장

신이 바빌론의 왕을 정하다

마르두크의 바빌론

바빌론은 에산길라 신전에 거하는 마르두크 신의 도시였으며, 이 신은 조각상의 모습으로 존재했다. 신성한 신전 작업장에서 정결의 식을 거친 장인들에 의해 제작되었고, '입 열기 의식'을 통해 지각 있는 존재로 깨어났다.[1] 또한 사제들이 매일 수행하는 제례를 통해 신이 모습을 드러낸다고 믿었다. 사제들은 신을 씻기고 입히고 먹이고 즐겁게 하는 일을 했으며, 신을 만족시키기 위해 신중하고 정확한 과정으로 이루어졌고 신은 도시와 백성을 보호했다. 도시의 중심인 신전은 이념적·문화적 중심일 뿐 아니라 사회적·정치적·경제적 생활의 중심이었다.[2] 따라서 신전과 그 의식에 소란이 생기는 것은 대재앙을 의미했다.

슈트루크나훈테 2세가 기원전 1158년 처음으로 바빌론을 공격한 이래 수십 년 동안 여러 차례 엘람의 침입이 있었다. 그중 하나가

쿠티르나훈테 왕이 이끄는 군대의 습격이었는데, 그들은 바빌론의 마르두크 신전을 약탈하고 조각상을 수사로 가져갔다. 엘람은 바빌론을 오래 지배하지 못했다. 이 격동의 시기에 이신 제2왕조가 권력을 장악했다. 이 왕조의 기원은 명확하지 않지만, 그 근거지가 현대 이라크의 남부에 있었음은 거의 확실하다. 결국 이 가문이 카시트 왕조를 이어 바빌론의 왕좌에 올랐다.

네 번째 왕인 네부카드네자르 1세(재위 기원전 1125~기원전 1104년)는 엘람과의 전투에서 형세를 역전시켜 수시아나 중심부에서 벌어진 전투를 승리로 이끌고 이기할키 왕조의 마지막 왕을 수사에서 몰아냈다. 쿠티르나훈테의 습격으로 도둑맞던 마르두크 신의 조각상은 바빌론으로 되돌아왔고, 백성들의 열렬한 환호 속에 성대한 의식과 함께 마르두크 신전 에산길라에 다시 안치되었다. 네부카드네자르 1세는 이 업적을 통해 큰 인기를 얻어 이후 1천 년간 사랑과 존경을 받았다.[3]

이러한 다사다난한 시기에 마르두크의 역할은 재해석되기 시작하여 바빌론 왕과의 관계가 영구적으로 변화하게 되었다.[4] 마르두크는 점차 단순히 '주인'(벨)으로 불리게 되었는데, 세상을 지배하는 독보적인 통치자로 인식되었다. 왕권은 더 이상 타고난 권리로 여겨지지 않고, 신이 바빌론의 왕으로 인정하는 자에게 주어지는 것으로 인식되었다. 바빌론의 새로운 왕위 승계 원칙은 부친에게서 아들로 왕권이 전수되는 아시리아 등 주변국과 뚜렷한 대조를 이루었다. 정치권력이 왕가에서 마르두크 신전으로 옮겨 가며 신전공동체가 정치적 주체로 떠올랐다.

카시트 통치의 종말과 엘람의 바빌론 침공은 기원전 12세기와 기원전 11세기 중동과 지중해 전역을 휩쓴 정치적·사회적 격변 현상의 일부였다. 여러 세대에 걸쳐 강수량이 부족한 건조 지역의 인구가, 전통적으로 비가 아닌 관개에 의존하여 안정되게 농사를 지을 수 있는 이라크 남부 등의 지역으로 유입되었다. 그 결과 나타난 변화는 사회·생활양식·기술 등에 큰 영향을 미쳤으며, 이는 오늘날 청동기시대의 종말과 철기시대의 시작으로 해석할 정도로 중요하게 여겨진다.

한편 남부 이라크의 사회적·정치적 조직 역시 급격한 변화를 겪었다. 아람족과 칼데아인이 이곳에 정착하여 시조의 이름을 따서 가문의 이름(예컨대 비트야킨은 '야킨의 가문')으로 삼은 여러 가문으로 분열했고, 그로 인해 바빌로니아의 정치적 지형은 더욱 복잡한 양상을 띠었다.[5] 또한 그들은 스스로를 시조의 후손으로 지칭했다(마르야킨은 '야킨의 후손'). 그들은 목축업에 기반을 두고 가축을 방목하며 넓은 시골 지역을 지배했고, 그들의 영토는 최남단 습지까지 포함되었다. 특히 칼데아인의 세 가문 비트야킨, 비트아무카니, 비트다쿠리가 정치적·경제적으로 두각을 나타내며(뒤의 지도 3) 점차 바빌론을 포함한 고대도시들로 영향력을 확장해 갔다.

네부카드네자르 1세의 후계자들은 점점 요동치는 왕국을 하나로 유지해야 하는 과제에 직면했다. 바빌로니아의 고대도시들과 다양한 부족공동체들은 바빌론이라는 하나의 정체성보다는 고유의 개별 정체성을 강조하는 쪽으로 바뀌어 갔다. 왕국이 점차 분권화되고 분열되어 감에 따라 왕권의 영향력은 유지되면서도 절대적인 권위는 점차 약화되었다. 마르두크를 최고의 신으로 추앙하는 서사시 〈에누마 엘리시〉는 이 시기에 쓰인 것으로 보인다. 아카드어로 쓰인 긴 문장을 매년 신년축제 기간(바빌론어로 '아키투') 동안 바빌론의 마르두크 신전 에산길라에서 낭송했다.[6] 신년축제는 바빌론에서 가장 중요한 명절로서 일 년에 두 번, 즉 3월의 춘분(오늘날의 부활절·유월절·노루즈 등과 비슷한 시기)과 6개월 뒤인 9월의 추분에 각각 12일 동안 지켜졌다.[7]

신년은 봄축제 첫날을 기점으로 시작되었다. 축제의 첫 사흘 동안은 에산길라의 수석사제인 대사제의 감독하에 다양한 예식을 준비했다. 여기에는 마르두크와 배우자 자르파니투의 신상 씻기기, 마르두크 신화의 중요 이야기들을 며칠 동안 재현하기 위한 준비 등이 포함된다. 그 이야기들은 전쟁과 승리의 장면, 바빌론 전역에서 운명의 제단(파라크쉬마티. 세상의 중심으로 여겨졌다[8])으로 모여든 신들의 회합(조각상으로 표현) 장면, 보르시파에 있는 마르두크의 아들 나부의 신전 에지다로의 여행 장면 등이다. 모든 것이 중요하고 의미가 있었다. 축제 동안 마르두크 조각상의 사소한 모습이나 행동까지 주목했는데, 이는 도시와 왕국의 미래에 대한 징조로 해석

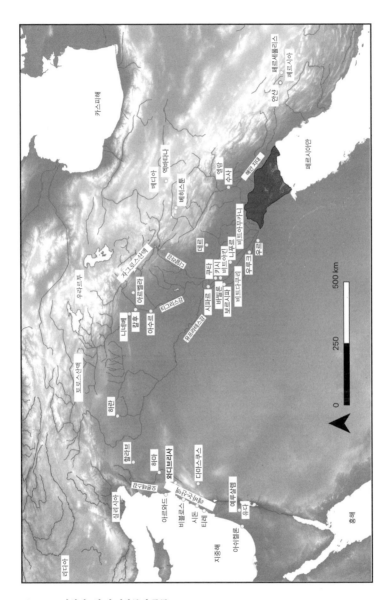

지도 3   기원전 1천 년 전반부의 중동.

되었다.[9]

축제의 가장 중요한 행사는 넷째 날 초저녁에 대사제가 지상의 에산길라 신전과 천상의 대응물을 찬양하면서 시작되었다. 밤하늘의 별자리는 신과 신의 생각을 대변하는 것으로 여겨졌으므로 천문학은 바빌론의 가장 중요한 학문 중 하나였다(제9장 참조). 여기에서 신의 의도에 대한 중요한 통찰을 얻을 수 있었다.[10] 바빌론 사람들은 에산길라의 천상의 대응물을 '들'field(이쿠)이라고 불렀는데, 이는 바로 '페가수스 대사각형'이다. 페가수스는 밤하늘에서 쉽게 볼 수 있는 비슷한 밝기의 별 네 개로 이루어져 있다. 이들은 마르카브(안장, 페가수스 자리의 알파별), 쉬트(어깨, 페가수스 자리의 베타별), 알게니브(옆구리, 페가수스 자리의 감마별), 알페라츠(암말, 안드로메다 자리의 알파별)이다. 이 별들은 큰 다이아몬드 형태를 이루고 각 변은 서로 15도 떨어져 있는데, 이는 팔을 뻗었을 때 대략 주먹 하나 반 정도가 들어가는 거리다.

에산길라의 숭고의 뜰은 천상에 있는 대응물과의 유대감을 강화하기 위해 통상적인 신전 정원의 형태인 직사각형이 아니라 '들'의 다이아몬드 모양으로 건설되었다.[11] 북반구에서 '들'이 떠오르는 시기는 가을의 시작과 관련이 있는데, 9월 추분 무렵이 되면 해가 진 후 동쪽에서 이를 관찰할 수 있다(그림 5.1). 바빌론에서는 천상의 '들'을 바라보는 것이 가을축제 넷째날의 하이라이트였을 것이다.

봄축제는 태양이 '들'(그리고 물고기자리)의 중앙에 위치하는 3월

그림 5.1　북반구 가을 하늘에서 바라보는 천상의 '들' 즉 페가수스의 대사각형. 바빌론 사람들은 마르두크의 신전인 에산길라의 천상의 대응물을 '들'이라고 불렀다.

춘분과 일치한다. 이 시기에는 태양의 빛 때문에 별자리를 볼 수 없지만, 지는 태양을 바라보면서 에산길라와 '들'의 연관성을 떠올릴 수 있었다. 인간 세계와 신의 영역에 있는 두 에산길라의 유대를 확인한 후, 대사제는 신전의 문을 열고 준비 기간 동안 밖에서 기다리고 있던 참배객을 맞이했다.

그는 숭고의 뜰로 나가서 얼굴을 북쪽으로 향한 후 '천상의 들(페가수스의 대사각형), 에산길라, 하늘과 땅의 형상'이라고 에산길라를 향한 찬사를 세 번 외친다. 그다음 신전 문을 연다.[12]

신전공동체(모두 남성)는 새해 첫 의식을 행하고 대사제가 〈에누마 엘리시〉를 읊조리면서 하루를 마감한다. 1,092행으로 이루어진 긴 시인 〈에누마 엘리시〉는 마르두크가 평범한 어린 신에서 온 세상과 모든 신의 주인으로 떠오른 것을 찬양하는 내용을 담고 있다. 별자리가 떠오르는 것은 그가 우주의 질서를 위협한 괴물을 영웅적으로 물리친 것에 대한 보상이다. 다른 늙은 신들이 모두 실패하자, 어린 마르두크가 나서서 바다의 현신인, 용처럼 생긴 괴물 티아마트에 맞서 싸웠다. 고대에 이 시는 첫 단어를 따서 '에누마 엘리시', 즉 '높은 곳에서'라고 불렸다.[13] 오늘날에는 보통 '창조 서사시'라고 불리는데, 마르두크가 티아마트를 벤 후 그 사체로부터 온 세상을 재건하기 때문이다. 이를테면 유프라테스강과 티그리스강은 이 괴물의 눈에서 발원한다. 도시 바빌론은 우주의 중심이자 인간과 신을 이어 주는 연결 고리로 건설되었으며, 대사제가 에산 길라와 천상의 대응물 '들'에 대해 올린 기도문도 언급되어 있다.

다른 신들은 괴물을 물리친 마르두크를 칭찬하며 지도자로 선임하고 이름을 50개 부여했다.[14] 50이라는 숫자는, 마르두크로 대체되기 전까지는 땅의 주인이자 신들의 지도자였던 엔릴 신의 신성한 숫자였기에 학자와 종교인 들에게 중요한 의미를 가지고 있었다. 이름 50개가 열거되고 마르두크를 찬양하면서 시가 마무리되는데, 이로써 그가 온 세상을 다스리는 전능한 신임이 공표되었다. 바빌론의 마르두크자키르슈미 1세(재위 기원전 851~기원전 824년 추정)

의 비문에서 찬양하는 마르두크 역시 위상이 높아진 마르두크이다.

위대한 주인, 뛰어나고 높은, 모든 것의 주인, 왕들의 왕, 세상 모든 인간을 판결하는 심판자, 땅의 주인, 바빌론의 왕, 에산길라에 거주하는 마르두크여.

마르두크를 존경하는 세상의 왕 마르두크자키르슈미가 자신의 건강과 자손의 안녕, 장수, 확고한 통치, 적의 패퇴를 기원하고 마르두크의 보호 아래 안전하게 살기를 바라면서 신의 목에 걸기에 합당한 붉은 금으로 정성스럽게 만든, 빛나는 청금석 인장을 바치나이다.[15]

이 비문은 대형 암청색 청금석 인장에 새겨져 있다(그림 5.2). 청금석은 머나먼 아프가니스탄 광산에서 공수한 보석으로, 고대에는 가장 값나가는 재료의 하나였다. 비문의 마지막 부분을 보면 이 인장은 원래 금을 입혀서 목에 걸도록 만들어졌으나 지금은 모두 유실되었다.

비문에는 쐐기문자 외에도 신의 형상이 새겨져 있다. 마르두크는 성인 남성의 모습에 콧수염과 긴 턱수염을 길렀고, 긴 머리카락을 말아 올려서 머리 뒤쪽에 고정시켰다. 이는 바빌론 왕의 전형적인 머리 모양이다. 보통 남자들은 머리를 어깨까지 길렀지만, 신전에서 신관으로 일하는 남자들은 머리를 완전히 밀었다. 마르두크는 깃 장식을 한 높은 모자를 쓰고 소매가 긴 튜닉을 입었으며, 허리에

그림 5.2　바빌론 마르두크자키르슈미 1세의 청금석 원통인장. 마르두크 신과 그의 뱀용이 새겨져 있는 이 인장의 비문에는 금을 입히고 목에 걸도록 만들었다는 내용이 있으나 지금은 유실되었다.

두른 치마는 엉덩이께에 굵은 벨트로 고정했다. 모든 의복은 기하학 무늬로 꾸며져 있으며, 금속으로 만들어진 듯한 벨트에는 황소 그림이 새겨져 있다. 손목에는 팔찌가 여럿 채워져 있으며, 두껍고 긴 목걸이에는 금속 원반이 세 개 매달려 있다. 위 두 개의 원반에는 기하학적 무늬가 있고, 세 번째 원반에는 바빌론의 왕을 상징하는 동물인 야생염소 세 마리가[16] 원형으로 배열되어 있다. 치켜든 오른손에는 왕권의 상징인 막대기와 고리를 들고 있고, 아래로 내린 왼손에는 신들의 상징인 낫칼을 잡고 있다. 마르두크 옆에는 신성한 동물인 뿔 달린 뱀용(무슈후슈)이 주인을 지키는 충직한 개처럼 우아한 자태로 앉아 있다. 신과 짐승이 받침대처럼 보이는 구조물 위에 있는 것으로 보아 이 그림은 마르두크의 신상을 묘사한 것이 아닐까 싶다.

마르두크 조각상은 여러 번 납치당하는 파란만장한 운명을 겪었다. 그의 도시 바빌론에게는 매우 불길한 일이었다. 신전에서 신의 조각상을 빼앗기는 것은 신이 도시와 주민을 버렸음을 의미했다. 오늘날 '마르두크 예언'으로 알려진, 이 주제와 관련된 매우 유명한 텍스트가 있다. 신이 일인칭 시점으로 다음과 같이 말한다.

오, 하하르눔, 하야슘, 아누, 엔릴, 누딤무드, 에아, (……), 나부, 나의 신비를 배운 위대한 신들이여! 이제 여행을 떠날 준비가 되었으니, 내 이름을 이르노라. 나는 마르두크이다. 위대한 왕, 가장 높은 자, 감찰하는 자, 산들을 이리저리 다니는 자, 고결한 자, 감독하는 자, 땅을 두루 다니는 자, 해 뜰 때부터 해 질 때까지 땅들을 계속 다니는 자, 그가 바로 나이다!¹⁷

자신을 다스리는 땅을 두루 다니며 감찰하는 위대한 유랑자로 소개한 다음, 마르두크는 고대의 신들에게 자신이 바빌론을 떠나 다른 곳에 머문 세 번의 경우에 대해 이야기한다. 첫 번째는 아나톨리아의 히타이트, 그다음은 메소포타미아 북쪽의 아수르, 마지막은 이 말을 하고 있는 순간에 머무르고 있는 이란 남서부의 엘람이다. 서술은 곧 예언으로 바뀌어, 엘람을 멸한 후 마르두크를 되찾아오고 마르두크의 에산길라 신전을 포함한 바빌론의 여러 신전을 재건할 왕이 나타날 것이라고 알린다. 이제 곧 번영과 평화의 시대가 도래할 것을 의미하는 내용이다.

마르두크가 바빌론을 버린 세 번의 사건은 다른 자료들을 통해서도 확인할 수 있다. 마르두크 조각상이 히타이트로 납치된 첫 번째 사건은 기원전 16세기 무르쉴리 1세 치하의 히타이트가 침공했을 때였다(제4장 참조). 아수르로 납치된 두 번째 사건은 기원전 13세기 투쿨티니누르타 1세 치하의 아시리아가 바빌론을 정복하면서 벌어진 일이었다(제7장 참조). 엘람으로 끌려간 세 번째 경우는 기원전 12세기 슈트루크나훈테 2세의 침공 때였다(제5장 참조).

'마르두크 예언'은 기원전 7세기 아시리아의 세 개의 필사본을 통해 알려졌는데, 이는 니네베 왕궁 도서관과 아수르 신관 가문의 개인 도서관에서 발견되었다. 이 고대 텍스트가 왜 아시리아인들에게 인기를 끌었는지는 내용을 보면 알 수 있다. 마르두크는 아수르에서 머문 것을 매우 긍정적으로 보았으며, 모든 땅을 아시리아 왕에게 주고 그 땅에 복을 내렸다. 그가 바빌론을 떠난 여정들은 모두 신의 의지로 이루어진 행위로 묘사되었다. 히타이트로의 여정은 중립적이며, 그가 거기에 머무는 동안 열린 바빌론과의 상업적 무역로가 가져온 이점을 강조한다. 반면에 그가 엘람으로 떠난 것은 오직 기근, 전쟁 및 혼란으로 바빌론을 벌하기 위해서였다.

훨씬 후대의 사본이지만, 현대 학자들은 이 텍스트가 네부카드네자르 1세 때의 것으로 생각한다.[18] 그가 엘람에서 마르두크 조각상을 에산길라로 되찾아왔으며, 에산길라 신전을 재건했기 때문이다. 예언은 신이 왕을 칭찬하도록 하는 매우 효과적인 문학적 장치이자, 신의 힘을 빌려 왕권을 강화하는 도구였다. 바빌론에 대한 카시트 왕조의 오랜 통치가 끝난 후 격동의 기원전 12세기에 이르러 비로소 마르두크는 바빌론의 왕위를 하사하는 땅의 주인이 되었다. 창조 서사시 역시 왕위 승계권이 더 이상 보장되지 않게 된, 정치적 혼란과 새로운 가능성의 시대에 작성된 것으로 보인다.

마르두크가 왕위를 승계받는 자가 아니라 승리자에게 왕권을 하사한다는 개념은 매우 실용적이면서도 새로운 개념이었다. 이로 인해 바빌론은 아들이 왕위를 승계하는 오랜 관습을 따르는 이웃 왕국들과 뚜렷한 대조를 이루었다. 바빌론의 새로운 개념은 누가 왕위에 오르는가의 문제에 있어서 더 큰 융통성을 제공했으며, 이러한 실용적 탄력성은 정치적 주체의 역할을 하는 에산길라 신전 공동체와 함께 바빌론의 정치와 역사를 형성하는 토대가 되었다.

바빌론의 왕은 전적으로 신에 의해 결정되며, 왕위에 오른 자는 바빌론 주민의 권리를 존중하는 의식으로 발전했다. 신년축제에서 대사제가 창조 서사시를 공연한 다음 날인 다섯째 날에 왕은 마르두크 앞에서 굴욕을 당하는 의례를 치렀다. 먼저 신전공동체의 수장인 대사제는 왕이 신전 안으로 들어가기 전에 왕의 상징물인 왕의 막대기와 고리, 지팡이와 왕관을 빼앗은 다음 마르두크 조각상 앞에 놓았다. 그다음 대사제는 왕의 뺨을 후려쳐서 눈에서 눈물이 쏟아지게 했고(이는 다음 해를 위한 좋은 징조로 여겨졌다), 귀를 붙들어서 신 앞에 무릎을 꿇게 만들었다. 그리하여 완전히 겸손해진 왕은 다음과 같이 선포했다.

나는 죄를 짓지 않았나이다, 땅의 주인이시여, 나는 당신이 주인임을 잊지 않았나이다, 나는 바빌론을 황폐하게 하지 않았나이다, 나는 바빌론의 소멸을 명하지 않았나이다, 나는 에산길라 신전을 위험에 처하게 하지 않았고, 그 의식들을 잊어버리지 않았나이다, 나는 귀족들의 뺨을 후려치지 않았고, 나는 그들을 모욕하지 않았나이다, 나는 바빌론을 지켰고, 나는 그 외벽을 파괴하지 않았나이다.[19]

바빌론의 왕이 된다는 것은 마르두크 예언이 강조하듯이 에산길라와 다른 신전들에 대한 의무를 준수하고 바빌론 주민에 대한 면세 특권을 인정한다는 것을 의미했다.

바빌론에서 한 왕이 일어날 것이며, 그는 장엄한 신전 에산길라를 재건할 것이다. 그는 에산길라의 하늘과 땅을 만들 것이며, 두 배로 높아지게 할 것이다. 그는 나의 도시 바빌론의 주민들에게 세금을 면하여 줄 것이다.[20]

냉소적인 관점에서 보면 이는 곧 바빌론과 같은 큰 도시에서 거두어들일 수 있는 세금을 포기하고 바빌론의 여러 신전을 재건하며, 매일 이루어지는 제사를 감당할 수 있을 만큼 재력이 있는 자라면 누구든지 바빌론의 왕권을 가질 수 있다는 의미이기도 하다.

이 새로운 개념에 따르면 땅의 주인인 마르두크가 하사한 왕권을 받은 바빌론의 왕은 또한 온 세상의 지배자가 될 수 있었다. 정말 바빌론의 왕이 온 세상의 지배자가 된다면 바빌론 왕이라는 지위는 통치자를 꿈꾸는 자들에게 큰 매력으로 다가왔을 것이다. 기원전 1천 년 동안 바빌론 밖의 많은 왕이 바빌론 왕권을 탐했는데 그중에는 아시리아, 칼데아, 엘람 왕들이 있었다. 이들은 정복자로 이름을 날렸고 온 세상을 지배하는 유일한 왕이 되고자 했다(제6장 참조).

바빌론 주민의 입장에서, 특히 실질적으로 마르두크가 선택한 승자를 확정짓는 에산길라 제사장들의 관점에서 보면 왕을 뽑는 것은 도박과 같았다. 기원전 2천 년대 후기에 이미 왕과 신전공동체 간의 잠재적 갈등이 확연해졌다. 제사장들은 네부카드네자르 1세를 신을 존경하는 왕의 귀감으로 묘사하고, 그의 후계자들에게 그를 '정의로운 왕'의 모델로 제시했다. 하지만 현실은 그렇지 않은 경우가 많았다. 이러한 텍스트와 '왕에 대한 충고'[21]와 같은 왕권을 비판하는 서술들이 점차 학자들에게 인기를 끌었다. 그들은 왕권 자체를 부정하지는 않았지만, 바빌론의 왕이 반드시 지켜야 할 규범이 있다고 주장했다.[22]

특히 지역 간 정치적 분화가 가속화되면서 통일된 바빌론 왕국의

위상이 크게 흔들린 기원전 9세기~기원전 7세기는, 바빌론을 통치
하고 왕이 되고자 하는 인물들을 상대함에 있어서 도시의회가 중요
한 역할을 수행했다.[23] 기원전 8세기 후반에서 기원전 7세기 아시리
아 왕들의 서신은 이에 관한 좋은 증거가 된다(제6장 참조). 도시의
회가 '신전 참배객'을 대표하는 에산길라의 신도들과 동일한 집단
인지, 아니면 또 다른 집단인지는 확실하지 않다. 하지만 모든 면을
감안해 보면 두 집단이 하나일 가능성이 크다. 아시리아의 티글라트
필레세르 3세(재위 기원전 744~기원전 727년)는 신전 참배객과 신도 들
이 바빌론의 정치적 힘을 조율한다고 보았다. 그는 바빌로니아에서
칼데아인 비트아무카니 부족 지도자인 무킨제리와 전쟁을 하는 와
중에 바빌론에 다음과 같이 시작하는 편지를 보냈다(제7장 참조).

신전 참배객, 회중, 〔바빌론의〕 지도자들(LÚ.SAG.KAL.MEŠ) 그리고 바빌
론의 주민들(LÚ.TIN.TIR.KI.MEŠ)에게 보내는 왕의 전언.[24]

일단 바빌론의 왕위에 오르면 왕은 규범을 준수할 수도 하지 않
을 수도 있었다. 그래서 왕과 바빌론 주민 사이에는 종종 긴장이 조
성되었다. 바빌론 주민의 입장에서 보면 왕은 관심이 지나치거나
부족했다. 신바빌론제국 시기의 왕들은 자기의 목적을 위해 도시
엘리트들의 특권을 침해했고(제6장 참조),[25] 반면에 페르시아 및 셀
레우코스 왕들은 신과 신전 및 도시에 대한 의무를 소홀히 했다(제

8장 및 제9장 참조).[26] 그 시기에는 에산길라 신전공동체의 수장인 대사제가 마르두크를 숭배하는 선행의 귀감으로 떠올랐다. 신이 전하는 찬사에서 대사제는 마르두크의 신임을 받는 자로, 바빌론의 왕은 잠재적 문제아로 묘사된다.

그들이 너를 에우무샤(에산길라의 내전)의 대사제로 부르기 바라노라.

네가 나의 은밀한 지식을 알고, 나의 기록된 지식을 익히기를 바라노라.

나의 의례를 알기를 바라노라.

너를 위한 위대한 운명을 결정했다. 밤낮으로 [나를 위한 의례를] 거행하라.

왕이 겸손하게 너를 공경하기를 바라노라.

모든 제사장이 너에 대해 잘 말하기를 바라노라.

네가 없이는 그 어떤 제사도 내게 바쳐서는 아니 된다.

네가 나의 은밀한 지식과 정결 의례를 알기를 바라노라.

네가 하늘처럼 정결하고 땅처럼 깨끗하기를 바라노라.

너의 기운이 낮처럼 (밝고), 너의 일이 하늘 같은 일이 되기를 바라노라.

네 이름이 왕의 이름처럼 위대하기를 바라노라.

아무도 감히 너를 속이지 못하게 하라.

왕이나 총독이 네 뺨을 치지 못하게 하라.

네 일이 영원의 일이 되기를 바라노라.

왕이나 총독이 네 뺨을 치면 그들의 적이 그들을 파멸시키기를 바라노라.[27]

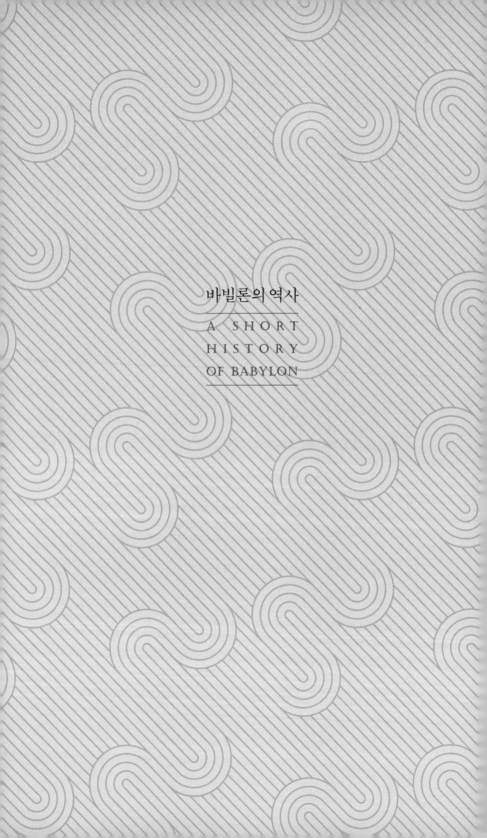

바빌론의 역사

A SHORT
HISTORY
OF BABYLON

제6장

힘의 균형이 요동치다

바빌론과 아시리아

기원전 14세기에 아수르를 수도로 삼은 메소포타미아 북부의 아시리아 왕국은 독립국이 되었고, 아시리아 왕가와 바빌론의 카시트 왕조는 통혼을 했다. 바빌론 출신 학자가 아시리아의 첫 왕궁서기가 되었고, 그를 통해 마르두크 숭배가 아수르에 전파되었다(제4장 참조). 그 후 바빌론과 학식 있는 바빌론 주민들은 아시리아 왕들의 특별한 관심을 받았다.

통혼으로 가족 관계를 맺은 아시리아와 바빌론의 왕들은 정치적 격변기에는 상대국 내정에 깊이 관여했다. 아시리아의 여러 왕은 바빌로니아에 군대를 파견했고, 그들의 관점에서 보기에 바빌론에 합법적인 군주가 없을 때는 스스로 '바빌론의 왕' 및 '수메르와 아카드의 왕'을 자처했는데, 투쿨티니누르타 1세(재위 기원전 1243~기원전 1207년)가 그러한 첫 번째 인물이다. 메소포타미아 북부를 장악한 선조에게서 광대한 영토를 물려받은 그는 아시리아의 지배를 더욱 공고히 했고, 영향력을 공격적으로 확장해 갔다.[1]

투쿨티니누르타의 바빌로니아 침공은 그의 비문을 통해서 알 수 있는데, 이른바 〈투쿨티니누르타 서사시〉에 자세한 내용이 서술되어 있다.[2] 이 서사시는 아시리아의 왕이 카시트 통치자 카쉬틸리아시 4세와 싸워 승리한 것과 바빌론을 정복한 것을 찬양하고 있다. 이 긴 서사시에 따르면 투쿨티니누르타는 바빌론 왕이 먼저 조약을 깨트리고 아시리아를 공격했기 때문에 바빌로니아로 쳐들어갔다. 또한 서사시에는 아시리아 왕에 대한 노골적인 찬양과 함께 흥미로운 이야기가 쓰여 있다. 아시리아와 바빌로니아 군대의 전투 장면이 핵심을 이루는데, 아슈르를 선두로 신들이 아시리아 군대와 함께 진군해 나갔다. 폭풍신 아다드는 적 진영에 비바람을 휘몰아쳤고, 태양신 샤마시는 강렬한 빛으로 바빌로니아 군대의 눈을 멀게 했으며, 여신 이쉬타르는 채찍을 휘둘러 적군을 혼란에 빠뜨렸다. 신들에 의해 사기충천한 아시리아 군대는 갑옷을 벗어 던지고 돌격했으며, 투쿨티니누르타는 홀로 바빌론 왕을 물리쳤다. 아수르의 비문에 나오는 서술은 좀 더 비장하다.

전투가 맹렬한 가운데 카시트의 왕 카쉬틸리아시를 사로잡아서 발판을 밟듯이 그의 목을 짓밟았다. 그를 포로로 붙잡아 결박한 후 아슈르 신 앞으로 끌고 왔다. 나는 수메르와 아카드 전체의 왕이 되었으며, 내 영토의

국경선을 동쪽으로는 저지대 바다(즉 페르시아만)까지로 정했다.[3]

투쿨티니누르타는 바빌론을 점령한 뒤 성벽을 허물고 마르두크 조각상을 옮겨 갔다. 앞에서 살펴본 것처럼 '마르두크 예언'(제5장 참조)에 따르면 마르두크가 아수르에서 머문 것은 자의에 의한 방문이며, 마르두크는 아시리아 왕의 환대에 대한 답례로 모든 땅을 그의 손에 넘겨주고 그 땅에 복을 내렸다. 또한 〈투쿨티니누르타 서사시〉에는 귀신을 쫓아내는 설화, 기도문, 점술법, 의학적 치료법 및 역사 기록(조상들의 목록) 등이 포함된 바빌론의 쐐기문자 명판이 어떻게 아수르로 옮겨졌는지에 관해 담겨 있다.[4]

투쿨티니누르타가 바빌론의 장서를 약탈했다는 확실한 증거가 있는데, 그 원본 텍스트 일부가 아수르에서 발굴되었다.[5] 그중에는 제4장에서 설명했듯이 하투샤 궁정에서 일한 바빌론 출신 의사 라바샤마르두크가 작성한 두통 치료법이 있다.[6] 아수르에서 발견된 바빌로니아 명판 대부분에는 내장점,[7] 다시 말해 동물의 장기를 통한 점술에 대한 이야기가 등장한다. 이는 왕과 왕국의 미래를 예측하기 위해 제례에 쓰인 양의 간을 해석하는 점술이다. 이렇게 전수된 지식을 통해 아수르의 학자들은 전통적인 바빌론의 학문을 받아들였다. 그전까지는 바빌론의 학문이 아시리아의 국정 운영에 중요한 역할을 하지 않았지만,[8] 이제 내장점은 아시리아 왕들의 의사결정 과정에서 핵심적 역할을 수행하게 되었다.[9]

현대의 독자들에게는 내장점이 이상하게 보일 수도 있다. 어떻게 양의 내장이 미래를 예측할 수 있겠는가? 하지만 신과의 소통을 믿고 신에게 양(가장 중요한 육류 공급원이었다)을 제물로 바치는 사회라는 문화적 맥락에서 보면 이해가 된다. 신을 대하는 바빌론의 기본원칙은 '네가 줄 수 있도록 내가 준다', 이를테면 '네가 주니까 내가 준다'라는 뜻의 라틴어 '도 우트 데스_do ut des_'와 같다. 이는 보답으로 무언가를 받기 위해서는 먼저 무언가를 주어야 한다는 행동원리를 뜻한다. 따라서 제물로 바친 양이 신의 메시지를 전한다는 것은 제사를 드리는 사람과 제사를 받는 신 사이의 상호주의를 의미한다.

왜 신의 메시지가 양의 간을 통해서 전달되는 것일까? 겉보기에 양의 간은 점토판과 비슷한 점이 많다. 먼저 한 손에 쏙 들어가는 크기이며, 한쪽은 매끄럽고(횡경막의 평활근에 인접해 있다) 다른 한쪽에는 독특한 무늬가 있다. 양의 간은 각각 모양이 다른데 무늬가 있는 면이 다른 장기들, 즉 네 개의 위장과 오른쪽 콩팥을 밀어낼 때 매우 독특한 무늬를 만들어 낸다. 바빌론 사람들은 이 무늬를 통해 문자에 견줄 만한 복잡한 기호체계를 읽어 냈고, 이를 통해 신들의 메시지를 이해했다.

이러한 메시지를 읽고 이해하는 것은 '바루'라고 불리는 전문적 점술가의 일이었다.[10] 제사는 점술의 수호신인 태양신 샤마시와 폭풍신 아다드가 지켜볼 수 있도록 상서로운 날을 잡아 신성한 곳에서 대낮에 바깥에서 드려야 했다. 제물로 바치는 짐승은 흠집 하나 없이 건강해야 했으며, 점술가와 조수(부검 결과를 기록하는 서기 포함)는 목욕을 하고 털을 밀어 정결하게 예식을 치렀다. 질문에 대한 내장점의 응답은 '예' 또는 '아니오'로 이루어졌다. 이 질문은 샤마시와 아다드의 뜻을 구하는 기도문의 형식으로 명판에 기록되었고, 점술가에게는 질문의 내용을 알려 주지 않았다.[11] 짐승을 도살한 후 사체를 갈라서 간을 꺼냈다. 간을 읽기 위해서 점술가는 정해진 순서에 따라 시계 반대 방향으로 13개의 특정 부위를 확인한 다음 각각 긍정인지 또는 부정인지를 판결했다. 시간이 지남에 따라 이에 대한 학술적 기록이 점차 많아지면서 지침서의 역할을 했다. 이런 식으로 취합된 13개의 판결을 종합하여 결과를 도출했고, 결과가 명확하지 않은 경우에는 새로운 양을 잡아서 두세 번 절차를 반복하여 종합적인 결과를 받아들였다.

투쿨티니누르타가 바빌론의 장서를 탈취하여 그 명판들을 아수르로 가져간 사건은 아시리아의 문화적·지적 역사의 전환점이 되었다. 최고통치자들의 적극적인 지원과 후원을 등에 업은 아시리아의 학자들은 이제 내장점을 시행했을 뿐 아니라 그에 관한 방대한 기록을 남겼다.[12] 이와 관련한 학문은 기원전 14세기 아나톨리아의 하투샤,[13] 이탈리아의 에트루리아,[14] 로마 통치하의 이집트 등에서 인기 있었지만,[15] 오직 아시리아의 학자들만이 바빌론의 전통을 형성할 수 있었다. 바빌론 학자들의 작업 못지않게 이들이 관찰한 자료의 정리와 기록의 취합은 이 학문의 발전에 영향을 미쳤다.

일찍이 아나톨리아에서 히타이트 군대 등에게 승리를 거둔 투쿨티니누르타는 그 업적을 기리고자 자신의 칭호를 여러 가지로 확장했다.

우주의 왕, 아시리아의 왕, 현존 세계의 왕, 백성의 태양, 강한 왕, 카르두니아시의 왕, 수메르와 아카드의 왕, 고지대와 저지대 바다의 왕, 광대한 산맥과 평야의 왕, 슈바레안과 구티족(토로스산맥과 자그로스산맥의 거주민)의 왕, 온 나이리 땅(아나톨리아)의 왕 투쿨티니누르타.[16]

투쿨티니누르타는 스스로 '카르두니아시의 왕'과 '수메르와 아카드의 왕'이라고 칭하며 바빌로니아에 대한 지배를 확립했지만, 바빌론의 왕을 자처하지는 않고 엔릴나딘슈미를 왕위에 앉혔다. 이는 곧 정치적 불안정을 야기하여 수많은 아시리아 꼭두각시들이 바빌론을 지배하기 위해 암투를 벌였다. 엔릴나딘슈미는 8개월 만에 왕위에서 쫓겨났고 카다쉬만하르베 2세가 왕위에 올랐으나, 그 또한 곧 왕위를 아다드슈마이디나에게 빼앗겼다. 그는 6년 동안 왕위를 지켰지만 투쿨티니누르타가 아들에게 죽임을 당하자 권력을 잃었고, 패퇴한 카쉬틸리아시 4세의 아들 아다드슈마우수르가 권력을 잡았다. 아시리아가 혼돈의 승계 전쟁에 휘말려 결국 왕가의 적통이 절멸하고 방계 혈통이 왕위에 오르는 사이에 카시트 왕조가 바

빌론의 권력을 되찾았다.[17]

아시리아 왕국은 투쿨티니누르타 치하에서 누린 강력한 힘은 그리 오래가지 못했으나, 수세기 동안 중동 정치 지형의 패권을 쥐고 기원전 9~기원전 7세기까지 바빌론의 성쇠에 지대한 영향을 미쳤다. 현대 학자들은 아슈르나시르팔 2세(재위 기원전 883~기원전 859년)가 궁정을 아수르에서 새로운 수도 칼후(오늘날의 님루드)로 옮긴 후부터 제국이라는 명칭을 붙인다. 이는 곧 신 아슈르의 신전 및 아수르 엘리트와의 결별을 의미한다. 전통적으로 아시리아 통치자들은 신의 대리인으로서 진정한 군주로 생각되었다. 그러나 이제 왕이 영토의 주인으로 떠올랐고, 통합된 땅과 동맹국의 주민들은 그에게 복속하는 신민으로 여겨졌다.[18]

이미 살펴본 바와 같이(제5장) 카시트 왕조가 끝나고 난 뒤 남부 메소포타미아의 정치권력은 급속히 분권화하여 왕위 계승 분쟁이 이어졌다. 마르두크자키르슈미 1세는 바빌론의 왕위에 오르자마자 친형제인 마르두크벨우사테가 반란을 일으켰으므로 아시리아 왕 샬만에세르 3세(재위 기원전 858~기원전 824년)[19]에게 군사적 지원을 요청했다. 샬만에세르 3세는 그를 돕기 위해 기원전 851년과 기원전 850년 두 차례 군대를 보냈다. 아시리아 군대는 디얄라강 지역에서 수차례 마르두크벨우사테의 군대와 교전을 치른 끝에 결국 반란 지도자를 처형했다. 마르두크자키르슈미 1세의 왕위를 지켜 준 아시리아 왕은 당당하게 바빌론에 입성했다. 샬만에세르의 비문에는 당시의 사건이 이렇게 기술되어 있다.

마르두크자키르슈미가 적들을 물리친 후 강한 왕 샬만에세르는 마음의 소원을 모두 이루고, 위대한 왕 마르두크의 명령에 귀를 기울였다. 아시리아 왕 샬만에세르는 바빌론으로의 행군을 명령했다. 먼저 신들의 영웅, 높은 신 우툴루의 도시 쿠타에 도착했다. 그는 신전의 문 앞에서 겸손하게 머리를 조아리고 제물과 예물을 바쳤다.

그다음 하늘과 저승의 연결 고리, 생명의 처소 바빌론으로 들어가서 모든 신의 처소, 신들의 왕궁 에산길라 신전으로 올라갔다. 그는 신 벨(마르두크)과 벨라트(마르두크의 배우자 자르파니투) 앞에 겸손하게 몸을 드러내고 공손하게 의례를 거행했으며, 짐승을 잡아 제사를 드리고 예물을 올렸다. 또한 에산길라와 바빌론의 다른 신전에도 예물을 올렸다.

그다음 강력한 왕자, 벨의 아들, 신들의 영웅의 도시 보르시파로 가서 운명의 신전, 단호한 결정의 신전 에지다로 들어갔다. 그는 주인인 나부 신과 나나야 신 앞에 절을 하고, 경건하게 의례를 거행했다. 그는 최상의 황소와 살진 양을 잡아 예물로 바쳤다. 또한 보르시파와 에지다 신들의 신전에서 같은 방식으로 부르사구 예물을 올렸다.

그는 위대한 신들 앞에서 그의 백성, 바빌론과 보르시파의 백성들에게 보호와 자유를 약속했다. 또한 술과 빵을 제공하고 색 있는 옷을 입혔으며 선물을 나누어 주었다.

위대한 신들이 강력한 왕, 아시리아 왕 샬만에세르를 즐겁게 바라보며, 그들의 얼굴을 (그에게로 향하고) 그의 예물을 기꺼이 받으며(……) 그의 기도를 받아들인 후 샬만에세르는 바빌론에서 나와 칼데아로 향했다.[20]

샬만에세르 3세가 바빌론과 보르시파, 마르두크의 에산길라와 나부의 에지다 신전을 방문했던 기록은 자세하게 서술되어 있으며, 바빌론 왕권의 이념적 토대를 그가 깊이 이해하고 있었음을 잘 보여 준다. 그가 거행한 의례와 제사는 전통적으로 바빌론 왕만이 할 수 있는 특권이었다. 아시리아 왕은 바빌론과 보르시파 주민들을 위해 연회를 열어 그들을 손님으로 대우했으며, 또한 세금 면제의 특혜를 제공했다. 이 역시 바빌론 왕의 특권이었다. 샬만에세르는 신들의 총애와 백성들의 환영을 공개적으로 즐겼으며, 승리한 군대의 지휘관으로서 군대를 대동하고 이 도시들을 방문했음을 분명히 했다. 그가 바빌론 왕위를 원했다면 가질 수 있었지만 그는 바빌론을 떠나기로 했고 칼데아에게 등을 돌렸다. 비문에는 비트다쿠리 부족을 물리치고 성공적인 전쟁 기록이 이어진다. 샬만에세르는 이들뿐 아니라 비트야킨과 비트아무카니 부족의 항복을 받아내고 조공을 받았다(앞의 지도 3).

샬만에세르의 바빌론, 보르시파, 쿠타의 방문 기록과 칼데아와의 전쟁 기록은 그가 자신을 메소포타미아 남부 도시들과 그 주민들의 지배자로 생각했음을 강조하고 있다. 그러나 바빌론의 마르두크자키르슈미는 이에 동의하지 않고 자신이 전능한 마르두크의 대변자라고 생각했다. 제5장에서 살펴본 것처럼 그가 마르두크에게 바친 귀중한 청금석 인장에 새겨진 헌정 비문을 보면 오직 신만이 자신의 권력을 허락하고 지켜 준다고 믿었음을 알 수 있다. 그런데 샬만에세르가 칼후의 왕궁 알현실에 있는 왕좌 받침석 중앙에 새긴 그림에는 이러한 견해의 차이가 잘 드러나지 않는다. 실제 관계가 어떠했든 간에 중동의 실질적 종주인 아시리아 왕은 바빌론 왕과 우호적 관계이며 자신과 마르두크자키르슈미가 동등하다는 사실을 손을 맞잡은 장면으로 보여 주는 것이 적절하다고 생각했다(그림 6.1). 왼쪽에 서 있는 바빌론 왕은 머리를 길게 늘어뜨렸는데, 이는 마르두크자키르슈미가 마르두크에게 바친 인장에 묘사된 마르두크의 모습과 같다(그림 5.2).

샬만에세르의 아들 샴시아다드 5세(재위 기원전 823~기원전 811년)[21]는 부친의 집권 말기에 벌어진 승계 전쟁을 통해 아시리아 왕위에 올랐고,[22] 왕위를 지키기 위해 마르두크자키르슈미에게 지원을 요청했다. 대신 바빌론 왕에게 유리하도록 힘의 균형을 조절한 새로운 조약을 받아들여야 했다. 조약의 내용은 검은 섬록암으로 만들어진 유물의 파편을 통해서 알려졌다. 대부분의 텍스트는 유실되었지만, 남은 부분만으로도 마르두크자키르슈미가 더 이상 아시리아의 지배를 받지 않는다는 것은 분명히 알 수 있다. 이 문서에서 '왕'은 바빌론의 왕을 가리키고, 아시리아 군주는 직책 없이 이름으로 언급되고 있다. 남아 있는 구절은 군대 · 수비대 · 탈주병 등 군사적

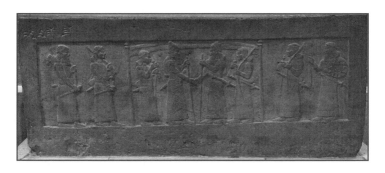

그림 6.1　칼후(님루드)에서 발굴된 아시리아 왕 샬만에세르 3세의 왕좌 받침석 전면. 아시리아 왕(오른쪽)과 바빌론의 마르두크자키르슈미 1세(왼쪽)가 동등하고 우호적인 관계에 있음을 과시하는 모습이 새겨져 있다.

인 문제를 다루고 있으며, 마르두크레만니라는 자가 마르두크자키르슈미의 보호 아래 바빌론에서 살고 있음을 보여 준다. 조약의 내용은 다음과 같다.

> 샴시아다드는 왕〔……에게〕 마르두크레만니에 대해서 악담을 하지 않는다. (이를테면) '〔그를〕 죽이라, 눈을 멀게 하라, 포박하라.' 또한 마르두크자키르슈미 왕은 (그런 말을 하면) 듣지 않는다.[23]

마르두크레만니는 마르두크자키르슈미의 궁정에 볼모로 잡혀 있던 아시리아 왕가의 후손으로 왕위에 오를 수 있는 혈통으로 보인다. 아시리아가 왕위 계승 문제로 혼란을 겪고 있을 때 이러한 귀중한 자산을 가진 바빌론의 왕은 아시리아에 큰 영향력을 미쳤고, 이러한 이유 때문에 아시리아제국이 월등한 군사력을 가졌음에도 외교적으로 힘의 균형을 유지할 수 있었던 것이다.

아시리아 왕 티글라트필레세르 3세의 치세 동안[24] 바빌로니아의 정치는 복잡한 분열 양상을 보였고, 이는 아시리아제국에 심대한 영향을 미치는 사건으로 이어졌다. 아시리아와 동맹 관계이던 바빌론의 나부나딘제리(재위 기원전 733~기원전 732년)가 신하들에 의해 폐위되었고, 그 후 왕위에 오른 자 역시 곧 칼데아인의 비트아무카니 부족 지도자 무킨제리에게 왕위를 빼앗겼다. 고대 바빌론 왕가의 인물이 아니라 무력을 가진 외부의 인물이 왕위를 차지한 것이다. 칼데아 족장이 공공연히 아시리아제국을 적대시했기 때문이든, 고대 바빌론 왕권의 전통이 훼손되었다고 생각했기 때문이든 티글라트필레세르 3세는 제국의 군대를 이끌고 바빌로니아를 침공했다.

수도 칼후에서 발굴된 아시리아 통치자의 서신 여러 통을 보면, 두 군대가 싸우고 있을 때 아시리아 왕은 이미 왕위를 두고 바빌론 주민들과 협상을 벌이고 있었다. 그가 오래전부터 이러한 야망을 품고 있었는지, 아니면 바빌론 주민들이 먼저 제안했는지는 확실하지 않다. 티글라트필레세르 3세의 방식은 투쿨티니누르타 1세와 샬만에세르 3세가 취한 방침과는 매우 달랐다. 첫 번째 편지는 티글라트필레세르가 바빌론에 협상단으로 보낸 두 사신이 작성한 것이다. 티글라트필레세르 3세는 아직 바빌론에 도착하지 않았지만 무킨제리의 사람들이 여전히 바빌론에 있었기 때문에, 그가 바빌론의 전통적 특권을 보장했음에도 협상은 난항을 겪었다.

왕께 신하 샤마시부나야와 나부남미르가 고하나이다. 왕의 무병장수를 기원하나이다! 나부와 마르두크 신께서 왕을 축복하시기를 앙망하나이다! 스무여드레째 되는 날 바빌론에 당도하였나이다. 마르두크 문 앞에서 바빌론 주민들에게 고하였나이다. 무킨제리의 신하 자신누와 몇몇 칼데아인들이 나와서 바빌론 주민들과 함께 문 앞에 섰나이다. 우리는 바빌론 주민들에게 다음과 같이 고하였나이다.

"왕께서 우리를 보내 이러한 말씀을 전하시었다. '너희의 입을 통해〔바빌론 주민들에게〕〔말하겠노라.〕나는 바빌론의 빚을 면제하고, 특권적 지위를 보장할 것이며, 곧 바빌론에 당도할 것이다.'"

그들과 많은 말을 나누었는데, 유력자 열 명은 밖으로 나와서 이야기하기를 거부하고 대신 계속 전갈을 보냈나이다. 그리하여 그들에게 이렇게 고하였나이다.

"우리가 바빌론으로 들어가도록 성문을 열라."

그러자 그들은 이렇게 말하며 거절하였나이다.

"만약 우리가 너희를 바빌론으로 들이면 왕이 오실 때 왕에게 무엇이라 말씀드리겠는가?"

그들은 왕이 오실 때만 성문을 열 것이며, 그들은 왕께서 오실 것을 믿지 않나이다.[25] (나머지 내용은 유실되었다.)

그리하여 티글라트필레세르 3세는 직접 바빌론 백성들, 특별히 에산길라 신전의 신관들과 회중에게 편지를 썼다. 그는 바빌론 거리에서 벌어지는 전투에 대해서 들었고 자신이 도착할 때까지 굳건히 버틸 것을 독려했다.

신전 참배자, 회중, [바빌론의] 지도자와 바빌론의 백성들에게 왕이 전하노라. 나는 잘 있으며, 아시리아도 평안하노라. 너희는 기뻐할지어다. 소문을 두려워하지 말지어다. 도시를 굳게 지키고, 거리를 장악하며, 네 자신을 돌볼지어다! 이제 내가 다시 너희에게 가노라. 경호대장 나디일루가 내게 이렇게 말했다.

"그들이 두려움에 떨고 있나이다."

벨(마르두크) 신과 나부 신 그리고 위대한 신께서 아시나니, 일찍이 네 형제들이 살해되었음을 들었을 때, 사흘 동안 아무도 내 앞에 들이지 아니하였고 심히 슬퍼하였노라. 이제 너희가 다시 두려워하고 있다. 벨 신과 나부 신께서 아시나니 너희에게는 아무런 잘못이 없다. 너희는 기뻐할지어다. 내가 도착할 때까지 경계를 늦추지 말지어다.

경호대장 나디일루가 아야루 달* 26일에 (이 편지를) 전했다.[26]

여러 차례의 전투 끝에 티글라트필레세르 3세는 기원전 729년 마

---

* 우리나라에서 사용하는 그레고리력의 4~5월에 해당한다.

침내 무킨제리를 물리치고 바빌론에 입성했다. 그리고 왕위에 올라 '바빌론의 왕' 및 '수메르와 아카드의 왕'을 자처했다.[27] 바빌론 주민들의 입장에서는, 다른 기회주의적 군주를 지지하기보다는 아시리아 왕을 받아들이는 것이 더 안전한 선택이었다. 티글라트필레세르는 당대 최고의 군대 지휘관으로서 지난 12년 동안 치른 전투에서 모두 승리를 거둔 강력한 군대를 거느렸을 뿐 아니라, 바빌론의 민감한 전통을 존중할 것으로 기대했기 때문이다.

당시까지 티글라트필레세르는 영토를 광대하게 확장하여 다마스쿠스와 하마 같은 왕국을 정복했다. 바빌론의 왕이라는 지위는 그가(다른 아시리아 왕들도 마찬가지다) 유일하게 택한 외국 왕의 지위였다. 바빌론이라는 이름은 티그리스강 유역 통치자들에게 특별한 의미가 있었는데, 현대 학자들은 그 뿌리가 카시트 시대까지 거슬러 올라가는 바빌론의 학문과 문화에 대한 유서 깊은 존경심 때문이라고 추측한다(제4장 참조).

〈바빌론 왕명록〉을 보면 아시리아 왕들의 주장이 받아들여진 것을 알 수 있다. 티글라트필레세르 3세와 그의 아들이자 후계자인 샬만에세르 5세(재위 기원전 726~기원전 722년)가 본명인 풀루와 울룰라유로 바빌론 통치자의 명단에 올라 있다.[28] 이들은 바빌로니아 영토를 정식으로 아시리아제국의 속주로 편입시키려는 시도를 하지 않은 것으로 보인다.

샬만에세르 5세의 짧은 통치가 그의 형제 사르곤 2세(재위 기원전

721~기원전 705년)의 반란으로 끝나자, 많은 지역에서 반란이 일어났다.[29] 다시 한번 칼데아인 족장이 바빌론의 왕위를 차지했는데, 그는 비트야킨의 마르두크아플라이디나 2세이다. 《성경》의 〈열왕기하〉 20장 12절, 〈이사야〉 39장 1절에는 므로닥발라단이라는 이름으로 등장하며, 유다의 히스기야 왕과 서신을 주고받은 동시대의 인물이다(그림 6.2).

사르곤 2세는 아시리아제국에 대한 자신의 통치를 확고하게 한 뒤에야[30] 잃었던 바빌론의 왕위를 되찾을 준비가 되어, 마침내 기원전 710년 바빌로니아를 침략했다. 전쟁이 끊이지 않자 이 지역의 여러 세력은 점차 분열하여 일부 도시와 부족은 재빨리 아시리아제국에 합류했고, 나머지는 마르두크아플라이디나를 지지했다. 결국 바빌론 주민들이 사르곤을 도시 안으로 들이면서 칼데아 왕은 바빌론의 지지를 잃었다.

다음은 아시리아 최고 관직의 하나인 수칼후(고관)에게 보내는 편지로, 마르두크와 백성들이 마르두크아플라이디나 2세를 축출하고 사르곤을 추대할 준비가 되었음을 알리고 있다.

소인 벨슈누가 주인께 고하나이다. 소인은 주인 수칼후를 위해 기꺼이 목숨을 바치겠나이다. 마르두크와 자르파니투 신께서 주인에게 복을 내리기를 앙망하나이다.
왕과 수칼후에게 충성을 다짐하는 바빌론 주민들, 귀족들 및 친구들이 바

그림 6.2　기원전 715년
토지 하사를 기념하는 쿠두루에
새겨진 바빌론 왕
마르두크아플라이디나 2세(왼쪽).
칼데아인의 비트아킨 지도자이던
그는 아시리아제국에 대한
반란이 일어나자 바빌론의 왕을
자처했다.

빌론에서 소인에게 편지를 보냈나이다. 우리에게 무엇이든 좋은 소식을
보내 주소서!

벨(마르두크)께서 비트야킨인(마르두크아플라이디나)을 바빌론에서 축출하기
로 결심하셨고, 왕의 바빌론 입성을 말씀하셨나이다. 벨께서는 왕이 예식
을 거행하시고 그의 말씀을 들을 수 있도록 할 것입니다. 군대가 이곳으로
와서 왕의 원하시는 바를 모두 이루시도록 가능한 모든 조치를 취해 주소
서. 주인께 복이 함께하시기를 바라나이다. 주인의 건강을 위해 매일 마
르두크와 자르파니투께 기도하나이다.[31]

다시 한번 아시리아 왕이 바빌론 왕위를 되찾았다. 하지만 전임

167

자와는 대조적으로 사르곤은 바빌론 왕의 역할에 진지하게 임해 바빌론에서 5년간 머물렀으며, 아시리아의 통치권은 황태자 센나케리브에게 맡겼다. 또한 신년축제와 같은 바빌론의 중요한 의식에 모두 참여했고 대규모의 건축 사역을 시행했다. 바빌론의 요새도 재건했는데, 벽돌에 새겨진 비문을 통해 그 사실을 확인할 수 있다.

위대한 주인, 에산길라에 머무시는 자비로운 신, 바빌론의 주인, 마르두크를 위하여.

위대한 왕, 아시리아의 왕, 세상의 왕, 바빌론의 대리자(GÌR.NÍTA TIN.TIR.KI), 수메르와 아카드 땅의 왕, 에산길라와 에지다를 지원하는 자, 사르곤이 임구르엔릴 성벽을 재건하기로 했다. 벽돌을 굽고, (의식에 따라) 정결케 한 가마에서 불로 구워 낸 벽돌로 안벽을 조성했으며, 유프라테스강, 깊은 물길의 강둑을 따라 원래 그대로의 역청과 정제된 역청을 깔았다. 그리고 그 위에 마치 산맥처럼 임구르엔릴 성벽과 니메트엔릴 성벽을 건설했다.

위대한 신, 마르두크가 이 일을 굽어살피고, 그를 위해 지원을 아끼지 않는 왕, 사르곤에게 장수를 허락하기를 바라노라! 그의 통치가 바빌론의 기초처럼 확고하기를 기원하노라![32]

부친 티글라트필레세르 3세가 바빌로니아에 자유방임주의로 대한 것과는 사뭇 다르게, 사르곤 2세는 이 지역을 적절하게 아시리아제국에 통합하고 행정을 재정비하고 중앙집권화함으로써 정치적 분열 양상을 극복하고자 했다. 바빌로니아를 두 개의 주로 나누어 아시리아 총독이 다스리게 했다. 하나는 바빌론주로 대도시 대부분이 위치한 바빌로니아의 북부 지역이며, 다른 하나는 감불루주로 아람족과 칼데아인 지역이다.[33] 두 명의 주 총독 아래 각 도시의 총독들이 도시를 다스렸는데, 이들과 그 지역의 방어를 책임지는 아시리아 수비대의 지휘관은 아시리아 왕이 임명했다.

반면 바빌론과 다른 도시들은 아시리아의 행정체계 아래, 예를 들어 의회나 신전 회중 같은 것들이 대체로 예전처럼 운용되도록 허용했다. 사르곤 2세는 도시들에게 채무 변제와 세금 면제의 특권을 하사했다. 이러한 특혜는 결과적으로 제국의 개혁을 지연시키고 도시의 재정 수입을 제한했다. 주민들은 (모든) 세금을 내지 않고 건축 사업을 위한 부역과 군역을 면제받았으므로 이러한 특혜 조치는 인력과 자금의 상당한 희생을 의미했다. 이는 아시리아제국이 정복한 지역에서는 유례없는 조치였다. 한편 이는 '마르두크 예언'(제4장 참조)의 내용에 거의 부합했고, 이러한 특혜를 자신들의 권리라고 주장하는 특혜 수혜자들의 반응은 매우 고무적이었다. 다음은 두 개의 왕궁 서신에서 발췌한 내용이다.

만약 폐하가 (신들에게 바쳐지고) 남은 제물을 처분하는 [왕](으로서), 에산길라와 바빌론에[……] 평화를 회복하는 자로서, 바빌론의 주민과 보호조약을 수립하고 체결하는 자로서, 에산길라와 에지다의 보물을 다시 채우는 왕으로 오신다면 벨(마르두크)과 나부 신께서 (폐하에게) 장수와 건강과 행복을 내리실 것입니다.³⁴

바빌론에서 온 보고는〔대단히 고무적입니다〕. 바빌론 주민들은 행복합니다. 그들은 매일 그들의 신 벨과 나부의 신전〔……〕, 에산길라에 갑니다. 그리고〔왕과〕땅의 건강을 위해서 마르두크와 자르파니투에게 기도합니다.³⁵

바빌론 엘리트의 충성을 얻는 것이 아시리아의 지배를 받아들이게 하는 최고의 토대로 여겨졌다. 사르곤 2세는 바빌로니아 도시들의 문화적 전통과 기관에 대한 존경을 꾸준히 표방함으로써 분열된 바빌론의 정치적 지형을 수습하려 했다. 도시에 부여된 혜택에는 바빌론과 배후 지역을 지배하는 부족 간의 연계와 유대감을 약화하려는 의도도 포함되어 있었다. 이는 마르두크아플라이디나의 영향력을 축소시키려는 의도였다. 비트야킨의 족장은 이미 상당한 지지를 받았으며, 기원전 703년에는 잠시나마 바빌론 도시에 대한 지배를 되찾았고 스스로 바빌론의 왕임을 공포했다.

아시리아는 바빌론을 유연하게 통치했으며 분열된 지역의 정치적 현실과 여건을 최대한 고려했다. 이러한 정책은 단기적으로는 지배를 공고히 하는 데 효과적이었으나, 바빌론의 구조적 문제의 해결에는 도움이 되지 않았다. 아시리아제국 내 다른 속주들과는 달리 바빌로니아의 위계 관계는 그리 간단하지 않았다. 이는 사르곤이 행정 책임자들과 빈번하게 교류하며 행정에 직접 관여했다는 사실에서 분명히 알 수 있다.

또한 그에게는 비공식적으로 왕권을 대행하는 특별사절단이 있었다. 벨이디나는 왕의 사절단에 속해 있는 바빌론 학자였는데, 그의 임무는 종교를 감독하는 일이었다. 그는 왕의 눈과 귀가 되어 현지 정보원과 아시리아 요원 들을 운용하는 정보 조직의 책임자였다. 그리고 바빌론, 감불루 두 주의 최고책임자들의 행태를 왕에게 보고했다. 각 도시의 고유한 정체성 유지를 허용하는 정책은 결국 바빌로니아를 아시리아의 속주체계로 통합하려는 계획에 도움이 되기보다는 걸림돌이 되었다. 특히 도시에 부여된 특혜 때문에 사르곤의 통치는 분열을 더욱 심화시켰다. 바빌로니아를 두 개의 주로 개편하려던 그의 시도는 마침내 실패했다.

기원전 705년 사르곤이 머나먼 아나톨리아에서 전투 중 사망하자, 그의 아들이자 오랜 기간 황태자 자리에 머물렀던 센나케리브(재위 기원전 704~기원전 681년)가 뒤를 이어 왕위에 올랐다.[36] 아시리아에서 왕위 승계는 순조로웠지만, 바빌론의 왕위를 노리는 자들이 있었으므로 바빌론에서는 쉽게 받아들여지지 않았다. 부친의 숙적 마르두크아플라이디나는 여전히 지지를 받고 있어 센나케리브의 왕위 승계는 부정되었다. 이러한 갈등으로 아시리아와 바빌론의 역사는 피비린내 나는 동시에 지적으로 흥미진진한 새로운 장을 맞이했다.

센나케리브는 스스로 바빌론의 왕위를 추구하지 않고 대신 남부 지역을 아시리아의 지배하에 두기 위한 일련의 정치적 실험을 시도했다. 기원전 703년 마르두크아플라이디나를 축출한 뒤 바빌론 귀족 벨이브니를 바빌론 왕의 자리에 앉혔는데, 그는 기원전 700년 아시리아 군주에게 반역을 일으켜 아시리아 궁정에서 볼모로 지내고 있었다.

센나케리브는 제국 군대의 힘을 보여 주고 배은망덕한 꼭두각시를 몰아내고 기원전 699년 자신의 아들 아슈르나딘슈미를 바빌론의 새로운 왕으로 앉혔다. 한편 마르두크아플라이디나는 바빌론 왕위를 되찾으려 동분서주한 끝에 엘람의 지원을 이끌어 내는 데 성공했는데, 이는 아시리아제국과의 전면전으로 이어졌다. 기원전 694년 센나케리브가 엘람에 수륙 양동 공격을 시도하는 사이 엘람 군대는 바빌론에서 아슈르나딘슈미를 사로잡았고 이후 그의 생사에 대해서는 알려진 바가 없다. 아들이 부친의 공격을 저지하기 위한 볼모로 잡혔음에도 불구하고 센나케리브는 공격을 멈추지 않았으므로, 아슈르나딘슈미는 오래 생존하지 못했을 것으로 추측된다.

한편 오랜 숙적 마르두크아플라이디나가 파란만장한 일생을 뒤로하고 숨을 거두고 아시리아와 엘람의 전쟁이 바빌로니아 전역으로 확산된 가운데 그의 아들 네르갈우셰지브가 바빌론 왕위에 올랐다. 이 새 왕은 기원전 693년 전투에서 센나케리브의 군대에 사로잡혀 니네베로 끌려간 후 그의 운명에 대해서는 알려진 바가 없다. 네르갈우셰지브는 비트야킨 부족의 야망을 저지하기 위한 볼모로서 천수를 누렸을 수도 있다.

하지만 센나케리브는 바빌론에 대한 지배를 회복하지 못했으며, 무셰지브마르두크(슈주부로도 알려졌다)가 엘람의 지원을 받아 바빌론의 왕이 되었다. 그는 아시리아제국과의 전쟁이 계속되는 와중에 4년이라는 짧지도 길지도 않은 기간 동안 왕위를 유지했다. 결국 바빌론은 기원전 689년 오랜 포위 끝에 아시리아 군대에 함락되었다.[37] 무셰지브마르두크는 사로잡혀 니네베로 끌려가 성문에 산 채로 곰과 함께 결박당해 피비린내 나는 구경거리가 되고 말았다.[38] 그 역시 오래 버티지 못했을 것이다.

여러 해에 걸친 전쟁 끝에 센나케리브는 바빌론에 대한 인내심을 잃었고 바빌론 왕권에 더 이상 관심을 갖지 않게 되었다. 기원전 689년 센나케리브가 바빌론 도시를 파괴한 것은 그의 선조들의 행태와는 사뭇 달랐다. 옛 왕들은 바빌론에 존경심을 보였지만 그는 도시와 에산길라 신전을 유린했으며, 마르두크 신상을 아시리아의 수도로 옮겨 갔다. 지난 몇 년간 누구도 신의 대리인이 되지 못했으나, 바빌론을 침략하지는 않았다. 마르두크 숭배는 기원전 14세기 아슈르우발리트 1세 때 처음 아시리아에 알려진 이후 매우 인기가 높았기에(제4장 참조), 마르두크와 그 신전에 대한 센나케리브의 행위에는 정당성이 요구되었다. 그래서 그는 많은 학자, 특히 바빌론 출신 학자들을 동원하여 자신의 행동을 정당화하는 텍스트들을 만들게 했다.

예컨대 '마르두크 수난'은 마르두크가 시험을 받았고, 아슈르 신에 의해 유죄판결을 받은 내용을 다룬다.[39] 또 다른 텍스트에 따르면 아슈르가 마르두크를 대신하여 미래를 결정하는 '운명의 명판'의 수호자가 되었다.[40] 놀랍게도 마르두크는 바빌론의 창조 서사시(제5장 참조) 〈에누마 엘리시〉에서 완전히 빠져 버렸고, 아슈르가 그를 대체했다.[41]

이는 바빌론 신년축제 의식 전체를 아수르로 이전하려는 계획의 일부였다. 센나케리브는 아수르의 종교 지형을 완전히 개편하려 했다. 여기에는 새로운 신년축제 신전의 건설도 포함되었는데, 도시 외곽 지역에 바빌론에서 공수한 건물의 잔해를 쌓은 뒤 그 위에 건설했다. 바빌론은 더 이상 하늘과 땅을 이어 주는 연결 고리가 아니며, 따라서 마르두크의 대행자인 바빌론 왕도 필요하지 않았다. 센나케리브가 실질적으로 이 직책을 폐지해 버린 것이다. 바빌로니아는 수호자인 신과 왕을 잃었으며, 센나케리브는 많은 주민을 강제로 추방하여 제국 내 다른 곳에 정착시켰고, 특히 아시리아의 수도로 많은 인재를 끌고 갔다.

기원전 681년 에사르하돈이 왕위 계승 전쟁 끝에 부친에 이어 왕위에 올랐다. 센나케리브는 이 전쟁 중에 자신의 아들들에 의해 살해당했는데, 바빌론과 마르두크에 대한 그의 처신이 이러한 비극을 초래한 원인이 되었는지는 알 수 없다.

후계 전쟁에서 승리한 에사르하돈은 부친과 다른 정책을 펼치며 바빌론을 포함한 제국 전체에 대한 자신의 통치를 확고히 했다. 그는 통치 기간 동안 아시리아와 바빌론 왕으로 군림했고, 그의 수행단에는 많은 바빌론 학자가 포함되었다.[42] 이들은 왕의 후원을 적극 받아들여 제국을 위해 자신들의 지식을 기꺼이 활용했으며, 바빌론에서의 오랜 전쟁 끝에 마침내 니네베에서 평화로운 생활을 누릴 수 있었다.

에사르하돈은 센나케리브가 물리적·이념적으로 바빌론을 훼손한 것을 복구하려 노력했고 바빌론 문화의 회복에 착수했다.[43] 바빌론의 마르두크 신전에 안치되었던 점토로 만든 각기둥에 새겨진 비문에는 부친 센나케리브에 대한 언급 없이 바빌론의 파괴에 대한 서술이 등장한다. 그 서술은 마르두크 숭배를 경시하고 에산길라의 재산을 탈취하여 엘람에 팔아넘긴 바빌론 주민에 마르두크가 분노하여 엘람의 지원을 받은 무셰지브마르두크를 바빌론 왕으로 세운 사건을 암시한다.

이전 왕의 통치 시기에 수메르와 아카드에서 나쁜 징조들이 나타났다. 그 당시 백성들은 '아니오'를 '네'로 대답했으며 거짓말을 일삼았다. 그들은 신들을 떠났고, 여신들을 무시했으며, 자신들의 의례를 버리고 다른 (의례)를 받아들였다. 그들은 신들의 궁전, 접근할 수 없는 에산길라의 재산에 손을 대었으며, 탈취한 금은보석을 헐값으로 엘람에 팔았다.

이에 신들의 엔릴(지도자) 마르두크 신은 분노하여 땅을 황폐화하고 (그리고) 그 백성들을 멸하기로 결심했다. 풍요의 강 아라투는 대홍수처럼 큰 파도를 일으키며 요동쳤다. 큰 물결이 도시와 집들을 휩쓸었고, (그것들을) 폐허로 만들었다. 신들은 새처럼 하늘로 날아올랐으며, 그 주민들은 다른 곳에 숨었고〔낯선〕땅으로 피난을 갔다. 자비로운 신 마르두크는 그 땅이 70년 동안 버림받을 것이라고 기록했다. 하지만 그는 곧 마음을 누그러뜨려 그 숫자를 뒤집었고 11년 (후에) 다시 회복될 것을 명령했다.[44]

이 비문은 쐐기문자로 쓰였다. 마르두크가 바빌론의 불행을 70년에서 11년으로 뒤집기 위해선 문자 그대로 운명의 명판을 뒤집기만 하면 되었다. 쐐기문자로 숫자 70(𐎗)은 숫자 11(𐎛)을 뒤집은 모양과 같다. 에산길라와 계단식 탑 에테메난키의 재건에 대한 긴 서술 뒤에 자리를 옮긴 신과 인간 주민들에 대한 이야기가 나온다.

나는 약탈당한 그 땅의 신들을 아시리아와 엘람에서 그들의 (본래의) 곳으로 되돌아오게 했고, 숭배의 중심지에서 적절한 절차를 회복했다.

나는 수난을 겪은 바빌론 시민들의 부채를 변제하도록 하였고, 아누와 엔릴 신들이 (보장한) 그들의 자유와 특권을 (주었다). 또한 노예로 팔린 자들과

176

하층민으로 전락한 (타국의) 사람들을 불러들여 (다시 한번) 바빌론 주민으로 회복시켰다. 그들의 약탈당한 재산을 돌려주었고, 벗은 자를 입혔으며, 바빌론으로 되돌아가도록 허락했다. 나는 그들에게 (다시) 정착하여 집을 짓고, 과수원을 일구며, 수로를 파도록 격려했다.[45]

에사르하돈은 기원전 669년 갑작스레 죽음을 맞이했고, 바빌론 복원은 후계자들에 의해서 완수되었다. 기원전 672년 에사르하돈은 자신의 두 아들을 황태자로 지명했다. 아슈르바니팔은 아시리아의 황태자, 샤마시슈무우킨은 바빌론의 황태자가 되었다. 에사르하돈의 의도는 자신의 사후에 제국을 둘로 분리하여 아시리아는 아슈르바니팔이 다스리고, 독립국 바빌론은 샤마시슈무우킨이 다스리는 것이었다. 하지만 양국의 실제 관계는 그의 기대만큼 우호적이지 않았다. 아슈르바니팔은 형제를 자신과 동등하게 여기지 않고 아시리아의 봉토를 받은 신하로 취급했으며, 직접 바빌로니아의 중요한 종교적 · 공적 역할을 맡았다. 그리고 바빌론과 신전의 복원 사업을 자신의 공으로 돌렸는데, 이는 그가 재건한 바빌론 요새 성벽에서 발견된 비문(그림 6.3)에서 확인할 수 있다.

나의 주인, 위대한 주인, 바빌론의 주인, 원형의 창시자, 에산길라에 거주하는 자, 하늘과 저승의 창조자, 모든 이기구 신들과 아눈나쿠 신들의 왕, 마르두크 신을 위하여.

그림 6.3   바빌론에서 발굴된 아시리아 아슈르바니팔 왕의 비문이 새겨진 점토 원통. 아슈르바니팔이 직접 바빌로니아의 종교적·공적 역할을 맡았으며 바빌론 복원 또한 그의 업적임을 밝히고 있다.

아시리아의 왕, 세상의 왕, 강력한 왕, 위대한 왕 센나케리브의 손자이며, 바빌론을 (다시) 일으키고, 에산길라를 (다시) 세웠으며, 모든 숭배 중심지의 신전을 재건하고, 중단된 제사를 속개했으며, 옛 전통대로 의례와 의식을 복원한 자, 수메르와 아카드의 왕, 바빌론의 총독, 아시리아의 왕, (우주) 사방세계의 왕, 강력한 왕, 위대한 왕 에사르하돈의 아들인, 온 땅의 왕, 아시리아의 왕, 세상의 왕, 강력한 왕, 위대한 왕이 바로 나 아슈르바니팔이다. 나의 치세 동안 위대한 주인, 마르두크 신이 기꺼이 바빌론으로 돌아와 영원한 에산길라에 거처를 마련했다. 나는 에산길라와 바빌론의 신들을 위한 정기적 제사를 확립했다. 또한 바빌론의 특권적 지위를 확립하였고, 나의 친애하는 형제 샤마시슈무우킨을 바빌론의 왕으로 임명하여 강한 자들이 약한 자를 해치지 않게 했다. 에산길라를 금은보석으로 치장하였고, 에우무샤 (내전)를 천상의 글 (별들)처럼 반짝이게 했다.

그때 바빌론의 성벽 임구르엔릴과 외벽 니메트엔릴(에 관하여는) 낡고 쇠락해 있었는데, 에산길라와 바빌론 신전들의 안전을 보장하기 위해 나의 노동력을 동원하고, 쿨라(건설 공사의 수호신) 신의 도움을 힘입어 외벽 니메트엔릴을 신속히 새로 쌓았으며, 그 성문을 보수했다. 또한 문을 만들어 입구에 (그것들을) 설치했다.

장래의 왕이여, 그대의 치세 동안 이 건축물들이 황폐화되면 숙련된 기술자들을 고용하라! 성벽 임구르엔릴과 외벽 니메트엔릴을 고대의 제원에 따라 (다시) 세워라! 나의 왕궁 비문을 살피고, (그것에) 기름을 바를 것이며, 제물을 바치고 (그것을) 그대의 왕궁 비문과 함께 둘지어다! 그러면 마르두크 신께서 네 기도를 들을 것이다.

새겨진 나의 이름이나 내 친애하는 (형제의) 이름을 교활한 방법으로 파괴하고, (또는) 나의 왕궁 비문을 그 (자신의) 왕궁 비문과 함께 두지 않는 자에게는 만물의 왕 마르두크 신께서 분노하실 것이며, 그와 그 후손의 이름을 이 땅에서 지워 버릴 것이다![46]

아슈르바니팔의 형제 샤마시슈무우킨을 바빌론의 왕으로 기술한 비문들이 바빌로니아의 보르시파, 시파르, 우르에서 발견되었지만[47] 바빌론에서 발견된 것은 없다. 이는 아마도 아슈르바니팔이 바빌론의 수호자 역할을 고집했기 때문일 것이다. 이 비문을 보면 두 형제 간의 힘의 균형은 분명히 아슈르바니팔에게 기울어져 있지만, 그는 여전히 샤마시슈무우킨을 '나의 친애하는 형제'로 부르며,

장래에 자신과 형제의 이름이 더럽혀지지 않도록 하고 있다. 서신들을 보면 아시리아제국이 바빌로니아의 외교정책을 통제했으며, 군사 문제에 있어서도 샤마시슈무우킨은 형제의 제국 군대 파견에 의존할 수밖에 없었다.[48]

세월이 흐르면서 양국의 관계는 점차 악화되었다. 기원전 652년 초 샤마시슈무우킨은 제국으로부터의 독립을 선포했는데, 바빌로니아의 도시들뿐 아니라 칼데아와 아람의 족장들, 엘람의 지지를 받았다. 아슈르바니팔은 아시리아 군대를 바빌로니아로 보내 4년간의 치열한 전투로 바빌론 주민들에게 막대한 피해를 끼친 끝에 기원전 648년 바빌론에 대한 지배를 회복했다.[49] 샤마시슈무우킨은 불길 속에서 죽었고(사고인지, 피살인지, 자살인지는 불확실하다), 바빌론은 기원전 650년에 시작된 오랜 포위 끝에 마침내 함락되었다. 따라서 아슈르바니팔은 반역을 일으킨 형제의 항복을 직접 받지는 못했고, 바빌론에서 끌고 온 포로와 전리품으로 바빌론 왕권의 상징물을 회수하는 데 만족했다(그림 6.4).[50]

오늘날 아슈르바니팔이 널리 알려진 까닭은 19세기 중반 니네베에서 발견된 거대한 도서관이 그의 이름과 깊은 연관을 맺고 있기 때문이다.[51] 많은 장서가 쐐기문자판의 형태로 보존되어 있어 오늘날 대영박물관에 소장되어 있을 뿐 아니라 고대 도서관의 기록도 발견되었다. 그에 따르면 바빌론 전쟁에서 승리한 직후 기원전 647년 아슈르바니팔은 바빌론과 다른 도시들에서 니네베로 엄청난

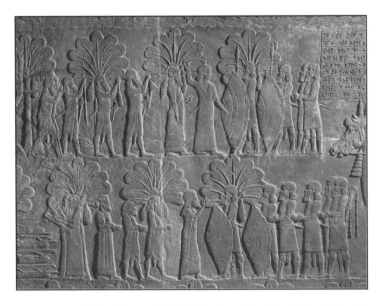

그림 6.4   니네베에 위치한 아슈르바니팔 왕의 북쪽 왕궁 석벽 장식의 상세화. 기원전 648년 바빌론 정복으로 끌고 온 포로와 전리품, 패퇴한 바빌론 왕 샤마시슈마우킨의 왕권 상징물(상단 왼쪽)인 왕관·인장·지팡이가 묘사되어 있다.

양의 텍스트를 옮겨 왔다.

　도서관 기록의 목록은 대략 2천 개의 단일 명판(점토판 및 왁스를 바른 나무 명판)과 경첩을 달아 여러 장의 명판을 겹쳐 만든 300여 개의 중첩 개요서에 이른다.[52] 유기 재료에 담긴 텍스트는 하나도 남아 있지 않고 몇몇 점토판은 복구되었다.[53] 아슈르바니팔이 이미 바빌론에서 입수한 텍스트와 승전 이후 훔친 텍스트를 식별해 내기란 쉽지 않다. 그는 통치 초기에 바빌론과 보르시파에서 학자들을 초빙하여 왕권을 강화하는 데 이용할 명판들을 모으게 했고, 학자들에게는 많은 돈을 약속했다. 그들은 자부심을 가지고 기꺼이 이 일을 수행했으며, 왕과 교류한 서신들의 사본은 수세기 후에도 잘 보존되었다.[54]

바빌론에서 가져온 명판들 가운데는 아슈르바니팔과 샤마시슈무우킨의 형제 아슈르무킨팔레아[55]의 장서도 있었는데, 그는 에산길라 신전의 대사제를 맡았다. 아시리아의 왕자가 바빌론 숭배에서 가장 높은 직책을 맡고, 그의 형제는 바빌론의 왕이었다는 사실에서 당시 아시리아 왕가가 바빌론의 사회에 얼마나 깊숙히 관계를 맺고 있었는지를 짐작할 수 있다. 두 왕국의 갈등은 형제 간의 전쟁으로 인식되었고, 왕실의 불화에 대한 이야기는 고대 사회에 널리 회자되었다. 이집트에서 발견된 아람어로 쓰인 이야기에 의하면, 에사르하돈의 장녀 셰루아에티라트는 두 동생을 화해시키기 위해 필사적으로 애를 썼다.[56] 바빌론 정복으로 아슈르바니팔의 도서관 장서는 늘어났지만, 왕과 가까운 일족들의 배신은 두 나라를 겨우 봉합해 놓은 충성심과 의무의 타당성에 의문을 품게 했고 아시리아 제국은 큰 타격을 입었다.

아슈르바니팔은 스스로 바빌론의 왕을 자처하는 대신 칸달라누를 예속왕으로 내세웠다. 이들이 모두 기원전 630년경에 사망한 후 아시리아제국은 기나긴 승계 위기를 겪었으며, 바빌론은 나보폴라사르의 영도 아래 독립을 쟁취했다. 그는 아시리아 왕가와 오랜 기간 협력해 온 우루크 명문가의 후손이었으며,[57] 바빌론제국을 이룩

했다(제7장). 바빌론과 아시리아 학자 간의 복잡한 관계는 계속 되었는데, 무게 중심은 다시 바빌론으로 기울어졌다. 이전에 아시리아 왕가를 섬기던 많은 서기관과 전문가는 나보폴라사르의 정복 전쟁으로 다시 추방자의 신세로 전락했다.

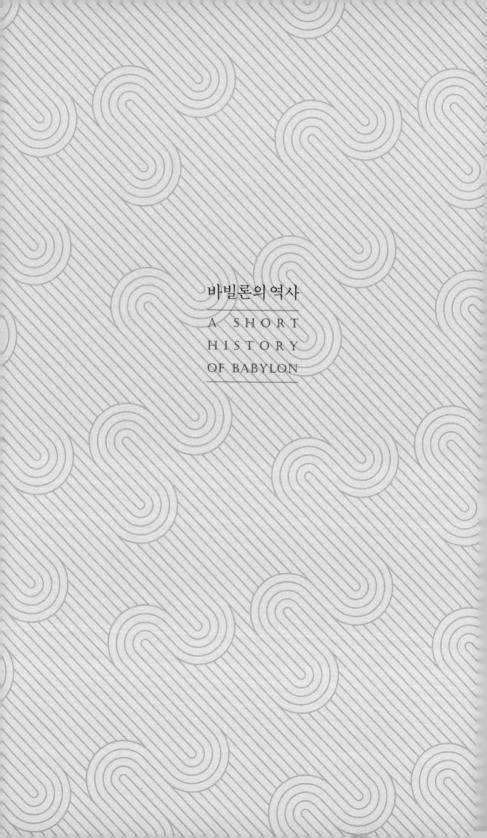

바빌론의 역사

A SHORT
HISTORY
OF BABYLON

제7장

세계의 중심으로 피어나다

네부카드네자르 2세의 바빌론

기원전 6세기에 만들어진 유명한 〈바빌론 세계지도〉[1](그림 7.1)
에는 세계가 기하학적으로 묘사되어 있으며, 그 중심에 바빌론 도
시가 있다. 원과 자로 그려진 그림에는 바다로 둘러싸인 큰 원형
의 대륙이 있으며, 바다 둘레에는 원래 별 모양을 이루도록 삼각
형이 8개 배치되어 있었다. 대륙에는 여러 강과 산맥 그리고 도시
와 아시리아, 우라르투, 비트야킨 같은 지역들이 표시되어 있다.
도시와 지역 들은 작은 원으로 표시되고 그 이름은 원 안에 기록
되었다. 유일한 예외가 바빌론(TIN.TIR.KI로 표시된다)이다. 이 도
시는 유프라테스강을 가로지르는 사각형으로 표시되었다. 비록
바빌론은 대륙과 세상의 중심에서 벗어나 다소 북쪽에 표시되었
지만, 지도에서 가장 눈에 띄는 곳이다.

이 지도는 바빌론이 중동의 헤게모니를 장악하고, 오랜 숙적인

그림 7.1 〈바빌론 세계지도〉.
유일하게 바빌론만 사각형으로
표기하고 있는 이 지도는
바빌론이 중동의 헤게모니를
장악하고 있음을 말해 준다.

아시리아와 비트야킨이 쇠락한 기원전 600년경의 세계관을 반영한

다. 이후 수십 년간 도시 바빌론은 고대 세계의 중심지이자 바빌로

니아제국의 수도로서 번영을 구가했으며, 바빌론의 영토는 지중해

연안의 유다와 실리시아로부터 자그로스산맥에 이르렀다(앞의 지

도 3).[2]

통치자들은 이 도시를 세상에서 가장 위대한 도시로 만들고 싶어

했으며, 그러한 희망은 제법 성공을 거두었다. 기원전 6세기의 바빌

론 유적들은 8제곱킬로미터 이상의 넓은 지역에 퍼져 있는데, 이는

중동 전체에서 가장 큰 고고학 유적지에 해당한다(그림 7.2). 하지만

바빌론 출신 왕들의 통치가 곧 끝나 버렸기 때문에 영광은 그리 오

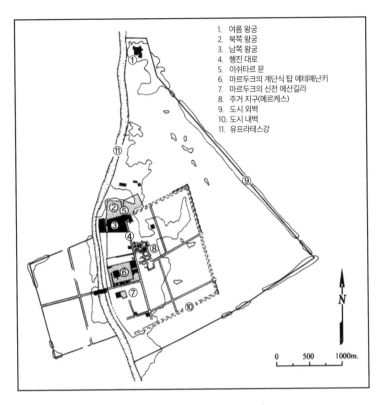

1. 여름 왕궁
2. 북쪽 왕궁
3. 남쪽 왕궁
4. 행진 대로
5. 이쉬타르 문
6. 마르두크의 계단식 탑 에테메난키
7. 마르두크의 신전 에산길라
8. 주거 지구(메르케스)
9. 도시 외벽
10. 도시 내벽
11. 유프라테스강

그림 7.2 기원전 6세기에 제작된 바빌론 지도. 통치자들은 바빌론을 세계의 중심지이자 세상에서 가장 위대한 도시로 만들고 싶어 했다.

래가지 못했다. 기원전 539년 페르시아의 키루스 대왕, 즉 키루스 2세(재위 기원전 550~기원전 530년)가 바빌론을 정복하며 바빌론의 독립은 영원히 종식되었다(제8장 참조). 그는 가장 성공적인 군대 지휘관이었고, 당시 알려진 세계의 상당 부분을 정복했다. 바빌론제국으로 발걸음을 옮기기 전에 이미 이란 전역과 중앙아시아 내륙을 복속시켰고, 아나톨리아의 패자 리디아 왕국을 무찔렀다. 바빌론을 완파하자 눈부신 전리품으로 이집트를 얻을 길이 열렸다. 하지만 이 위업은 아들이자 후계자인 캄비세스에게 맡겨졌다. 키루스는 기원전 530년 광대한 영토의 동쪽 국경에서 전투 중에 사망했다.

페르시아인들에게 왕의 업적을 기록으로 영구히 남기는 전통이 아직 없었던 탓에 키루스 통치 시대의 자료는 흔치 않다. 다만 바빌론의 관습에 따라 제작된 비문이 하나 남아 있는데, 그것이 바로 바빌론에서 발굴된 '키루스원통'이다(그림 8.1). 바빌론제국의 왕들은 공식 비문 수백 개를 남겼는데, 대부분 이러한 '원통'에 새겨졌다(그림 7.3). 점토 원통은 왕의 명령으로 제작해 왕이 건축하거나 보수한 왕궁과 신전의 기초 아래 깊은 곳에 매장했다. 이는 이러한 건축물을 개·보수하게 될 장래의 통치자들이 원통을 발굴할 때 전임자들의 행적을 인정하고 감사하도록 하기 위함이었다. 그 외에 같은 건물의 눈에 띄는 곳, 예를 들어 구운 벽돌이나 포석에 짧은 비문을 세겼다.

원통에 쓰인 비문들은 대규모 건축 사역을 기록하고 있으며, 대부분 제국의 중심부인 바빌론과 시파르·우르와 같은 주요 도시에서 발견되었다. 또한 바빌론이 찬란한 건축물을 통해 고대 세계 전역에서 명성을 떨치는 거대 도시로 변모해 간 사실을 잘 보여 준다. 건축물로는 새롭게 단장한 마르두크의 신전 에산길라와 계단식 탑 에테메난키(하늘과 땅의 연결고리), 경이로운 정원이 있는 거대한 왕궁, 복원되고 확장된 도시 성벽 임구르엔릴(엔릴이 호의를 베풀다. 높

그림 7.3   네부카드네자르 2세의 비문이 쐐기문자로 새겨진 바빌론의 점토 원통. 이러한 점토 원통은 왕의 명령으로 제작되어 왕이 건축한 왕궁과 신전 아래 깊숙이 묻혔다.

은 내벽)과 사각형 도시 내부를 둘러싼 니메트엔릴(엔릴의 방어벽. 낮은 바깥 성곽) 등이 있었다. 이러한 거대한 건축물들과 이것들을 건설한 네부카드네자르 2세의 명성이 너무나 높았기에, 제2장에서 살펴본 것과 같이 《성경》과 그리스어 및 라틴어로 쓰인 작품에도 등장했다. 이러한 기록은 건축물들이 이미 폐허가 되어 버린 지 오랜 뒤까지 전해졌으며, 폐허만 남은 유적을 목격한 2세기 초 로마 황제 트라야누스 같은 후대의 방문객들에게 적잖은 실망을 안겨 주었다.

네부카드네자르 2세의 바빌론 건축물이 세상에 다시 모습을 드러낸 것은 독일의 건축가 겸 고고학자 로베르트 콜데바이가 한 18년 동안의 발굴을 통해서였다. 그는 에산길라 신전 단지, 거대한 남쪽 왕궁 그리고 이 두 건축물을 이어 주는 화려한 행진도로에 초점을 맞추어 발굴을 진행했다(그림 2.2). 네부카드네자르의 건축물이 바빌론 유적지를 압도하는 또 다른 이유는 전례 없이 광범위하게 사용된 구운 벽돌 때문이다.[3] 이전 세대의 건축가들은 구운 벽돌을 제한적으로 사용한 대신 그는 햇볕에 말린 벽돌을 주로 썼다. 당시의 방문객들은 이러한 구운 벽돌을 통해 도시 바빌론의 부를 확인할 수 있었다. 구운 벽돌은 연료를 사용하여 가마에서 구워서 만들었으므로 생산하는 데 많은 비용이 들지만, 내구성이 매우 뛰어나 그 덕분에 네부카드네자르의 건축물들은 폐허가 된 후에도 고대로부터 콜데바이의 발굴 초기까지 끊임없이 건축 재료로 재사용되었다(제9장 참조).

바빌론제국의 왕들은 비문을 건축물에 남겼을 뿐 아니라 자신들의 업적을 기리는 텍스트와 모습을 담은 양각을 자연석에 새기기도 했다. 오늘날 레바논, 요르단, 사우디아라비아의 산맥에서 발견된 그러한 유적들은[4] 왕의 이미지와 비문으로 장식되어 신전과 같은 중요한 위치에 세워진 돌 유적들(석비)과 개념적으로 매우 밀접한 관계가 있다. 이 석비들 중 일부는 바빌론 중심부에서 발굴되었고, 일부는 터키나 사우디아라비아처럼 바빌론에서 멀리 떨어진 곳에서 발굴되었다.[5]

비문은 함무라비 시대(제3장)와 마찬가지로 쐐기문자와 아카드어로 쓰였다. 함무라비는 점토 원통과 돌 유적의 목적을 즉각 알아보았을 것이다. 그 역시 이러한 물건들을 통해 자신의 업적을 기념했다. 함무라비의 석조 유물은 알려진 바가 없으나, 그가 이러한 유물들에 대해 잘 알고 있었음은 분명하다. 그의 동쪽 이웃들, 즉 자그

그림 7.4   바빌론에서 출토된 나보니두스의 비문이 새겨진 점토 원통. 업적을 기릴 목적으로 제작된 점토 원통에는 당시의 쐐기문자뿐 아니라 고대문자도 새겨져 있는데, 고대왕국과의 연관성을 강조하여 왕권을 공고히 하기 위해 고대문자를 썼다.

로스산맥 지역을 다스린 시무룸과 룰루붐의 왕들은 바위 절벽에 쐐기문자 비문을 새기곤 했다.

  기원전 6세기 통치자들의 비문 대부분은 당시의 쐐기문자로 쓰였으며, 이는 함무라비와 그 시대 사람들은 알 수 없는 것들이었다. 그리고 그들은 일부러 고대문자로 기록한 몇몇 텍스트를 읽을 수 있었을 것이다. 이쉬타르 문의 서쪽 성벽에 삽입된 벽돌 비문들은 함무라비 시대 문자로 쓰인 반면, 동쪽 성벽의 비문들은 당시의 쐐기문자로 쓰였고 원통 비문은 두 시대의 문자로 쓰였다(그림 7.4). 오늘날 가장 잘 알려진 사례는 아마도 레바논의 와디브리사에서 발견된 네부카드네자르의 바위 비문일 것이다. 이 비문의 텍스트도 당시의 쐐기문자와 고대문자로 기록되어 있다.[6] 현대의 레바논 행인들이 그렇듯이 당시 바빌론 심장부에서 활동하는 학자들을 제외하고는 고대문자로 쓰인 텍스트를 이해할 수 있는 사람은 거의 없었을 것이다. 그럼에도 바빌론제국의 왕들이 비용과 수고를 마다하지 않고 고대문자로 비문을 새긴 이유는 전통적인 방식으로 왕권을 기념하고, 고대왕국과의 연관성을 강조함으로써 통치자의 권력을 더욱 단단하게 하기 위해서였다.

당시에는 함무라비가 다스린 고대국가의 범위를 과대평가하고 있었다. 바빌론 사람들은 이란 남서부 도시 수사에 함무라비의 유적이 있다는 사실을 알고 있었다. 하지만 이 유적이 기원전 1158년 엘람 왕 슈트루크나훈테가 바빌론을 다스리던 카시트 왕조 말기에 전쟁으로 황폐해진 도시를 침공하여 여러 신전에서 전리품으로 가져온 많은 고대 유물이었다는 것은 알지 못했다(제4장).[7] 그들은 이 도시에 대한 함무라비의 권한과 권위의 표시로 이 기념비를 세웠다고 만족스럽게 추측했다.[8]

하지만 정작 함무라비는 이란 어디에도 영토를 가진 적이 없다. 오늘날 우리가 좀 더 정확한 사실을 알 수 있는 이유는, 슈트루크나훈테가 전리품에 그 지역의 독특한 쐐기문자를 사용하여 엘람어로 짤막하게 비문을 새겨 넣었기 때문이다. 그러나 기원전 6세기에는 이 텍스트를 읽고 이해할 수 있는 사람이 없었고, 슈트루크나훈테가 함무라비 석비를 수사로 가져왔다는 사실은 역사의 소용돌이 속에 잊혔다. 앞에서 살펴본 것처럼 당시 이 도시를 지배한 페르시아의 왕들은 이러한 비문을 이해하지도 사용하지도 못했다.

바빌론의 사정은 사뭇 달랐다. 왕은 바빌론의 역사에 조예가 깊은 많은 학자를 곁에 두었다. 바빌론의 마지막 왕 나보니두스(재위 기원전 555~기원전 539년)는 '메소포타미아 최초의 고고학자'라고도 불리는데, 고대 신전을 보수하면서 원래의 바닥면을 복구하는 데 많은 시간과 자원을 투자했다.[9] 또한 백성들에게 선조들이 파묻어 둔 옛 기초 기록들, 점토통과 비문 들을 발굴하도록 독려했는데 오래된 것일수록 가치가 있었다. 그는 거의 2천 년 전 아카드 왕조 때 지어진 신전 기초 아래 파묻힌 유물들을 발굴해 냈으며, 그의 비문에는 이러한 노력과 성과가 자세히 기록되어 있다. 나보니두스 왕의 전문가들은 수사의 학자들과는 달리 고대의 비문과 문자를 충분히 읽고 이해할 수 있었다.

이 전문가들이 왕을 위해 기록한 건축물 비문은 왕궁, 신전, 성벽의 건축자를 알려 주는 간단한 단어들로 이루어진 표식에서 왕의 성취를 유려한 문체로 자세히 기록한 복잡한 문장에 이르기까지 다양하다. 왕궁 비문은 당시 꽃을 피운 지성사의 한 축이며, 학자들과 후원자인 왕들의 복잡한 관계를 보여 준다. 그들은 왕을 신전, 왕궁, 성벽의 건축자 또는 고대 제례와 예식의 보호자이자 복구자로 서술했다. 바빌론에서 발굴된 두 건축물의 비문은 이를 잘 보여 준다.

(A) 바빌론 행진도로에서 발굴된 네부카드네자르 2세의 점토 원통(그림 7.3)

나는 바빌론의 왕, 에산길라와 에지다 신전을 지원하는 자, 바빌론의 왕 나보폴라사르의 아들, 네부카드네자르 (2세)이다.

나는 에산길라 신전을 지원하였고, 에지다 신전을 완공했으며, 위대한 신들의 신전을 대낮처럼 빛나게 했다.

그때 바빌론의 대로는 움푹 파였었는데, 내가 나부다얀니쉬슈(나부가 백성의 심판자이다) 길과 우라시 문의 길, 이쉬타르라마시움마니샤(이쉬타르는 군대의 수호천사이다) 길 그리고 이쉬타르 문의 길을 평평하게 만들었다. 위대한 주인 마르두크와 승리의 후계자 나부 신의 행진도로를 6큐빗*의 충전재로 채웠고, 진입로를 역청과 구운 벽돌로 장식했다. 또한 두 번째에는 전보다 많은 18큐빗의 충전재로 길을 채웠고, 역청과 구운 벽돌로 진입로를 개선했다. 세 번째에는 이쉬타르라마시움마니샤 길을 17큐빗의 충전재로 채웠다. (모두 합하여) 이쉬타르라마시움마니샤 길을 41큐빗의 충전재로 높게 채웠고, 진입로를 넓게 확장했다.

지고하신 신, 매우 지혜로운 신, 마르두크여, 내가 이룬 일을 어여삐 보시고, 만년의 장수를 허락하소서. 마르두크 신과 함께 아이이부르샤부(오만한 자는 흥하지 못하리라) 길을 따라 신년축제의 신전으로 행진하는 위대한 신들이시여, 위대한 주인 마르두크 신 앞에서 나에 대해서 좋은 말씀을 해주시옵소서.[10]

---

* 고대 바빌로니아·이집트에서 사용하던 길이 단위. 팔꿈치에서 가운뎃손가락 끝까지의 길이를 기준으로 하며 1큐빗은 약 43~53센티미터다.

(B) 바빌론 아카드 이쉬타르의 에마쉬다리(짐승 제사의 전)에서 나온 나보니두스의 점토 원통(그림 7.4)

절대자, 사랑하는 신, 가장 용감한 자, 인안나 여신, 전투의 여신, 전쟁을 주관하는 자, 합의의 여신, 가장 높은 이기구 신, 아눈나쿠 신들의 공주, 공포의 신, 찬란함이 하늘을 덮고 빛이 땅에 충만한 여신, 아카드 이쉬타르의 여신, 전투를 선동하는 전쟁의 여신, 바빌론에 있는 에마쉬다리 신전에 거하는 자, 이쉬타르 여신에게

나는 바빌론의 왕, 투투 신(마르두크)의 제자, 위대한 신들을 존경하는 겸손한 자, 양떼를 돌보는 목자, 신들의 뜻에 주의를 기울이는 자, 이쉬타르 여신의 길을 묵묵히 따르는 총독, 사투쿠 제물을 충분히 드리고 (그리고) 닌다부 제물을 (다시) 확립한 자, 하루 종일 부지런히 신전 개선에 힘쓰는 (자), 신들의 궁전 에산길라 신전에 훌륭한 선물을 들이는 (자), (그리고) 신들의 신전에 선물이 (끊이지 않도록 하는 자), 지혜로운 왕 나부발라수이크비의 아들이다.

그때 아카드의 이쉬타르 여신 신전 에마쉬다리(에 관해서는) 기초(들)이 산산조각 나고 (그리고) 쌓은 벽돌은 엉망이 되었으며, 그 지대는 황량해지고 신전은 무너졌으며, 신상 안치소는 폐허가 되고 향 (바치기)가 멈추었다. 내 마음은 이 신전을 (다시) 지을 것을 생각했고, 내 정신은 그것을 원했다. 나는 이 신전을 둘러보고 기초의 토대를 조사했으며, 기초를 살펴보았고, 그 벽돌들을 튼튼하게 했다. 나는 바빌론에 있는 에마쉬다리를 새롭게 재건했다.

이 일에 대해서 전투의 여신, 아카드의 이쉬타르시여, 당신이 사랑하는 처소인 이 신전을 기쁘게 보시고, 나에게 건강을 허락하소서. 신들의 왕, 마르두크 신 앞에서 하루 종일 나의 장수를 말하소서. 전투와 전쟁에서 내 곁에 함께하시고, 내가 적들을 죽이고 벨 수 있게 하소서. [11]

함무라비와 후계자들 또는 아시리아의 왕들과는 대조적으로, 기원전 6세기의 바빌론 왕들은 비문에서 자신의 군사적 업적을 다루지 않았다. 이는 역사가들이 알고 싶어 하는 많은 사건을 이 텍스트들에서 언급되지 않는다는 것을 의미한다. 이를테면 《성경》에는 유다의 마지막 왕 시드기야가 바빌론에 반역을 일으켰을 때 네부카드네자르 2세의 군대가 어떻게 이를 진압하고 예루살렘을 멸망시켰으며, 어떻게 시드기야와 왕족을 포함한 유다인들을 바빌로니아와 바빌론에서 추방했는지가 나와 있다. 바빌론과 다른 유적지에서 나온 고문서는 텍스트들 이들과 그 후손들의 일상생활을 기록으로 남겨 이 사실을 확인해 주고 있다(제8장 참조). 반면에 네부카드네자르 2세의 비문에는 이러한 사건들에 대한 내용이 전혀 없다. 또한 페니키아의 중요한 항구 도시 티레 포위에 대한 기록도 없다. 오늘날 레바논 인근 유적지에 있는 바빌론의 왕이 암석에 남긴 부조와 비문이 간접적으로 확인해 주고는 있지만, 13년에 걸친 기나긴 공성과 함락은 고전을 통해 알려졌다.

이 시대의 정치사에 대한 가장 중요한 자료는 〈바빌론 연대기〉*

이다.[12] 이를 편집한 이들은 바빌론 마르두크 신전에서 일하던 자들

이었으며, 어떤 식으로든 신전에 영향을 미치는 사건의 자료를 수

집했다. 다행히도 그들은 다소 관대한 견해를 가졌는데, 세상의 통

치자 마르두크를 대리하는 존재인 바빌론의 왕은 마르두크의 도시

바빌론의 더 큰 영광을 위해 행동하는 것이므로 모든 것이 정당화

되었다. 〈바빌론 연대기〉는 바빌론제국의 형성에 관한 가장 중요

한 자료이다. 첫 통치자 나보폴라사르가 어떻게 아시리아제국으로

부터 독립을 쟁취했으며(제6장), 어떻게 그들을 패망으로 이끌었는

지 그리고 어떻게 그 영토를 바빌론의 지배하에 두었는지가 잘 나

와 있다.

이 텍스트와 다른 학술 문장 들은 쐐기문자와 아카드어로 쓰인

반면 국가행정은 아람어 문자를 사용했다. 글자는 개념적으로 종이

(종이는 13세기가 되어서야 중국에서 서양으로 전파되었다)에 해당하는

다양한 유기 재료의 매끈한 표면에 쓰였다. 가장 흔한 재료는 가죽

두루마리였고 파피루스도 있었다. 불행히도 유기 재료는 점토판과

는 달리 손상되기 쉬웠기 때문에 바빌론제국의 서고에 남아 있지

---

* 고대 바빌로니아 나보나사르 시대에서 파르티아 시대까지의 역사를 쐐기문자로 기록한 일련의 점
토판들. 19세기에 발굴되어 대영박물관으로 옮겨진 채 수십 년 동안 해석되지 못하고 있다 1887년
티오필러스 핀체스가 처음으로 The Babylonian Chronicle이라는 제목으로 출판했다. 이후 1923년 〈니
네베 연대기〉가, 1924년 〈에사르하돈 연대기〉와 〈아키투 연대기〉, 〈나보니두스 연대기〉가, 1956년
〈네부카드네자르 연대기〉가 출판되었다.

그림 7.5 네부카드네자르 2세의 쐐기문자 인장과 '베델이 나를 구했다'라는 뜻의 아람어 베델달라니의 도장이 새겨진 벽돌. 불에 구워지기 전에 중형견이 벽돌을 밟고 지나가는 바람에 몇몇 글자는 잘 보이지 않는다.

않다.[13] 바빌론에서 국가행정에 아람어를 사용했음을 보여 주는 가장 좋은 증거는 왕궁과 신전 건설에 사용한 벽돌에서 찾을 수 있다. 여기에는 왕의 쐐기문자 비문이 새겨져 있을 뿐 아니라 벽돌을 만든 사람이 누구인지를 말해 주는 아람어로 쓰인 작은 도장이 새겨져 있다(그림 7.5).[14]

국가행정의 기록은 남아 있지 않지만, 일반 가정과 신전 서고에 상당량의 점토판 문서가 보존되었다. 바빌론뿐 아니라 보르시파의 나부 신을 위한 에지다 신전과 시파르의 태양신 샤마시를 위한 에바바르 신전에서도 점토판이 나왔다. 고대부터 제례를 책임져 온 바빌론의 신전과 가문 들은 국가행정보다 훨씬 오래도록 쐐기문자를 고집했다.[15] 이러한 자료를 통해 당시 도시 엘리트들의 가정사와 일 그리고 그들의 문학적 취향과 학문적 관심을 소상히 알 수 있다.

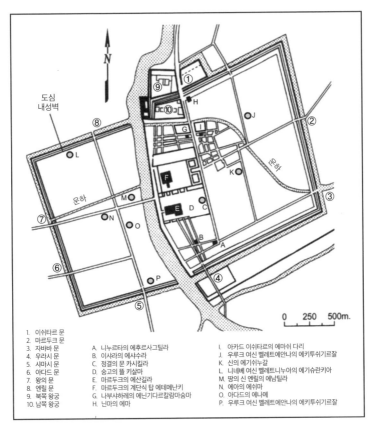

그림 7.6　성문, 왕궁, 신전이 표시된 기원전 6세기 바빌론 도심의 지도. 알파벳이 달린 원은
발굴되지 않은 신전들의 대략적인 위치이다.

이들이 실제로 거닐던 바빌론은 어떤 모습이었을까? 바빌론 지
형도의 전문가 앤드루 조지는 최근 〈네부카드네자르 시대의 바빌
론 투어〉를 그려 보았다. 마르두크의 아들인 나부 신이 매년 보르
시파에 있는 자기의 신전에서 출발하여 아버지의 도시로 가서 그곳
의 신전들을 방문하여 신년축제에 참여하는 발걸음을 따라가 보는

것이다.[16] 이는 도시의 최고 명소를 둘러보는 좋은 방법이다(그림 7.6). 우리는 이 길을 따라 남쪽에서 북쪽으로, 우라시 문에서 이쉬 타르 문으로 바빌론 도심을 살펴볼 것이다. 그리고 중간에 몇몇 지점에 멈추어 사담 후세인의 위대한 복원 프로젝트(제2장) 때 재건된 건물들을 둘러볼 것인데, 네부카드네자르 2세의 바빌론 시대 건축물을 잘 감상할 수 있을 것이다. 여느 관광 투어와 마찬가지로 기념비적 건물, 신성한 건축물, 웅장한 문과 거대한 왕궁 등을 중점적으로 살펴볼 것이다.

항상 잊지 말아야 할 사실은 이 거리가 매우 번잡하고, 시끄럽고, 냄새나고, 위험할 수도 있다는 사실이다. 도적들, 버려진 아이들, 매춘부들이 있었고, 쓰레기더미를 뒤지는 야생들개와 돼지 들도 있었다.[17] 바빌론에는 사상 최대의 인파가 모여들었다. 현대인이 보기에는 세계에서 가장 큰 도시치곤 상대적으로 작아 보일 수 있다. 최근의 계산에 따르면 기원전 6세기 바빌론 전성기의 최대 인구는 18만 명에 이르렀을 것으로 추정된다. 이는 1만 제곱미터당 200명의 거주민을 기준으로 한 추정치이다.[18] 대부분의 사람은 우리와 달리 웅장한 건축물에는 별로 신경을 쓰지 않고 서둘러 도시를 지나갔을 것이다. 우리는 유적에 초점을 맞추어 바빌론을 관광하는데, 당대 최고의 건축가이자 건설자였던 네부카드네자르 왕이 기대한 방식이다.[19] 또한 거리와 광장과 신전 뜰은 오직 남자들만을 위한 장소였음을 기억해야 한다. 바빌론의 귀부인들을 만나려면 개인 주거지로 초대받아야만 한다.

기원전 6세기 개인 주택의 건축양식은 에산길라가 자리 잡은 성도의 동편에 위치한 주택가인 바빌론의 메르케스 지역에서 발굴된 건물들을 통해 알 수 있다. 설계와 공간을 통해 살펴볼 때, 보통 몇 세대가 함께 살았고 이들은 개인적 공간에 큰 관심을 기울였다. 집 안으로 들어가는 통로는 보통 하나이고, 하나 또는 여러 개의 방을 지나가면 안뜰이 나오는데, 이곳을 거쳐 여러 다른 방으로 들어갈 수 있다.[20] 통로의 구조상 밖에서는 안뜰을 전혀 볼 수 없다. 바로 이 폐쇄적인 안뜰에서 여자들은 밀가루를 빻고 빵을 굽고 음식을 준비하며 일생의 많은 시간을 보낸다. 또한 안뜰 벽에 세워 놓은 베틀로 실을 잣고 고운 천을 짠다. 직물은 수천 년 동안 이라크 남부 도시들의 특산품이었다(제1장 참조).[21]

바빌론 투어는 유프라테스 동쪽 강둑에 있는 남쪽 선창에서 시작하는데, 방문객들은 아마도 배를 타고 도착했을 것이다. 그다음 곧바로 직사각형 도심의 동쪽 지구로 향한다. 도심을 둘러싼 요새(그림 7.7)를 가로지르는 여덟 개의 문 중 하나인 우라시 문으로 들어간다. 이 요새는 고대 세계의 불가사의 중 하나로 여겨진다(제2장). 여덟 개의 문은 일곱 신(북쪽에서 시계 방향으로 이쉬타르 여신, 마르두크, 자바바, 우라시, 샤마시, 아다드, 엔릴)과 왕의 이름을 따서 명명되었다.

유프라테스 동쪽 강둑에 위치한 도심의 일부는 거의 삼각형 모양을 이루는 또 다른 성벽으로 둘러싸여 있다. 이 성벽은 네부카드네

그림 7.7   이쉬타르 문 근처에 복원된 바빌론 요새 성벽. 이 요새는 도심을 둘러싼 것으로 고대 세계의 불가사의 중 하나로 꼽힌다.

자르가 건설한 것인데 도시를 확장하기 위해 병합한 지역을 둘러싸고 있다. 이를 통해 도시는 세 배로 커졌고 당시 세계에서 가장 큰 정착지가 되었다. 그러나 도심은 건물이 촘촘하게 지어진 도시적 환경인 데 비해 도심 성벽과 새로 세운 외벽 사이의 공간에는 건물이 드문드문 있을 뿐이었다. 대부분 정원과 과수원으로 이용되었는데, 바빌론 주민에게 음식을 공급하는 매우 중요한 역할을 담당했다.[22]

이 시기 바빌로니아 북부에서는 대추야자 농사가 더욱 중요해져 농업 생산의 상당 부분을 차지하던 보리 농사에서 집약적 대추야자 원예로 전환되었다.[23] 대추야자는 매우 노동집약적 농작물이다. 보통 20미터 이상 자라는데, 한 계절에 15번 이상 올라가 닦아 주고 인공수분을 해야 잘 익은 대추야자를 수확할 수 있다. 야자숲을 가꾸는 것은 곡물을 기르는 것보다 훨씬 많은 인력이 필요하지만, 필요한 인력은 많은 인구가 모여 사는 바빌론·보르시파·시파르 등에서 충원할 수 있었다. 노동력을 투입하여 수확한 열매는 영양가가 매우 높았다. 잘 익은 대추야자는 당도가 80퍼센트에 이르고 단백질, 섬유질, 비타민, 염분, 미네랄 성분이 풍부하다.[24] 또한 저장과 가공이 편리하여 대규모 도시 인구를 위한 식품으로 이상적이었다. 보리빵과 귀리죽, 말린 대추야자와 대추야자 술(발효한 대추야자로 만든 알코올 음료로 사과주와 비슷하다)[25]이 바빌론제국의 주식이었으며, 이는 바빌론의 경제적 부흥을 보여 주는 징표였다.

대추야자 정원을 따라 걷다 보면 마침내 네부카드네자르가 세운 바빌론의 새로운 삼각형 외벽 북쪽 끝에 다다른다. 유프라테스강 옆 바로 이곳에 왕의 여름 왕궁이 있는데, 일 년 중 가장 더운 시기에는 궁정이 이곳으로 옮겨 왔다. 복잡하고 냄새나는 도심 한가운데에서 여름을 나기란 고역이었을 것이다.

여기에 바빌 마을이 있는데, 고대 바빌론의 이름을 간직한 이곳에서 피에트로 델라 발레와 같은 초기의 방문객들은 비문이 새겨진 벽돌을 찾기도 했다(제2장). 하지만 여름 왕궁이 목적지라면 육로를 통해 웅장한 건물들을 보러 오는 것은 바람직하지 않다. 왜냐하면 이곳은 우라시 문을 기준으로 도시의 정반대 쪽에 위치하고 있기 때문이다. 여름 왕궁으로 가는 가장 쉬운 방법은 배를 이용해서 상류 쪽으로 5킬로미터를 나아가는 것이다. 배를 타고 동편 강둑에 있는 거대한 신전 단지와 서쪽 강둑에 있는 주거 지역을 지나, 강을 기준으로 동서로 나뉘는 도심의 양편을 이어 주는 거대한 다리 밑을 지나는 방법이다.

하지만 우리는 배를 타는 대신 우라시 문에서 출발해서 나부다얀 니쉬슈, 즉 '나부는 백성의 심판자'로 불리는 의식을 위한 길을 따라 걸어간다. 이 이름은 나부 신 숭배 행진에서 이 길이 가지는 중요성을 잘 드러내고 있다. 이 길은 도심 중앙에 위치한, 그의 아버지 마르두크의 에산길라 신전 단지로 이어진다. 하지만 먼저 도심 주거 지역의 중앙에 있는 두 신전을 둘러보기 위해 동쪽으로 방향을 틀어서 자바바 문 쪽으로 간다.

첫 번째 목적지는 전투와 용맹의 젊은 수호신 니누르타의 신전이다. 다른 메소포타미아 신전들과 마찬가지로 이 신전은 수메르어 이름을 가지고 있는데, 수메르어는 신들의 언어로 여겨졌기 때문이다. 에후르사그틸라는 '산이 패배한 곳에 있는 집'이라는 뜻이다. 이는 니누르타가 아사그(유명한 서사시 〈루갈에〉에 등장한다)라 불리는 살아 있는 산맥인 괴물바위를 격퇴한 유명한 사건을 가리킨다.[26] 이 고대 신전은 네부카드네자르 2세의 부친이자 선왕인 나보폴라사르가 복원했다. 그는 바빌론의 왕권을 확고히 하고, 기원전 616년 이후 벌어진 전투들에서 아시리아제국을 격퇴했다. 당시 가장 뛰어난 군대 지휘관이 전사들의 수호신에게 감사를 표시하고, 그 신전을 재건하는 것은 당연한 일이었다.

나보폴라사르는 무엇보다 그에게 바빌론 왕위를 안겨 준 마르두크 신의 충복이었고, 그는 이를 만천하에 공표하고자 했다. 니누르타 신전은 전통적인 건축양식에 따라 가로세로 40미터의 정사각형 구조로 이루어져 있다.[27] 이 크기는 주위의 일반 주택들을 압도한다. 2~4미터에 이르는 거대한 성벽 두께는 신전의 높이가 얼마나 높은지를 말해 준다. 이러한 다양한 특징은 바빌론의 다른 신전들에서도 볼 수 있지만 이 건물에만 있는 특별한 점도 있다.

나보폴라사르는 이 건물을 통해 전쟁의 신뿐 아니라 도시 바빌론의 신도 공경하려 했다. 북·동·남쪽의 세 입구는 거대한 중앙 뜰로 이어지고 여기에서 다시 신상 안치소 세 곳으로 갈 수 있다. 모두 신의 조각상을 높은 단 위에 모셔 놓았다. 헤더 베이커의 설명처럼[28] 중앙 신상 안치소는 니누르타를 위한 것이며, 북쪽의 안치소는 그의 배우자인 치유의 신 굴라를 위한 것으로 보인다. 남쪽의 신상 안치소는 마르두크를 위한 것이다. 나보폴라사르의 새 신전을 건축한 자는 바빌론의 주인을 최대한 노출시키려 했다. 따라서 그는 신전과 안치소의 문이 열릴 때마다 신전 밖에서도 볼 수 있도록 마르두크의 조각상을 신전의 주 입구인 동편 문에 배치했다. 이 신상을 보기에 가장 좋은 시간은 떠오르는 태양이 신전 안을 비추는 아침 무렵이었다.

기원전 6세기 바빌론의 신성한 주인은 도시 곳곳에 총 일곱 개의 조각상으로 존재했다. 그중 하나만 에산길라의 내실에 안치되고 두 개는 광대한 신전 단지 어딘가에, 나머지 네 개는 니누르타를 비롯한 신전들에 배치되었다. 이 사실은 점토판에서 확인할 수 있는데, 여기에는 마르두크 조각상 일곱 개의 위치와 이름, 주재료(보석과 희귀한 목재)가 기록되어 있다.[29] 불행히도 니누르타 신전에 안치된 마르두크 조각상의 이름은 파손되었으나 보존된 것과 마찬가지로 창조 서사시(제5장)에 나오는 50개의 이름 중 하나였을 것이다.

니누르타 신전에서 나와 의식을 위한 길로 돌아온 우리는 또 다른 신전으로 들어간다. 에샤수라(자궁의 집)는 애정의 여신 이샤라를 위한 신전이다. 니누르타의 에후르사그틸라와 마찬가지로, 이 신전은 콜데바이가 바빌론에서 발굴했다. 당시 건물 안에서 아무런 비문도 발견되지 않았기 때문에 그는 신전의 주인을 이샤라로 특정하지 못하고 '신전 Z'라고 명명했다. 그런데 고대 바빌론의 지형도 텍스트 〈틴티르〉를 통해 주인이 밝혀졌다.[30] 이샤라 신전은 에후르사그틸라와 비슷한 40×45미터의 크기로, 몇 개의 기념문을 통해 북쪽과 동쪽에서 건물 안으로 들어갈 수 있다. 각기 다른 복도와 스위트룸 및 뜰을 지나면 중앙의 커다란 뜰이 나온다. 이 뜰을 지나면 대형 대기실이 나오고 뒤편에 신전의 중심인 신상 안치소가 나온다. 안치소에는 값비싼 옷감으로 만든 옷을 걸치고 귀한 보석으로 치장한 사람의 모습을 한 신상이 안치되어 있다. 조각상은 안치소

와 대기실을 중앙의 뜰로 이어 주는 출입구의 축에 서 있다. 기념문
들이 개방되면 조각상을 볼 수 있는데, 조각상은 안치대 위에 서 있
거나 앉아 있고 안치소 안에 들어가지 않아도 밖에서 볼 수 있다.
이샤라 신전의 내실로 이어지는 출입구는 북서쪽 방향으로 배치되
어 석양이 비치도록 설계되었다. 이는 육체적 애정의 여신이자 혼
인의 수호신에게 매우 어울리는 것이다.

두 신전의 방문으로 이제 바빌론제국과 바빌론 도시에서 가장 중
요하고 큰 신전을 감상할 준비를 마쳤다. 에산길라 신전 단지는 바
빌론의 수호신 마르두크의 신전이다. 의식을 위한 길에서 북쪽으로
0.5킬로미터 정도 가면 정결의 문(카시킬라)에 이른다. 서쪽으로 향
하는 이 기념문은 심판자 네르갈과 마다누의 조각상을 지나 신전
외곽으로 이어진다. 니누르타나 이샤라의 신전과는 달리 이 신전은
바빌론 주민들의 주택과 분리되어 있으며, 이 구역은 에리두라고
불린다. 최초의 신전이 세워진 곳으로 알려진, 페르시아만의 고대
도시의 이름을 딴 것이다. 신성한 도시를 찾은 방문객들은 정결의
문에서 마르두크의 신성한 무기를 두고 맹세하는 사람을 종종 볼
수 있는데, 이는 재판관들이 법적 다툼을 해결하기 위해 요구하던
행위였다.

정결의 문은 숭고의 뜰(키살마)로 이어지고 이 거대한 뜰은 주위
의 다른 신전들로 이어진다. 마르두크의 에산길라 신전은 가장 크
고 화려하게 장식된 신전이나, 오늘날은 기원전 6세기의 건축적 장

그림 7.8   2018년 11월에 바라본 바빌론의 수호신 마르두크의 신전 에산길라 유적. 매년 신년 축제 기간 마르두크를 최고의 신으로 추앙하는 서사시 〈에누마 엘리시〉가 에산길라에서 낭송되었다.

관을 거의 보여 주지 못한다. 이를 조금이나마 경험해 보고 싶다면 아마도 우즈베키스탄으로 가서 고대도시 사마르칸트의 중심에 있는 웅장한 레기스탄광장을 방문하는 것이 좋을 것이다.

이 광장은 티무르와 울루그베그가 중동의 가장 강력한 통치자로 군림한 티무르 왕조(14~15세기) 전성기에 건설되었다. 엄청나게 큰 문을 통해 넓은 공간으로 들어가면 세 개의 커다란 이슬람 교육시설인 마드라사와 사원인 모스크가 나온다. 진흙벽돌로 만들어졌으며, 바빌론에서 사용된 것과 비슷하게 채색하여 유약을 바른 벽돌로 화려하게 치장되어 있다. 기념비적인 아치 모양의 문과 넓은 안

그림 7.9 2004년 10월의 위성사진. 에산길라 단지가 있던 암란이븐알리의 시아파 신전, 에산길라 유적, 계단식 탑 에테메난키의 위치를 보여 주는 연못 등이 보인다.

뜰 주위로 배치된 여러 방도 비슷한 전통을 따르고 있다. 레기스탄 광장의 놀라운 모습을 보고 있노라면 기원전 6세기 정결의 문에서 숭고의 뜰과 에산길라 그리고 여러 신전을 바라보는 광경 역시 비슷했을 것으로 생각된다. 1세기 전 로베르트 콜데바이가 발굴한 거대한 유적의 잔해[31]는 그리 대단한 볼거리가 아니다(그림 7.8). 하지만 무함마드의 사위 알리와 그의 둘째 부인이 묻힌 근처의 신전 덕분에(그림 7.9), 이곳은 여전히 성지로 존경받고 있다.

에산길라는 상당한 규모로 지어졌는데 바닥면 86×79미터에 9미터 높이의 관문을 자랑한다. 바빌론의 다른 신전들의 벽은 역청과 석고를 사용한 전통적인 흑백 벽돌로 장식된 데 비해서, 에산길라의 벽은 네부카드네자르의 지시로 값비싼 청금석과 설화석고로 장식되었다. 가구들은 가장 귀한 금속, 보석 및 목재로 만들어졌고 뱀용, 남자 인어, 전갈인과 여러 괴물들의 조각상이 관문을 지키고 있다. 또한 신전에는 장서가 소장된 도서관에는 기도서, 주술서, 의례서 등이 포함된 제례 관련 도서와 성지의 지형측량도, 시가서(〈길가메시 서사시〉 및 창조 서사시로 불리는 〈에누마 엘리시〉 등. 제5장 참조) 및 이 텍스트들의 난해한 구절에 대한 해설서 등이 있었다. 또한 연대기, 역사적 기록물, 수학 및 천문학 텍스트(제9장 참조), 전통 바빌론 점술 안내서(특히 점성술과 내장점. 제6장), 의학 및 퇴마술 지침서, 어휘 목록 등도 포함되었다.[32]

신전공동체가 신들을 돌보았고, 매일 신전 의례를 통해 신들이 단장하고 먹고 즐기도록 신경 썼다. 이들은 조상으로부터 전수된 이러한 신전 임무를 전수받은 것을 매우 자랑스럽게 여겼다. 이들에게는 세금과 신전 봉사를 제외한 노역의 면제를 포함한 전통적인 특권이 부여되었는데, 기원전 6세기 통치자들은 때론 언짢아하기도 했지만 대체로 이를 존중했다.[33]

거대한 신전 단지에는 마르두크 신전뿐 아니라 그의 배우자 자르파니투와 아들 나부 그리고 바빌론의 모든 신을 위한 신전들이 모여 있다. 에산길라가 '신들의 왕궁'으로 불리는 데에는 그럴 만한 이유가 있다. 만약 시간이 허락한다면 마르두크의 세 조각상을 모두 둘러볼 수 있다. 하나는 에산길라 내전에 있고, 다른 하나는 마르두크의 부친 에아의 신전에 있으며, 마지막 하나는 니누르타의 신전에 모셔져 있다.

우리는 네부카드네자르의 바빌론 투어를 이어 간다. 에산길라 단지를 떠나 다시 정결의 문을 지나 나부다얀니시슈 길로 들어선다. 북쪽으로 나아가다가 마르두크를 위한 두 번째 신전 단지의 외벽에 다다른다. 여기에 하늘과 땅의 연결 고리인 에테메난키가 있다. 높은 계단식 탑이 우뚝 솟아 있는 거대한 성지는 면적이 400×400미터에 이르며, 유프라테스 강둑까지 펼쳐져 있다. 강을 따라가다 보면 7층 계단으로 우뚝 솟은 탑에 압도된다. 동이 틀 무렵 강 위에 드리워지는 그 그림자는 유프라테스강 서쪽 강둑의 도시 안쪽 지역까지 미친다. 탑의 바닥면은 91×91미터이며, 바빌론의 점토판에 실린 수학 문제에 따르면 탑의 높이 역시 밑변의 길이와 같았던 것으로 추측된다.[34] 이 거대한 건축물은 엄청난 깊이의 기초 토대가 필요했다. 탑의 남쪽 면에서 90도 각도로 설치된 거대한 계단을 이용해 일층으로 올라갈 수 있으며, 건물의 옆면을 따라 나 있는 계단으로는 그 위층에 올라갈 수 있다.

에테메난키는 기원전 689년 아시리아의 센나케리브가 바빌론의 반역을 진압할 때 크게 훼손되었으며, 그의 아들 에사르하돈과 그의 손자 아슈르바니팔(제8장)을 통해 부분적으로 복원되었다. 바빌론의 나보폴라사르와 네부카드네자르 2세 때 아시리아제국이 멸망

그림 7.10 바벨탑 석비로 불리는 석조 기념물. 많은 건축과 복구 사업을 이끈 네부카드네자르 2세의 비문과 왕이 계단식 탑을 바라보는 모습이 새겨져 있다.

하면서 완전히 복구되었다. 계단식 탑에 얼마나 많은 층이 있었는지는 논란의 대상이었다. 유일하게 당시 탑에 대한 설명이 담긴 네부카드네자르의 석비가 손상된 채 발견되었다.[35] 이에 따르면 탑은 6층으로 만들어졌으며 맨 꼭대기에 신전이 있었다(그림 7.10). 그럼에도 탑의 높이와 접근 방식, 정상에 있는 구조물 등에 대해서는 여전히 많은 의문이 남아 있다.[36]

계단식 탑의 꼭대기까지 오르려면 시간이 꽤 걸리지만, 위에서 바라보는 전경은 그런 수고를 감수할 만한 가치가 충분하다. 이라크 남부는 지형이 평평하기 때문에 모래폭풍이 몰아치지 않는 한 사방으로 수킬로미터까지 볼 수 있다. 밤하늘은 언제나 맑았을 것이며, 점성가들을 위해 마련된 관측대는 이 건축물의 또 다른 목적이었다.[37] 오늘날까지 남아 있는 것은 독특한 냄비 모양의 연못뿐이며, 수심이 매우 낮을 때에만 중심에 있는 벽돌 기초의 흔적을 식별할 수 있다(그림 7.9. 제2장 참조).

이제 왕궁이 있는 지역으로 들어가려면 신전 경내 남동쪽 모서리를 돌아 나 있는 도로를 따라가면 된다. 이곳의 행진도로에는 또 다른 이름이 붙여져 있다. 아이이부르샤부(오만한 자는 망하리라)라는 이름은 바빌론의 왕을 대적하는 적들을 지칭한다. 이 길은 왕의 승리를 자축하기 위한 것으로, 네부카드네자르 2세는 아낌없이 돈을 쏟아부어 자신의 이름이 새겨진 구운 벽돌을 깔고, 그 위에 다시 각력암 돌판을 깔았다. 에테메난키 단지 관문을 나서면 행진도로는 곧장 이쉬타르 문으로 이어진다.

그전에 에테메난키 단지 북쪽 성벽과 가까운 신전을 먼저 방문한다. 이 신전의 이름은 에닌기다르칼람마숨마(땅의 왕권을 부여하는 집)이다. 이는 황태자로서의 나부, 나부샤하레 신을 위한 신전이다. 이 건축물은 1979~1980년에 이라크유물 · 유산위원회가 발굴했다.[38] 이 신전의 바닥면은 대략 40×40미터이며, 세 측면에 난 입구에서 중앙뜰로 이어져 내실로 들어가는 단순한 설계로 이루어졌다. 기원전 680~기원전 669년에 바빌론을 통치한 에사르하돈이 건축했고, 네부카드네자르가 개 · 보수를 했다. 바로 이 신전에서 바빌론 황태자의 책봉식이 거행되었고(신전 이름의 유래), 기원전 620년대에 네부카드네자르도 내전에 서서 부친 나보폴라사르에게 후계자로 지명을 받으며 신의 가호를 받았다.

당시 오로지 소년들만 입교할 수 있는 쐐기문자 수련생들은 필기술의 수호신인 나부에게 경의를 표했다. 어린 학생들이 기초적인 문자를 배우고 점토판을 만들어 간단한 텍스트를 기록할 수 있게 되면, 나부 신에게 바치는 헌정사가 담긴 견본을 만들어 신전에 묻었다. 신전을 발굴할 때 어린 학생들이 제작한 조악한 이 명판들이 건물 곳곳에서 나왔는데,[39] 특히 바닥에서 많이 발견되었다. 이것은 신전을 만들 당시 건물의 기초에 함께 묻힌 것들이다. 이러한 관습을 통해서 보면 신전은 단순히 왕들이 자신의 건재와 권력을 과시하기 위한 것이 아니라 바빌론 주민들의 삶의 일부였음을 알 수 있다. 이 신전은 사담 후세인의 복원 프로젝트로 완전히 재건되었다(그림 7.11).

다시 아이이부르샤부 길로 돌아오면 콜데바이를 매혹시킨 채색 후 유약을 바른 벽돌에 그려진 포효하는 사자 문양으로 장식된 성벽을 마주하게 된다. 한편 이쉬타르 문에는 마르두크와 이쉬타르를 모시는 뱀용과 황소가 줄지어 장식되어 있어 대단히 아름답다.

행진도로의 마지막 부분과 유프라테스강 사이에 나보폴라사르가 세운 이른바 남쪽 왕궁이 있다. 그의 아들 네부카드네자르 2세가

그림 7.11 복원 후 다시 쇠락해 가는 나부샤하레 신전.

그림 7.12 사담 후세인 왕궁에서 바라본 복원된 남쪽 왕궁.

그림 7.13 북쪽 왕궁의 유적. 멀리 언덕에 서 있는 것은 사담 후세인 왕궁이다.

이를 복원했고 차오르는 습기로부터 건물을 보호하기 위해 바닥을 높이 올렸다. 이 거대한 궁전은 비트타브라트니셰(백성들의 경탄의 집)로 불렸는데, 다섯 개의 넓은 뜰 주위로 방이 250여 개 있고 중심에는 거대한 알현실이 있었다. 알현실 전면부는 거대한 야자수 아래를 거니는 사자들의 모습이, 유약을 바른 화려한 벽돌 문양으로 장식되었다. 건축물 전체가 콜데바이에 의해 발굴되었고,[40] 사담 후세인의 명령으로 1986~1987년에 재건되었다(그림 7.12. 제2장 참조). 그런데 네부카드네자르가 남긴 비문에 따르면 그는 이 신전 단지의 규모가 작아 만족하지 못하고 곧 다른 왕궁을 건설하기 시작했다. 어쩌면 습기가 많은 탓도 있었을 것이다.

네부카드네자르의 새 궁전이 바로 북쪽 왕궁이다(그림 7.13). 남쪽 왕궁의 반대편, 요새 성벽의 반대쪽에 있고 도심의 바로 바깥쪽, 지면에서 8미터 높이의 거대한 토대 위에 세워져 있어 습기가 찰 염려가 없다. 이곳 역시 콜데바이가 발굴했으나 발굴된 유물은 거의 없었다.[41] 폴알랭 볼리외가 복원한 에안나 신전에서 나온 행정 기록 공문서에는 네부카드네자르 2세의 새 왕궁 건설을 위해 바빌론 남부 도시 우루크의 주요 신전이 기여한 재정적 지원이 기록되어 있다.[42] 왕의 권력을 제국 전역에 과시하는 것 외에는 별다른 의미가 없는 이 프로젝트를 위해 에안나를 비롯한 많은 기관이 재료비와 인건비를 분담했음을 알 수 있다.

새로 지은 왕궁으로 궁정이 옮겨 가자, 남쪽 왕궁은 신분이 높은 인질과 방문객을 위한 숙소로 운영되었다. 이는 콜데바이가 왕궁 아래층, 오래된 물건을 쌓아 두는 창고에서 발견한 행정 공문서를 통해 밝혀졌다. 303개의 텍스트와 문서 조각에는 곡류, 대추야자, 참깨 배당량과 수령자에 대한 기록과 왕족과 수행단, 뱃사공, 목수와 건축가, 전령과 경비병 등의 명단이 있다. 그들은 실리시아(후에 와 피린두)·리디아·카리아(반네시)·그리스(야만, 이오니아를 가리키는 듯하다)·아쉬켈론을 포함한 지중해 동부 지역, 티레·비블로스·아르와드 등 페니키아의 항구들, 유다·이집트·아랍의 부족들, 바레인(딜문)·엘람·메디아·페르시아 등지에서 데려온 인력이었다. 이 중에서 가장 널리 알려진 인물은 유다의 왕이었던 예호야킨인데, 기원전 597년 네부카드네자르가 예루살렘의 반란을 진압하고 바빌론으로 데려왔다.[43] 남쪽 왕궁은 이들의 거처로 충분했지만, 건물 일부가 강물에 무너져 내리자 네부카드네자르의 결정이 옳았음이 다시 한번 입증되었다. 그의 두 번째 후계자 네리글리사르(재위 기원전 559~기원전 556년)가 이 피해를 복구했다.[44]

도심을 떠나 웅장한 이쉬타르 문을 통해 북쪽 왕궁으로 가는 대신 행진도로에서 오른쪽으로 방향을 틀어 가까이에 있는, 어머니 여신 닌마(벨레트일리)의 신전 에마(존귀한 집)를 방문하기로 한다. 기원전 7세기 중반 아시리아 왕 아슈르바니팔이 건설한 이 신전은 네부카드네자르 2세가 복원했다. 이 사실은 콜데바이가 건물의 구조 속에서 발견한 비문을 통해 밝혀졌다. 이 신전은 사담 후세인의 복원 프로젝트를 통해 완전히 재건축되어(그림 7.14) '바빌론축제' 기간 동안 공연 장소로 쓰였다.

신전은 바닥면이 40×55미터로 큰 편이지만, 하나의 문을 통해 커다란 안뜰로 들어가 대기실과 신상 안치소로 이어지는 단순한 구조로 되어 있다. 출입구는 북서향으로 나 있는데, 이는 불을 피워 빛을 밝히지 않는 이상 신상 안치소가 항상 어둠에 뒤덮여 있었음을 의미한다. 또한 니누르타 신전의 마르두크 신상 안치소나 이샤라 신전 내실과는 달리 길에서 내실 안쪽을 들여다볼 수 없다. 이러한 은밀함은 출산과 생산의 여신에게 잘 어울렸다. 또한 네부

그림 7.14 어머니 여신 닌마의 신전 에마가 복원된 모습. 에마는 '존귀한 집'이라는 의미다.

카드네자르의 바빌론 투어를 끝내기에 적절한 곳이기도 하다. 여기
에서 우리는 어머니 여신에게 바치는 그의 비문을 볼 수 있으며, 이
를 통해 위대한 왕의 가장 인간적인 면모를 엿볼 수 있다.

위엄 있는 공주, 닌마시여, 당신의 정결한 처소, 총애하는 거처에 들어가
실 때, 나를 어여삐 보아 주시기를 바라나이다. 나에게 기쁨과 행복과 건
강을 허락하소서. 나에게 많은 후손을 주시고, 그들이 잘 살아남아서, 내
백성들 가운데에서 흥왕하게 하옵소서.[45]

이러한 소원은 그의 긴 통치 기간 말기에 승계 다툼이 일어나면

서 부분적으로만 이루어졌다. 이러한 혼란 속에서 짧은 기간에 두 번이나 왕조가 분열되는 일이 발생했다. 우선 왕의 총애를 잃은 황태자는 가택연금 신세가 되어 외국에서 끌려온 귀족들과 함께 습기 찬 남쪽 왕궁에서 살아야 했다.[46] 아멜마르두크(재위 기원전 562~기원전 560년)가 왕위에 올랐으나, 부친의 전우이자 친구인 매부에게 곧 왕위를 빼앗겼다. 군사적인 측면에서, 노련한 네리글리사르의 통치는 성공적이었으며, 기원전 557년 오늘날의 아다나 주위에 해당하는 중요한 연안 지역 실리시아의 아나톨리아 왕국을 정복했다. 나이가 많은 그는 바빌론으로 돌아오고 얼마 안 되어 사망했는데, 자연사했을 것으로 추측된다.

그의 아들 라바쉬마르두크가 왕위를 이었지만 왕위에 오른 지 몇 달 만에 살해되었다. 새로 왕위에 오른 나보니두스가 나보폴라사르 왕조와 연관이 있는지는 확실하지 않은데, 그는 이 문제에 대해서 침묵했고 대신 어머니 아다굽피를 통한 아시리아 왕가와의 연계를 강조했다. 그녀는 인생의 전반부를 기원전 7세기 아시리아제국의 마지막 요새였던 하란에서 보냈다.[47]

당시의 자료만 보면 나보니두스는 바빌론 신전의 조직과 경제적 구조를 개혁하고, 이라크 남부에서 지중해로 이어지는 중요한 사막 무역로를 확보한 성공적인 통치자로 평가할 수 있다. 한편 페르시아의 키루스 대왕이 바빌론을 정복한 뒤, 새로운 관계를 모색하기 위해 편향적으로 작성된 기록에는 매우 다른 평가가 실려 있다(제8

장 참조). 그에 따르면[48] 나보니두스는 무례하고 건방진 자로서 마르두크와 바빌론 주민들을 크게 모욕했기 때문에 고결한 키루스가 이 사악한 자를 대신할 수밖에 없었다. 그중에서 가장 널리 알려진 텍스트는 바빌론 에산길라 신전의 토대에 묻혀 있던 것으로, 키루스를 기리기 위해 점토 원통에 쓰인 비문이다. 이른바 키루스원통에는 마르두크가 나보니두스를 대신할 바빌론의 왕으로 키루스를 선택한 결정이 기록되어 있다. 패배한 나보니두스는 무능하고 어리석은 통치자로 묘사한 반면, 승리한 키루스는 현명하고 복된 자로 칭송한다.

나보니두스의 운명은 불확실한데, 페르시아의 정복과 관련하여 자세한 내용은 알려진 것이 많지 않다.[49] 어찌 되었든 바빌론은 페르시아의 바빌로니아 통치의 중심지가 되었으며, 키루스와 그 후계자들은 명목적인 바빌론 왕의 직책을 가졌지만 아무도 신에 대한 책임을 다하지는 않았다. 마르두크와 다른 신전들을 돌보는 임무는 바빌론 주민들의 몫이었다(제5장 참조).

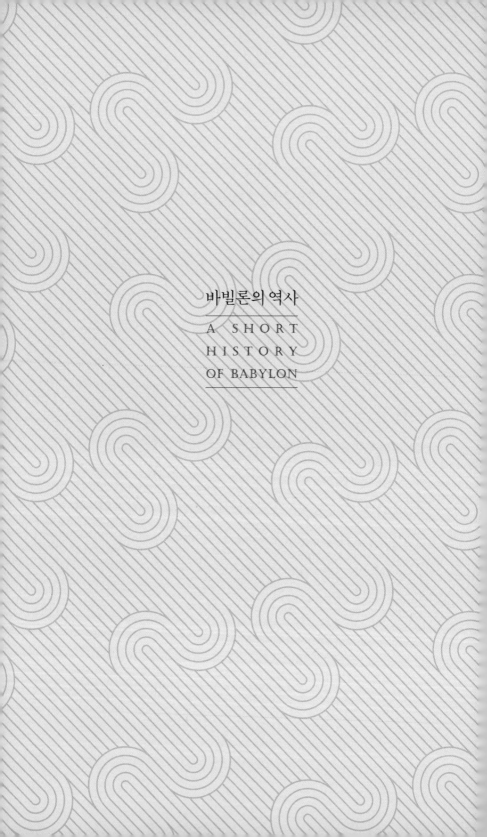

바빌론의 역사

A SHORT
HISTORY
OF BABYLON

제8장

이윽고 날개가 꺾이다

바빌론과 페르시아

키루스 대왕은 메디아 왕 아스티아게스의 예속왕으로 지내다가 '그의 작은 군대'(바빌론의 나보니두스가 남긴 비문의 표현)[1]로 군주를 친 뒤 이란을 장악했다. 바빌론 텍스트에서는 그가 항상 '안샨의 왕'[2]으로 불리는데, 안샨은 고대 엘람 고지대의 중심지로서 왕도 페르세폴리스 근처에 있다(앞의 지도 3). 키루스는 테이스페스의 직계 후손이었으며, 테이스페스는 100여 년 전 아시리아의 아슈르바니팔과 바빌론의 샤마시슈마우킨 두 형제 사이에 벌어진 전쟁으로 바빌론의 동맹국 엘람이 기원전 648년에 붕괴된 혼란을 틈타(제6장) 자그마한 안샨 왕국을 건국했다.

키루스가 아스티아게스를 제압하자, 주변국들은 그를 위협으로 인식하기 시작했다. 이웃해 있는 바빌론의 나보니두스와 아나톨리아 리디아의 크로이소스 왕은 그에 대항하여 이집트의 아마시스와 멀리 그리스의 스파르타 왕국과 동맹을 맺었다. 세계가 하나로 연결된 기원전 6세기에는 산맥, 사막, 대양 등이 야심 찬 정복자를 막아 줄 만한 큰 장애물로 인식되지 않았다. 이러한 조약에도 불구하고 동맹국들은 키루스에 맞서기 위해 힘을 합하지는 않았다. 키루스는 기원전 547년 먼저 리디아를 공격해서 병합했다. 기원전 539년에는 페르시아가 바빌로니아를 침략하여 데르(오늘날의 텔아카르) 전투에서 나보니두스의 군대를 격파했다. 2세기 전에 티글라트필레세르 3세와 사르곤 2세가 그랬듯이(제6장), 키루스는 바빌론 주민들과 강화조약을 맺은 뒤 무력을 사용하지 않고 바빌론으로 입성했으며 마르두크가 선택한 왕으로 인정받았다.[3] 그리하여 바빌론 주민들은 당시까지 세계에서 가장 큰 영토를 확보한 페르시아제국으로의 합병을 받아들였다.

키루스원통[4]은 마르두크의 에산길라 신전에서 나온 건물 비문이다. 이 비문은 기원전 539년 키루스가 바빌론을 점령하고 바빌론의 왕이 되고 난 후 쓰였다(그림 8.1). 당시 기록된 여느 바빌론 텍스트처럼 나보니두스를 공개적으로 경멸했고, 키루스를 마르두크의 진정한 대행자로 칭송했다. 그런데 사실 키루스는 또 다른 전쟁을 치르기 위해 바빌론에 입성하자마자 곧바로 떠났다.

기원전 538년 그는 신년축제(제5장)에 참여할 수 없었고, 아들 캄비세스(재위 기원전 525~기원전 522년)가 그의 역할을 대신했다.[5] 마르두크와 바빌론 주민의 기대에 부응했던 이전의 외국 통치자들과

그림 8.1　이라크 최초의 고고학자로 불리는 호르무즈드 라삼이 1879년에 발견한 키루스원통. 페르시아의 키루스 대왕이 바빌론을 점령하고 바빌론의 왕을 자처한 후 제작된 것이다.

는 달리, 캄비세스는 문자 그대로의 의례를 따르지 않고 안샨의 후예답게 엘람의 의복을 입었다. 그는 마르두크에게 간청하는 자로서가 아니라 정복자로서 의례에 참여했으며, 자신의 이란 전통을 자랑스럽게 여겼다.[6] 또한 캄비세스는 바빌론에 머물지 않고 국왕 대리인(페르시아인 태수)을 내세워 바빌론과 영토를 다스리게 했다. 키루스와 캄비세스는 제국의 영토를 넓히기 위해 끊임없이 분투했으며, 큰 도시들의 유서 깊은 가문들과 그들이 지배하는 신전들을 통해 권력을 지키는 대신 그들에게는 오랫동안 지켜 온 신전과 국가 행정상의 중요 직책을 보장해 주었다.[7]

　기원전 538년은 페르시아 왕가가 신년축제에 참가한 유일한 해였고 이후에는 축제의 핵심적인 행사가 시행되지 못했는데, 바로 마르두크로부터 바빌론 왕에게로의 왕권 이양이었다. 아시리아의 사르곤 2세와 비교해 볼 때, 키루스와 캄비세스는 바빌론 왕으로서의 의무를 이행하는 데 크게 신경을 쓰지도,[8] 이들과 그 후손들은 바빌론에서 많은 시간을 보내지도 않았다.[9] 당시 도시 바빌론의 역할은 바빌론제국 전성기에 비해 크게 축소되었을 것으로 보인다. 바빌론 주민들은 매년 전쟁을 통해 여전히 영토를 늘려 가는 거대한 페르시아제국 안에서 바빌론이 더 이상 새 통치자에게 최우선순위가 아님을 깨닫게 되었다. 바빌론의 왕이라는 특권에 집착하던 아시리아 왕들과는 달리 페르시아 왕들은 마르두크의 총애를 원하지도 필요로 하지도 않았다.

기원전 525년 펠루시움에서 아마시스의 아들 프사메티쿠스 3세를 격퇴한 캄비세스는 이후의 여생을 이집트 정복에 바쳤다. 그러나 그는 기원전 522년 먼 친척인 다리우스(재위 기원전 522~기원전 486년)에게 영토를 빼앗겼다. 제국의 여러 지역에서 그랬듯이 다리우스는 바빌론에서 지지를 받지 못했으며, 바빌론은 페르시아의 통치에 대한 반란을 주도했다.[10]

다리우스가 권력을 쟁취하자마자 바빌론은 새 왕의 즉위를 선포했다. 니딘투벨이 네부카드네자르 3세라는 이름으로 왕위에 올라 바빌론의 마지막 토착 왕 나보니두스의 후손임을 자처했다. 고작 3개월간 왕위를 지킨 그는 다리우스 군대와 두 번에 걸친 전투 끝에 죽었고 다리우스의 군대는 바빌론을 점령했다. 하지만 이전에 아라카로 불렸던, 또 다른 '나보니두스의 아들 네부카드네자르 4세'가 그 이듬해에 바빌론의 왕으로 선포되었다. 그는 좀 더 오래 왕위를 지켰지만 그 역시 마찬가지로 패퇴하고 말았다.

두 반란을 진압한 다리우스는 베히스툰(비수툰으로도 알려졌다)에 승리의 유적을 남겼다. 거대한 바위 조각은 바빌론과 메디아의 수도 에크바타나(오늘날의 하마단)를 이어 주는 고대 무역로에서 100미터쯤 위 벼랑에 위치해 있다. 대략 25×15미터 크기의 매끄러운 바위 표면에 다리우스와 반란자들의 모습이 묘사되어 있다. 다리우스의 통치 초기에 광대한 영토 곳곳에서 반란을 일으킨 지도자 열 명이 결박당한 채 있고(세 번째와 여덟 번째에 두 명의 네부카드네자르가 있다. 그림 8.2), 그들 앞에 다리우스와 경호대장이 서 있는 모습이 그려져 있으며, 쐐기문자가 바빌론·엘람·고대 페르시아의 세 언어로 새겨져 있다. 그에 따르면 네부카드네자르 4세는 2,497명의 군대를 일으켰지만 결국 패퇴했고, 다리우스는 그와 지지자들을 기원전 521년 바빌론에서 꼬챙이로 찔러 처형했다.[11]

바빌론 주민들에게 그들의 도시에서 수치스러운 배신과 그 참혹한 결과를 일깨워 주기 위해, 다리우스는 아이이부르샤부 즉 '오만한 자는 흥하지 못하리라'라는 의미의 이름이 붙은 행진도로에서 잘 보이는 곳에 기념 석비를 세웠다. 네부카드네자르 2세의 북쪽 왕궁을 지나 이쉬타르 문과 도심으로 향하는 지점이다. 그곳에는 페르시아 궁정과 페르시아의 바빌론 총독이 거주하는 관저가 있었다.[12] 고대에 부서진 이 석비의 조각 열한 개가 로베르트 콜데바이에 의해 발견되었다. 이를 식별해 내고 복원한 고고학자 우르줄라

그림8.2 두 번의 반란을 진압한 페르시아의 다리우스가 베히스툰에 남긴 승리의 유적. 열명의 반란 지도자 중 세 번째는 네부카드네자르 3세, 여덟 번째는 네부카드네자르 4세이다. 둘 다 짧은 튜닉과 폭이 넓은 허리띠에 발목장화를 걸치고 있으며, 머리와 수염은 짧게 잘랐다.

자이들에 의하면[13] 페르시아 왕이 사기꾼 가우마타를 발로 짓누르고(이 장면은 베히스툰 조각에도 나온다), 두 명의 네부카드네자르가 쇠사슬에 묶여 있는 모습을 볼 수 있으며, 바빌론 신들의 상징과 바빌론 쐐기문자 비문이 그림 위쪽에 있다(그림 8.3).

베히스툰 유적의 텍스트에는 페르시아의 신 아후라마즈다가 다리우스를 지원했다고 나오지만, 바빌론 석비에는 벨(마르두크)이 이 역할을 대신한 것으로 나온다. 페르시아 왕이 지역 주민의 정서를 고려하여 마르두크가 왕을 결정하는 전통적 역할을 존중했기 때문

그림 8.3　바빌론에 있는 다리우스 승리 기념비의 복원도. 묶여 있는 두 사람은 네부카드네자르 3세와 4세이며, 발 아래 눌려 있는 사람은 사기꾼 가우마타이다.

인데, 이를 제외하면 다리우스는 대체로 바빌론의 고대 전통을 무시했다. 앞선 왕들은 바빌론 도시를 방치하다시피 했지만 바빌론에서 거두어들일 수 있는 세금에 관심을 가진 다리우스는 엄청난 세금을 부과했다.[14] 바빌론 주민들이 정복자에게조차 고대로부터 이어져 온 특권을 자랑스럽게 요구하던 시대는 완전히 끝이 났다.

과중한 세금 부담은 바빌론의 귀족 가문과 북부 도시들이 페르시아에 대한 반란을 끊임없이 시도한 중요한 원인이 되었다. 다리우스의 아들 크세르크세스(재위 기원전 486~기원전 465년)가 부친에 이어 왕위에 오르자, 그를 새 왕으로 인정하지 않았다. 기원전 484년 바빌론과 인근 도시들에서 두 명의 지도자 벨쉬만니와 샤마시에리바가 이끄는 반란이 발생해 각기 바빌론의 왕을 자처했다.[15] 바빌론의 엘리트들은 머나먼 페르시아 왕이 부과한 과중한 세금을 혐오하는 한편, 기원전 539년 정복당한 이래로 바빌론의 종교와 정치에서 실종된 왕의 존재를 그리워했다. 벨쉬만니와 샤마시에리바 모두 이러한 빈틈을 채우고 상처 입은 도시의 정체성을 회복하려 했다. 그런데 둘 중 한 사람의 통치 기간에 기록된, 잔존하는 텍스트는 대부분 법률적인 내용을 다루는 데다 내용이 짧고 세부 사항이 명확하지 않아 두 왕이 협력 관계였는지, 아니면 마르두크가 선택한 바빌론의 진정한 왕의 자리를 두고 경쟁하는 관계였는지마저 분명하지 않다. 하지만 두 왕은 페르시아 왕이 완강하게 거절한 것을 백성들에게 제공하려 했다. 왕의 성스러운 의무를 수행하려 한 것이다. 바빌론에 있는 다리우스의 승전 기념비가 산산조각 난 것은 분명 이 시기일 것이다.

결국 벨쉬만니와 샤마시에리바는 뜻을 이루지 못한 채 크세르크세스의 군대에 진압되었으며, 두 왕을 지지한 귀족들은 피의 대가를 치러야 했다. 그들에 관한 공문서가 비슷한 시기에 완전히 소멸되었는데,[16] 이는 가문 자체가 소멸되었음을 뜻한다. 베히스툰의 다리우스 승리 유적에는 기원전 521년 네부카드네자르 3세의 지지자를 처형한 기록이 분명히 나오는 반면, 크세르크세스의 비문은 다른 페르시아 왕들의 비문처럼 간결하고 건조하여 반란을 일으킨 자들의 숫자는 물론이고 반란 자체에 대한 언급이 없다. 이러한 사실에 비추어 볼 때, 바빌론 반역 세력들은 학살되었거나 추방되었을 것으로 추측된다.

이제 바빌론에서 권력의 균형추는 페르시아 군주를 지지하는 자들에게로 기울었으며,[17] 보잘것없는 무명의 가문들이 행정·신전 생활 및 교역의 핵심 역할을 담당하게 되었다. 그들은 고대 귀족들의 부를 물려받았지만, 그 영향력까지는 전수받지 못했다. 도시와 주변 지역이 사회적·정치적·경제적으로 재편되면서 신전과 제례는 큰 영향을 받았다. 페르시아 지지자들의 감독을 받게 되면서 신전은 더 이상 저항의 중심이 될 수 없었다. 옛 신전에 대한 숭배가 중단되지는 않았지만, 페르시아 왕은 비싼 신전 유지 비용에 부정적이었으므로 지역공동체가 왕의 후원 없이 스스로 숭배 관습을 이어 가야 했다.

그럼에도 에산길라의 신전 생활이 지속된 사실은 〈바빌론 천문 일기〉를 통해 확인할 수 있다.[18] 이는 바빌론어로 '정규 관찰'이라는 이름이 붙은 점토판을 가리키는데, 여기에는 천문 현상뿐 아니라 보리·대추야자·양털을 포함한 생필품의 가격과[19] 역사적 사건 등이 기록되어 있다(기원전 331년의 가우가멜라전투, 기원전 323년의 알렉산더 대왕의 죽음, 기원전 133년 세계의 종말 예언 등). 이 텍스트들은 집대성되어 기원전 7세기 중반부터 기원전 1세기 초까지 온전히 보존되었으며, 반란의 혼란 속에서도 살아남았다.

기원전 689년 아시리아의 센나케리브 때 그랬던 것처럼(제6장 참조), 마르두크의 에산길라 신전이 반란을 주도했기 때문에 파괴된 것인지에 대해서는 논란의 여지가 있다.[20] 다만 크세르크세스가 오래전부터 지속되어 온 에산길라 신전의 사회적·경제적 조직을 와해하고, 신을 섬기는 자들의 권리를 보호하지 않고, 신전공동체의 큰 매력인 오랜 특권을 박탈함으로써 전통적인 삶의 방식을 무너뜨린 것은 분명하다.[21] 아시리아 왕들을 좌절시켰던 바빌론의 도시 엘리트들이 장악한 종교적·정치적 권력은 종언을 고했다. 고대로부터 이어져 온 귀족 세력이 와해되면서 페르시아 통치에 대한 바빌론의 오랜 저항은 완전히 무너졌다.

왕권이 세상의 통치자 마르두크 숭배와 긴밀히 연결되어 있다는 믿음은 여전히 바빌론 정체성의 핵심이었지만, 여기에서 벗어난 사람들에게는 더 이상 매력으로 다가오지 못했다. 우루크 등 바빌론 남부 도시의 주민들은 반란이 초래한 결과를 긍정적으로 받아들였다. 바빌론제국 시절 고대 바빌론 가문들이 차지하던 권력을 지역의 토착 가문들이 되찾을 수 있었기 때문이다.[22] 특히 쐐기문자의 발생지이자 신화적 영웅 길가메시의 도시인 우루크 주민들은 바빌론의 헤게모니를 인정하지 않았다. 페르시아 통치 아래 바빌론이 쇠락하여 도시를 지배하지 못하게 되었다는 사실은 우루크의 관점에서 볼 때, 고유의 고대 전통을 회복할 수 있음을 의미하는 좋은 소식이었다. 마르두크의 영향을 배제하고 고유한 전통 방식의(또는 그에 준하는) 숭배의식을 되찾았으며, 지역 역사가들은 바빌론 위주의 역사 서술 관점에서 벗어나 우루크 고유의 과거를 집중적으로 재조명했다.[23]

232

페르시아 통치에 비교적 잘 적응한 또 다른 집단은 바빌론제국 형성 초기에 바빌론에 정착하게 된 사람들의 후손이었다. 이들 중 가장 유명한 집단은 《성경》에 따르면 유다 출신 포로들이었다. 이들은 기원전 587년 네부카드네자르 2세가 예루살렘을 정복하고 유다 왕국을 멸망시킨 후 바빌론으로 끌려온 자들이다. 2년여에 걸친 바빌론의 예루살렘 포위 사건은 《성경》의 여러 곳에 기록되어 있다 (〈열왕기하〉 24장 20절~25장 21절. 〈예레미야〉 52장 1~23절. 〈역대하〉 36장 11~21절). 성벽은 파괴되고 왕궁과 성전은 불태워졌다. 아들들의 처형을 지켜보아야 했던 유다의 마지막 왕 시드기야는 쇠사슬에 묶여 바빌론으로 끌려갔고, 많은 신복 역시 그러했다. 이를 '바빌론 유수'라 부른다. 바빌론제국의 일부가 된 유다에는 밭과 포도원을 가꿀 사람 일부만 남았다.[24] 《성경》 〈시편〉 137편은 바빌론유수를 억압적 환경 속에서 겪는 슬픔과 절망의 시기로 묘사한다. 오늘날까지도 이 텍스트들은 바빌론에 대한 유대교, 기독교, 회교 신자들의 관념에 큰 영향을 미치고 있다. 이는 보니엠의 1978년 히트곡 〈바빌론 강가에서By the Rivers of Babylon〉 또는 자메이카 레게그룹 더 멜로디언즈의 1970년 원곡을 들어 본 사람들 역시 마찬가지다(이 노래는 〈시편〉 19편과 137편을 기초로 쓰였다).[25]

최근 이라크 남부 지역에서는 불행하게도 바빌론 점토판이 무분별하게 발굴되었다. 기원은 확실하지 않지만 내용으로 미루어 볼 때 이 텍스트들은 바빌로니아 농촌 지역의 소규모 정착촌인 알야후

두 '유다마을', 알하자투 '가자마을', 알하마투 '하마마을' 등과 관련이 있는 것으로 보인다. 비슷한 이름의 다른 바빌론 농촌 마을과 마찬가지로, 이 마을들은 기원전 6세기 바빌론제국 시절 본국에서 추방당한 사람들이 고향의 이름을 따서 형성한 마을이다.[26]

나보폴라사르와 네부카드네자르 2세의 정복 전쟁 중에 고향을 떠나온 포로들은 국가 소유의 땅을 불하받고 대신 세금과 노역의 의무를 졌다. 시골의 여러 정착지는 포로들의 고향이나 공동체 내 저명한 인물의 이름을 따서 마을 이름을 지었는데[예를 들자면 비트아비람(아비람의 집), 비트나샤르(나샤르의 집)], 이를 통해 바빌론 국가가 미경작지에 새로운 포로들을 이주시켰다는 것을 알 수 있다. 고대 메소포타미아에서는 땅은 부족하지 않았지만 땅을 경작할 노동력이 부족했다. 바빌론은 정복 전쟁에서 잡아 온 포로들로 이 문제를 해결했다. 이미 1세기 전 이라크 북부 아시리아제국도 중부 지역을 개간하면서 이러한 방법을 이용했다.

새로 발견된 텍스트에는 유다 및 다른 나라에서 끌려온 포로들 후손의 가계와 사업에 대한 기록이 담겨 있어,[27] 당시 포로의 삶을 새롭게 조명할 수 있었다. 이는 학계에 큰 반향을 불러일으켰으며, 1990년대 말 개인적 수집품을 통해 처음 소개된 이후 이에 대한 상당한 연구가 이루어졌다.[28] 이 쐐기문자 점토판들은 바빌론식 이름을 가진 서기관들이 기록했다. 텍스트에 나오는 인물들은 모두 포로공동체의 일원이다. 점토판에는 알파벳 표식이 병기된 경우가 있

그림 8.4 샬람야마가 보리를 빚진 것을 기록한 쐐기문자 점토판. 그는 점토판 옆면에 자신의 이름을 고대 히브리어로 šlmyh이라고 기록했다.

는데, 이는 아마도 쐐기문자를 읽지 못하는 고객을 위한 것으로 추측된다. 당시 기록 중에는 이러한 경우가 드물지 않으며, 쐐기문자보다 아람어 문자가 훨씬 널리 통용되었다(제7장 참조). 그중에 보이는 샬람야마(야훼는 평화)라는 채무자의 이름은 아람어가 아니라 고대 히브리어로 쓰였다(그림 8.4). 이는 유다에서 끌려온 1세대 포로가 기원전 549년의 것으로 추정되는 점토판에 자신의 이름을 기록한 것임을 보여준다.[29]

텍스트들은 네부카드네자르 2세 통치 후기 예루살렘 정복과 첫 번째 성전 파괴로부터 15년이 지난 시점인 기원전 572년에서, 기원전 484년 바빌론의 명망 있고 오랜 귀족들의 공문서 대부분이 소멸하고 여러 해가 흐른 크세르크세스 재위 9년째인 기원전 477년까지

약 1세기를 다룬다. 이 기간은 바빌론유수 대부분의 시기뿐만 아니라 기원전 539년 이후, 《성경》〈에스라〉에 의하면 페르시아의 키루스가 유다 포로의 본국 귀환을 허락한 이후까지도 포함하고 있다. 유다 사람들에 대한 언급은 나오지 않지만, 키루스원통(그림 8.1)에 기록된 내용을 보면 페르시아 정복자들은 바빌론제국 시기에 끌려온 포로들이 본국으로 돌아가 자신들의 신전을 재건하는 것을 대체로 허락했다.

나는 (바빌론)에서 그들의 본국으로, 티그리스강 너머 이전에 황폐해진 그들의 신전으로, 그곳에 거하는 그들의 신들에게로 돌려보냈다. 즉 아수르, 수사, 아카드, 에쉬눈나, 잠반, 메투란, 데르, 구티움(자그로스산맥) 국경까지 돌려보냈다. 나는 그들에게 영구적 안식처를 허락했다. 나는 그들을 모아서 그들의 정착지로 돌려보냈다.[30]

그러나 기원전 5세기 후반의 것으로 추정되는 니푸르 남부에서 발굴된 무라슈 문서에서 확인할 수 있듯이 유다 사람들은 여전히 바빌로니아에 거주했다.[31] 이러한 사실은 놀랄 만한 일이 아니다. 파르티아와 사산제국 시대에도 바빌로니아에는 상당수의 유대인이 존재했다(제9장 참조). 플라비우스 요세푸스(37~100년)는 페르시아의 허락으로 많은 사람이 예루살렘으로 돌아갔지만, '전체적으로 이스라엘 민족은 대부분 그 땅에 남았으며', 자신의 시대에는 '셀 수 없는 많은 사람'이 유프라테스강 동쪽에 거주했다고 기록했다(《유대고대사》 XI 133).

바빌로니아가 페르시아제국에 통합되던 초기에 활동한 유다 사람 두 명의 공문서도 있다. 이들은 사촌 간으로서 라파야마(야훼가 치료했다)의 아들 아히캄과 리무트의 아들 아히카르이며, 사마크야마(야훼가 도왔다)의 손자들이다. 바빌로니아에서는 세금을 일부 개인이 징수했는데, 국가와 세금을 납부하는 토지 소유주 사이에 중개인이 있었다. 중개인은 토지에 대한 세금을 국가에 한꺼번에 지불하고, 토지를 경작하는 사람에게 나중에 세금을 징수함으로써 차익을 남겼다. 아히캄은 이러한 중개인으로 유다 동족 토지 임차인들에게서 세금을 징수했는데, 세금은 농작물로 거두어들였다. 아히캄은 바빌론에 양조장과 가게를 소유했으며, 아히캄과 사촌 아히카르는 토지를 직접 경작하기도 했다. 또 아히카르는 물고기를 사고팔았으며, 대부업자로서 임차인들의 채무 변제를 돕기 위해 외상을 주기도 했다.[32]

아히캄의 부친 라파야마는 사마크야마의 아들이며 기원전 561년의 공문서에 등장하고, 모친 야파야후(야훼가 나타났다)는 기원전 551년의 텍스트에 등장한다. 이들은 유다에서 끌려온 포로 1세대이지만, 아히캄은 바빌론에서 태어났다. 아히캄은 '내 형제가 일어났다'라는 의미로, 당시 바빌로니아의 아람어권에서 매우 흔하고 평범한 이름으로 특별히 유다 사람임을 드러내지 않는다. 반면에 아히캄의 다섯 아들은 독실한 유대교 이름을 가졌으며, 거기에는 대부분 예루살렘의 신이 포함되어 있다. 니르야마(야훼는 빛이다), 학개(명절에 태어났다. 《성경》의 선지자와 같은 이름), 야후아자(야훼는 강하다), 야후이즈리(야훼는 나의 도움이다), 야후슈(야훼는 구원이다)라는 이름은 기원전 508~기원전 504년 사이의 기록에 처음 등장한다.[33] 사마크야마의 다른 아들의 이름은 리무트인데, 이는 '선물'이라는 뜻의 바빌론 이름이다. 이를 통해 그가 포로 시기에 출생했음을 알 수 있다. 리무트의 아들 아히카르는 평범한 이름(내 형제는 존경받는다)을 받았지만, 자신의 아들에게는 사촌 아히캄의 장남과 같이 니르야마라는 이름을 붙였다.

이 소년들은 페르시아 정복자가 포로들에게 본국으로 돌아가 고유의 신앙을 이어 가도록 허락한 뒤에 출생했다. 아히캄과 아히카르는 바빌로니아를 떠나지 않았지만, 아들들에게는 예루살렘의 신에 대한 충성을 드러내는 이름을 붙였다. 일찍이 부모 세대는 마음껏 표현할 수 없었던 유다의 유산에 대한 자부심을 드러낸 것이다. 폴알랭 볼리외는 네부카드네자르 2세 때의 바빌론을 기술하면서 다음과 같이 강조했다.

많은 외국인이 수도와 근교에 거주했지만, 도시의 모든 기관은 바빌론과 매우 비슷해 보였다. 놀랍게도 외국 신전이나 다른 종교 건물의 흔적은 볼 수 없었다. …… 범세계주의가 인종적 다양성을 의미하는 것이라면 바빌론은 진정 세계적 도시였다. 하지만 그것이 세계와 그 흐름 및 영향력에 대한 개방성을 의미하는 것이라면 바빌론은 그러하지 못했다.[34]

만약 바빌론을 외형적으로는 보수적이며 전통적 특권을 사수하려는 엘리트들이 지배하는 사회로 규정한다면, 진정한 의미에서 바빌로니아의 문화적·인종적 용광로는 시골 지역이었다. 아히캄, 아히카르와 같은 포로 출신들은 사업 기록에 점토판을 활용하거나 아람어 문자를 수용하는 등 새로운 고향 및 이웃의 문화를 받아들이려 했다. 키루스와 그 후계자들이 마르두크의 인정을 받는 왕정을 추구하지 않자, 바빌론의 오랜 귀족 가문들은 자신들의 권리를 박탈당했다고 느꼈지만, 이들은 그렇지 않았다. 이들은 페르시아 제국이 초래한 바빌론 사회의 변화를 통해 자신들의 고유한 문화적 유산을 추구할 자유를 누리게 되었다.

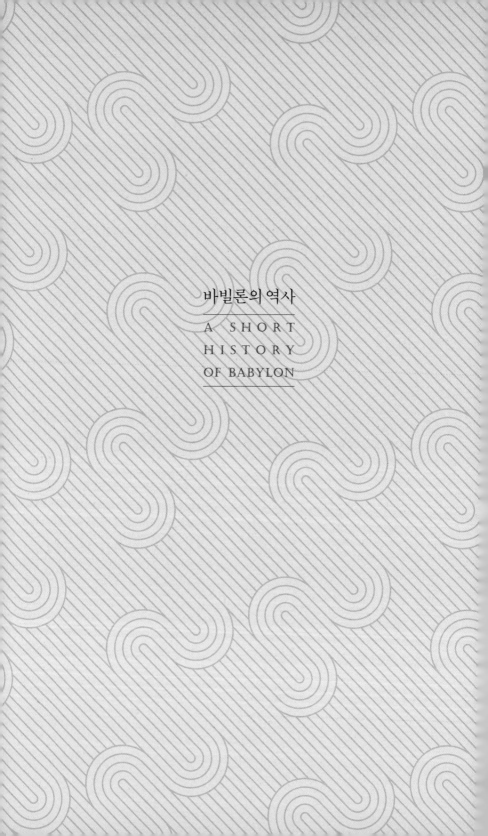

바빌론의 역사

A SHORT
HISTORY
OF BABYLON

제9장

역사에서 사라지다

알렉산더 대왕 이후의 바빌론

기원전 331년 마케도니아의 왕 알렉산더 대왕이 페르시아제국을 정복했다. 알렉산더는 페르시아의 마지막 왕 다리우스 3세(재위 기원전 336~기원전 330년)를 가우가멜라(오늘날의 모술과 아르빌 북쪽에 있는 텔고멜. 앞의 지도 1) 전투에서 격퇴한 후 바빌론으로 향했다. 예전에 아시리아 왕들과 키루스가 그랬던 것처럼(제6장과 제8장 참조) 바빌론의 왕권을 수락하기 위해 도성 안으로 들어갔다. 바빌론 주민들은 세계의 수도로서의 역할을 되찾기를 기대하며 정복자 알렉산더를 받아들였고, 그는 그 기대에 걸맞은 후보로 보였다.[1]

다리우스 3세를 쫓아가 무찌른 후 바빌론으로 복귀한 알렉산더는 그곳에 정착하여 제국의 수도로 삼을 작정이었다. 스트라본(《지리학》XV 3.9-10)에 따르면 알렉산더는 페르세폴리스나 수사보다 바빌론을 선호했다. '규모뿐 아니라 여러 면에서 바빌론이 훨씬 낫다고 생각했기 때문'이다. 최근의 계산에 따르면 아케메네스 시대 후기의 바빌론 인구는 약 5만여 명으로 추산되며,[2] 이는 기원전 6세기 전성기의 18만 명에 비하면 차이가 있지만(제7장) 여전히 상당한 규모였다.

알렉산더의 전쟁과 그의 때 이른 죽음으로 인한 혼란, 그리고 마케도니아와 그리스 정착민들의 유입에도 불구하고[3] 바빌로니아는 사회적·경제적 연속성을 잃지 않았다. 아케메네스 통치에서 알렉산더 치하로 넘어갔다가 다시 셀레우코스제국에 병합되었다.[4] 알렉산더와 셀레우코스 왕조의 왕들은 왕권을 받은 후 도성에 잔류하며 바빌론 주민에게 열렬한 환영을 받았다.

잠시나마 바빌론은 세상에서 가장 강력한 통치자의 도성이라는 명성을 되찾은 것처럼 보였다. 역사상 처음으로 네부카드네자르 2세가 만든 넓고 포장된 행진도로에 어울리는 코끼리들이 바빌론 거리를 거닐었다.[5] 도시 북부에는 그리스 양식의 극장이 세워져 그리스 연극의 공연장이자 정치적 회합의 장으로 이용되었다. 아마도 에산길라 신전을 대체하는 용도였을 것이다. 이 극장은 알렉산더 대왕 또는 셀레우코스 왕들 중 한 왕에 의해 세워졌으며, 에테메난키의 계단식 탑을 비롯한 네부카드네자르 2세의 건물에서 가져온 구운 벽돌들로 축조되었다.[6] 네부카드네자르의 유적에서 벽돌을 가져와 건물을 짓는 일은 바빌론 발굴이 본격적으로 시작된 20세기 초까지 횡행했다. 그때까지는 알렉산더가 그랬듯이 오래된 건축물을 자신들의 새로운 건물을 위한 채석장처럼 이용했다. 현대 이라크의 지방 도시인 힐라와 힌디야댐의 일부에는 기원전 6세기의 고대 벽돌이 쓰였다.[7]

알렉산더는 에테메난키의 옛 영화를 되찾기 위해 복원 사업을 시작했는데, 옛 구조물의 거대한 잔해를 제거하는 수준에서 머물렀다.[8] 계단식 탑은 폐허인 채로 남았지만, 바빌론은 여전히 건축학적으로 인상적인 도시였다. 게다가 제7장에서 우리가 기원전 6세기 네부카드네자르 2세의 바빌론을 방문했을 때 둘러본 여러 신전이 (제7장) 그대로 남아 위용을 자랑했다. 니누르타의 에후르사그틸라 (그림 7.6의 A. 이하 '그림 7.6' 생략), 나부샤하레 신전(G), 신의 에기쉬누갈(K), 벨레트니누아의 에기슈란키아(L), 엔릴의 에남틸라(M)가 있었고 저승 신 네르갈, 굴라 여신, 이쉬타르와 닌릴 그리고 다른 여러 신들의 신전이 있었다.[9]

알렉산더 대왕은 요절했다. 기원전 323년 6월 11일 늦은 오후[10] 그가 죽음을 맞이한 바빌론 북쪽 왕궁의 방은 관광명소가 되어 로마 황제 트라야누스 같은 방문객의 발걸음이 이어졌다(제2장). 셀레우코스 왕들은 옛 왕궁을 임시 처소로 사용했지만, 기원전 305년 티그리스강의 셀레우키아가 셀레우코스제국의 정치적 중심지로 세워지면서 바빌론은 20년이 채 못 되어 제국 수도로서의 지위를 잃어버렸다. 마케도니아 정착민은 이 신도시로 이주했다. 기원전 293년 제국의 수도는 더욱더 먼 시리아 북부 오론테스강의 안티오키아로 옮겨 갔다. 바빌론은 비록 영화로운 과거를 자랑했지만, 이제 지방 도시로 전락했다(제2장 참조).

티그리스강 왼쪽 셀레우키아 맞은편에는 또 다른 도시가 세워졌다. 기원전 141년 바빌로니아를 정복한 파르티아인들이 세운 크테시폰으로, 파르티아제국과 이후 사산제국의 수도가 되었다. 지리적 측면에서 볼 때, 바빌론은 제국의 궁정에 가까워졌으나 정치적 중심지로서의 지위는 회복하지 못했다. 하지만 바빌론은 여전히 문화적 중심지였고, 마르두크의 에산길라 신전은 방대한 장서와 사제들의 학문으로 명성을 유지했다.[11] 파르티아 시대의 바빌론 인구는 상당히 감소했지만 그래도 2만~3만 명에 달했을 것으로 추산된다.[12]

바빌론어가 더 이상 바빌론과 여타 고대도시들에서 일상생활 언어로 사용되지 않고, 아람어가 주로 사용된 지 수세기가 지났다(제7장 참조). 그러나 전통적인 쐐기문자 기록법은 여전히 신전과 신전 공동체에서 바빌론어와 이미 사어가 된 수메르어 텍스트를 읽고 기록하는 데 사용되었다(제1장 참조). 오늘날 '그레코바빌로니아카'[13]로 불리는 점토판*을 보면, 학생들이 먼저 그리스어 문자를 배우고 나서 점토판을 이용해 쐐기문자를 배웠다는 사실을 알 수 있다. 그레코바빌로니아카에는 바빌론어 또는 수메르어 쐐기문자 텍스트와 그리스어 텍스트가 쌍을 이루고 있거나(쐐기문자 텍스트를 그리스

---

* 한 면은 쐐기문자로 쓰여 있고 다른 한 면은 그리스어로 쓰여 있는 점토판 여러 장을 이르는 말. 이러한 점토판 한 장을 가리킬 때는 그레코바빌로니아쿰이라고 부른다.

어로 번역한 것이 아니라 읽는 소리만 그리스어 문자로 기록), 그리스어 표기만 있다. 이 점토판을 사용한 사람은 누구나 그리스어 문자의 도움을 받아 쐐기문자를 학습했음이 분명하다.

이는 그리스어권 사람들이 쐐기문자 학습에 열성적이었음을 보여 주는 것일까? 오히려 그보다는 쐐기문자를 알아야 했던 고학력의 신전 봉사자들이 어려서부터 그리스어를 배웠음을 보여 준다고 볼 수 있다. 모든 납세자는 당연히 셀레우코스 정부와 관계가 있었고, 이를 위해서는 쐐기문자보다 그리스어가 훨씬 유용했을 것이다. 그레코바빌로니아카의 내용에 비추어 보면 쐐기문자 학습은 쐐기문자로 쓰인 중요한 종교적 텍스트를 읽고 이해하거나, 아니면 적어도 정확한 발음으로 읽기 위한 것이었다. 이것은 열세 번째 생일을 맞은 유대인 소년이 여러 사람 앞에서 율법을 히브리어로 읽거나 기도를 암송해야 하는 것에 비유할 수 있을 것이다.

두 개의 그레코바빌로니아카 텍스트에 수메르어 글귀가 나오는데, 이를 통해 신전공동체가 고대의 제례 전통을 지켜 나가기 위해 얼마나 노력했는지를 엿볼 수 있다. 제례에 필요한 전통적 노래와 기도문을 사용하기 위해서는 수메르어까지 이해해야 했다. 신전공동체는 고대 쐐기문자로 문학과 학문뿐 아니라 거래 내역이나 법률 문서 등도 기록했으며, 아람어와 그리스어 문자의 강력한 도전에 맞서 전통적인 기록법을 지키기 위해 많은 노력을 기울였다.

하지만 신전 사회나 신관 가족을 제외하면 쐐기문자는 큰 역할을

그림 9.1 　셀레우코스의 왕 안티오코스 1세 소테르가 바빌론의 에산길라와 보르시파의 나부에지다 신전을 보수하면서 남긴 점토 원통으로 보르시파에서 발굴되었다.

수행하지 못했다. 쐐기문자가 마지막으로 왕궁 비문의 기록에 사용된 것은 기원전 268년의 일이다. 안티오코스 1세 소테르(재위 기원전 281~기원전 261년)가 바빌론의 마르두크 에산길라 신전과 보르시파의 나부 에지다 신전을 보수하면서(그림 9.1) 전통적인 원통에 쐐기문자 기록을 남겼다.[14] 신전공동체의 대표들은 신전을 보수하고 비문을 기록함으로써, 페르시아의 통치자들이 무시하던 1천 년을 이어 온 전통을 셀레우코스 왕들에게 인식시키기 위해 최선을 다했다. 바빌론 역사를 그리스어로 기록한 베로소스 같은 바빌론의 학자들은 새로운 왕들이 바빌론의 역사와 지식을 이해하고 존중하도록 세심한 노력을 기울였다.[15] 바빌론의 엘리트 학자들은 그리스어권에 잘 알려져 있었던 데다가 새 왕들이 왕권을 유지하는 데에는 귀족 계층의 협력이 절실히 필요했기 때문에 셀레우코스 왕들은 '칼데아인'의 역할을 인정했다.[16]

우루크 또한 과거의 영광을 되찾기 위해 노력했다. 우루크 주민들은 새로운 신전을 설계함으로써 도시의 초기 역사를 재조명함과 동시에 도시의 중요성을 헬레니즘 세계에 널리 알리고자 했다.[17] 새로운 비트레시 신전은 하늘 신 아누를 숭배의 중심에 두었는데, 이는 마르두크에게 빼앗긴 지위를 되찾으려는 의도였다(《에누마 엘리시》 서사시에서 볼 수 있다. 제5장 참조). 반면에 여신 이쉬타르는 고대 신전 에안나(하늘의 집)가 수천 년 동안 중요한 위치를 누렸음에도 규모가 작은 에쉬갈(또는 이리갈) 신전으로 격하되었다. 오늘날의 관점에서 보면 이는 고대 숭배의 부활이라기보다는 재발명에 가깝지만, 우루크 주민들은 이를 통해 공동체 의식과 만족감을 느꼈다.[18]

쐐기문자 문화는 에산길라 및 바빌로니아의 다른 신전들에서 살아남았지만, 점차 의례 · 주술 · 의식 및 천문학의 용도로만 쓰이게 되었다.[19] 가장 마지막으로 알려진 쐐기문자 텍스트는 천체의 움직임에 대한 관찰 보고서인데, 이는 미래에 대한 신의 설계를 이해하는 데 꼭 필요했다. 바빌론에서 알려진 가장 마지막 텍스트는 서기 74년에 쓰인 것이고, 우루크의 경우는 몇 년 후인 서기 79년이다.[20]

당시 로마의 황제 베스파시아누스 로마제국의 기독교도 탄압과 밀접한 관계가 있는 것으로 알려진 콜로세움의 건설을 막 시작한

참이었다. 기독교는 로마에서 국가의 적으로 취급되었고, 점점 인기를 끌던 계시종교와 영지주의운동은 바빌로니아에서 사회적 소요와 변혁을 조장하는 것으로 인식되었다. 기독교와 마니교(서기 216년 바빌로니아 북부에서 출생한 마니가 창시한 종교)는 선지자 또는 메시아를 통한 신의 계시를 중심으로 한 종교운동으로서 가장 성공적인 종교였다.[21] 이는 당시의 독특한 현상이었으며, 기원전 332년 리비아사막에서 시와Siwa 신탁에 의해 아문 신의 아들로 선포된 알렉산더 대왕* 역시 도움을 받았다.

　일부 지역에서 큰 소동을 일으킨 다른 운동들은 비교적 단명했다. 그중에는 여신 나나야를 대변하는 뱃사공이 있었다. 그는 기원전 133년 바빌론과 보르시파에서 큰 성공을 거두었는데, 곧 신의 심판자가 나타나 세상의 종말을 가져올 것이라고 설파했다. 그가 군중을 이끌고 보르시파의 에지다 신전으로 몰려가자, 폭동을 두려워한 신전공동체는 그를 저지하고 종말론적 메시지를 금지시켰다.[22] 계시종교 외에도 만다야교 같은 영지주의운동과 유대교가 인기를 얻었고(제8장 참조), 당시 메소포타미아의 많은 주민이 개종했다.

　이러한 운동들은 고대 바빌론 신전들이 사회에 미치던 중요한 역할을 대체했다. 바빌론 신전의 의례는 많은 비용과 시간, 인력을 필

＊ 시와는 리비아사막 북쪽 가장자리에 있는 오아시스 도시. 고대 이집트 시대에 네크로폴리스(묘지)가 건설되고 아문 신의 신전이 있었다. 페르시아 원정을 앞둔 알렉산더 대왕은 사막을 날고 있던 새를 쫓아 시와 오아시스에 도착했다고 한다.

요로 했다. 매일 신들을 돌보고 먹이고 즐겁게 하기 위해서 수십 명이 꾸준히 참여했다. 기원전 484년 반란 이후 실시된 크세르크세스의 개혁은 신전 숭배 참여의 매력이었던 주요 특권, 즉 세금과 부역 면제를 없애 버렸다. 이렇게 신전 의례가 점차 사회적 중요성을 잃어 가자, 신전들은 버려지기 시작했다. 자연스럽게 쐐기문자의 시대 역시 종말을 고했다. 바빌론어와 수메르어로 기록된 전례와 기도문, 의식과 노래 들은 더 이상 필요하지 않았다.

서기 3세기 또는 4세기에 에산길라의 예배가 중단되자,[23] 바빌론의 심장부는 더 이상 존재하지 않게 되었다. 하지만 주민들은 여전히 그곳에서 삶을 이어 갔다.[24] 네부카드네자르의 여름 궁전이 있었고, 북쪽 끝에는 파르티아의 요새가 있었으며, 서기 10세기에 지리학자 이븐 호칼이 '이라크에서 가장 오래된 도시'(제2장)라고 부른 바빌 마을은 그 후에도 명맥을 이어 갔다. 화려한 과거의 발굴이 시작될 때까지도 잊힌 대도시의 명성을 유지했다. 파르티아, 사산 및 아랍 시대에 걸쳐 바빌과 기타 고대도시에서 발견된 동전을 통해 주민들이 계속해서 정착해 왔음을 알 수 있다. 특히 1900년 콜데바이는 에산길라 단지가 있는 지역인 암란이븐알리에 있는 시아파 신전 근처에서 유약 바른 암포라(고대 그리스의 항아리)에 담긴 동전 더미를 발견했다. 암포라 안에는 사산 시대의 동전 수백 개, 그리고 우마이야 시대와 아바스 시대의 동전 약 1만 개가 있었는데, 가장 후대의 것은 서기 819년 또는 820년의 것이었다.[25]

에산길라의 마르두크 숭배가 끝난 후에도 일부 전통적인 바빌론 학문은 신전공동체와 쐐기문자의 제약을 넘어 그 가치를 인정받았다.[26] 바빌론 전통 속에 깊이 뿌리를 내린 주술문은 아람어 및 만다교 문자로 기록되었는데, 납 두루마리[27] 또는 그것으로 싼 '마술대접'[28](그림 9.2) 안쪽에 새겨졌다. 이것들은 파르티아 시대와 사산 시대의 수많은 바빌론 주택의 바닥 아래에 뒤집혀서 묻힌 채로 콜데바이와 다른 발굴가들에 의해 발견되었다.[29] 이 부적은 특정한 개인을 위해 학문에 조예가 깊은 사람들이 만들었고, 태어날 아이 또는 갓 태어난 아이와 자기 자신을 적이나 악령(많은 경우 고대 바빌론의 신들)에 의한 질병과 고난으로부터 보호하기 위한 것이었다.[30]

서기 1세기의 원본 텍스트뿐 아니라 다양한 학문의 전통적 기록을 통해 바빌론의 지식이 후대로 이어졌다. 바빌론의 장서 〈에누마 아누 엔릴Enuma Anu Enlil〉·〈이쿠르 이푸시Iqqur Ipuš〉·〈슈마 알루Šumma Alu〉에 담긴 육상 및 천상의 징조는 만다교의 황도십이궁 서책에 보존되었으며,[31] 바빌론 주술문의 내용은 만다교 주술 필사본에 잘 드러나 있다.[32] 《바빌론 탈무드Babylonian Talmud》 또한 고대 바빌론의 지식을 후대에 전해 준다.[33] 서기 70년 로마 군대가 예루살렘의 제2성전을 파괴하자, 팔레스타인과 여러 지역에 흩어져 살던 유대교 학자들은 그에 맞서 그때까지 구전으로만 전해지던 지식을 기록으로 남기기 시작했다. 《바빌론 탈무드》는 서기 3~5세기 사이 이라크 남부와 사산제국 지역에서 유대교 학자들에 의해 편집되었는데, 바빌

그림 9.2 이라크 남부에서 발굴된 세 개의 아람어 마술대접. 이러한 부적들은 학문에 조예가 깊은 사람들이 질병과 고난을 피할 목적으로 만든 것이다.

론이라는 이름은 바빌론 도시뿐 아니라 바빌로니아 전역에서 가져온 것이다. 이 지역은 '순수한 혈통'으로 여겨졌으며, 이곳의 유대인은 별다른 확인 없이 통혼이 가능하다고 인정되었다.[34] 만다교 서책과 마찬가지로 《바빌론 탈무드》는 고대 바빌론의 징조[35]와 의학 및 주술 지식을 보존하고 있다.[36]

이것들은 모두 지식 전수의 통로가 되었다. 한때 철저하게 통제되던 바빌론의 관측천문학과 수리천문학은 이제 고대 세계 전역으로 전파되어 각광받았다.[37] 스트라본(《지리학》 XVI 1.6)과 장로 플리니(서기 23~79년, 《박물지》 VI 123)의 저술에는 바빌론과 자매도시인 보르시파와 시파르, 남부의 우루크(그리스어로 오르코에)에서 활동한 유명한 천문학자들이 언급되어 있다. 바빌론 천문학의 업적은 학자들을 통해 전파되었는데,[38] 그중 가장 유명한 것은 알렉산드리아의 클라우디오스 프톨레마이오스(서기 100~170년)의 저술이다. 그리스어로 쓰인 그의 저술은 이후 라틴어와 아랍어로 번역되었고,[39] 근대 초기에 이르기까지 천문학과 점성술에 큰 영향을 미쳤다. 오늘날 우리가 이용하고 있는 많은 별자리와 황도십이궁은 바빌론의 유산이다. 또한 60진법(제1장)은 우리의 매 순간을 시간, 날짜, 달과 연으로 구분하는 기초로 사용되고 있다. 다음번에 시간을 확인하게 되면 바빌론을 떠올려 보기 바란다.

감사의 말

뮌헨과 바그다드의 여러 친구와 동료 들이 이 책의 자료를 흔쾌히 제공해 주었다. 안드레아 스키티에리는 급한 부탁에도 기꺼이 지도 세 개를 준비해 주었고, 제이미 노보트니와 프라우케 바이어쇼어서는 '신바빌론 통치자들의 비문'의 번역을 인용하도록 허락해 주었다. 프라우케는 이 책에 실은 사진 여러 장을 찍어 주었다.

우리는 2018년 가을 바그다드와 바빌론으로 여행을 떠났다. 바그다드대학의 안마르 압둘릴라 파드힐과 라이트 후세인이 이 여정을 도와주었다. 그들의 노고와 환대에 감사드린다. 특히 안마르는 심한 안개와 폭우, 지진이라는 악조건에서도 탁월한 운전 실력을 보여 주었다. 또한 이라크유물·유산위원회의 총재 카이스 후세인 라쉬드와 이라크 문화부 차관 및 관계자 들의 협조에도 감사드린다.

프란스 반코펜은 많은 제안과 조언을 해주었으며 건전한 비판도 아끼지 않았다. 에리카 라드너와 마르틴 짐머만은 '비전문가'의 입장에서 원고를 읽고 조언해 주었다. 이 모든 분과 초고를 검토해 준 익명의 관계자 분들께 감사드린다. 이 책의 내용 대부분은 2005~2015년 내가 유니버시티 칼리지 런던에서 가르친 학부와 대학원의 많은 학생들에게는 매우 익숙한 내용일 것이다. 이들과의 열성적인 토론과 대화는 사고를 깊고 폭넓게 하는 데 큰 도움이 되었다.

집에서는 폴이 이 책의 출간 진행에 관심과 격려를 아끼지 않았다. 폴이 진행하는 출간 프로젝트가 훨씬 흥미로운 주제를 다루고 있다고 주장했지만 말이다. 토비와 테스는 내가 문단 하나를 다듬느라 산책 시간을 지체해도 의젓한 모습을 보여 주었다.

이 책의 출간을 도운 아이비 토리스와 블룸스버리 아카데믹의 편집자 조앤나 고드프리와 올리비아 델로우에게 감사하며, 이 책의 집필을 권고한 알렉스 라이트에게도 감사한다.

이 책은 나의 아버지 디터 라드너에게 바친다. 세상에 대한 아버지의 끊임없는 호기심과 탐구의 열정은 언제나 나에게 영감의 원천이 되었다.

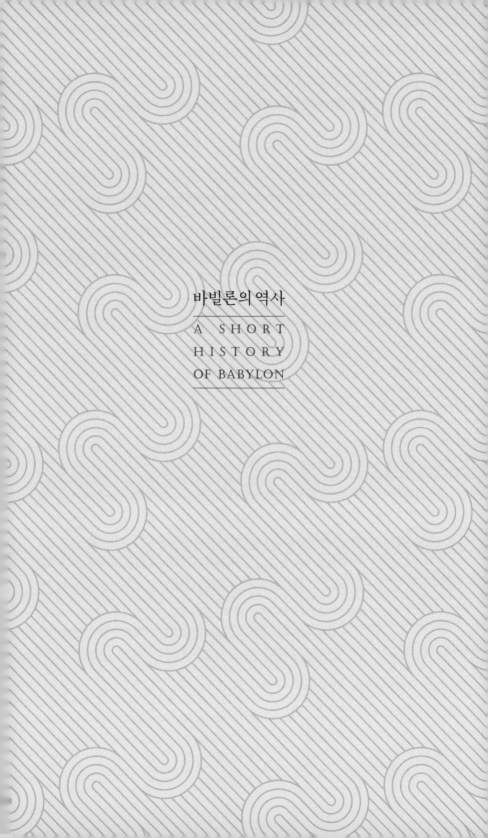

바빌론의 역사

A SHORT
HISTORY
OF BABYLON

그
림
·
지
도
출
처

서론

그림 0.1   ⓒ Karen Radner (2018. 11).

제1장

지도 1   ⓒ Andrea Squitieri.

지도 2   ⓒ Andrea Squitieri.

제2장

그림 2.1   National and University Library in Zagreb, 10959; GZAS 39 fis 25.
            ⓒ Europeana Collections.

그림 2.2   Olof Pedersén, 'Excavated and Unexcavated Libraries in Babylon', in
            Eva Cancik-Kirschbaum, Margarete van Ess and Joachim Marzahn,
            eds., *Babylon: Wissenskultur in Orient und Okzident* (Berlin and
            Boston, MA: De Gruyter, 2011), p.50 fig.1.

그림 2.3   ⓒ Radomir Vrbovsky via Wikimedia Commons.

그림 2.4   ⓒ Karen Radner (2018. 11).

그림 2.5   ⓒ Karen Radner (2018. 11).

그림 2.6   ⓒ Karen Radner (2018. 11).

제3장

그림 3.1   Andrew R. George, *Babylonian Topographical Texts* (Leiven: Peeters, 1992), p.20 fig.3.

그림 3.2   ⓒ Mbzt via Wikimedia Commons.

제4장

그림 4.1   Iraq Museum, IM 90585. ⓒ Karen Radner (2018. 11).

그림 4.2   British Museum, BM 114704. ⓒ The Trustees of the British Museum.

그림 4.3   Louvre, Sb 2731. ⓒ Lamashtu 2006 via Wikimedia Commons.

그림 4.4   Archaeological Museum Thebes, inv. no. 198. ⓒ Bruce Wright. Reproduced from Joan Aruz, 'Seals and the imagery of interaction,' in Joan Aruz, Sarah B. Graff, and Yelena Rakic, eds., *Cultures in Contact: From Mesopotamia to the Mediterranean in the Second Millennium B. C.* (New York: The Metropolitan Museum of Art, 2013), p.217 fig.3.

그림 4.5   Reproduced from Claude F. A. Schaeffer, 'Recueil des sceaux hittites imprimés sur les tablettes des Archives Sud du palais de Ras Shamra, suivi de considérations sur les pratiques sigillographiques des rois d'Ugarit', in Claude F. A. Schaeffer, ed., *Ugaritica,* Vol. 3, (Paris: Geuthner, 1956), p.3 fig.2 (RS 17.227).

제5장

지도 3   ⓒ Andrea Squitieri.

그림 5.1   ⓒ Bob 'Astrobob' King (https://astrobob. areavoices.com/2009/08/03/batter-up/).

그림 5.2   Babylon. VA Bab 646, Vorderasiatisches Museum Berlin – Staatliche

Museen zu Berlin © Olaf M. Teßmer, from Edition Topoi (DOI : 10.17171/1 - 5-3692 - 6); Drawing reproduced from Robert Koldewey, 'Die Götter Adad und Marduk,' *Mitteilungen der Deutschen Orient-Gesellschaft* 5 (1900), p.14 fig.3.

제6장

그림 6.1   Iraq Museum, IM 65574. © Karen Radner (2018. 11).

그림 6.2   Vorderasiatisches Museum Berlin, VA 2663. © Monika Gräwe of the replica kept at Johannes Gutenberg Universität Mainz (http://www.sammlungen.unimainz.de/594.php).

그림 6.3   Iraq Museum, IM 95929. © Karen Radner (2018. 11).

그림 6.4   British Museum, BM 1249459. © The Trustees of the British Museum.

제7장

그림 7.1   British Museum, BM 92687. © The Trustees of the British Museum.

그림 7.2   Marc van de Mieroop, 'Reading Babylon', *American Journal of Archaeology* 107 (2003), p.262 fig.4.

그림 7.3   Iraq Museum, IM 95928. © Karen Radner.

그림 7.4   Iraq Museum, IM 95927. © Frauke Weiershäuser.

그림 7.5   © Karen Radner.

그림 7.6   Marc van de Mieroop, 'Reading Babylon', *American Journal of Archaeology* 107 (2003), p.266 fig.7, with additional information taken from Andrew R. George, *Babylonian Topographical Texts* (Leiven: Peeters, 1992), p.24 fig.4.

그림 7.7   © Karen Radner (2018. 11).

그림 7.8   © Karen Radner (2018. 11).

그림 7.9   Google Earth Pro © DigitalGlobe 2018.

그림 7.10   MS 2063, Schøyen Collection Oslo. © Tom Jensen, from www. schoyencollection.com/history-collection-introduction/babylonian-history-collection/tower-babel-stele-ms-2063 (6 December 2018); Drawing by Andrew R. George, 'La Porte des Dieux: La topographie cultuelle de Babylone d'après les textes cunéiformes', in Béatrice André-Salvini, ed., *La tour de Babylone: Études et recherches sur les monuments de Babylone* (Rome: CNR Istituto di studi sulle civiltá dell'egeo e del vicino oriente, 2013), p.41 fig.9.

그림 7.11   © Karen Radner (2018. 11).

그림 7.12   © Karen Radner (2018. 11).

그림 7.13   © Karen Radner (2018. 11).

그림 7.14   © Karen Radner (2018. 11).

제8장

그림 8.1   British Museum, BM 90920. © The Trustees of the British Museum.

그림 8.2   © Hara1603 via Wikimedia Commons.

그림 8.3   Ursula Seidl, 'Eine Triumphstele Darius I. aus Babylon', in Johannes Renger, ed., *Babylon: Focus mesopota-mischer Geschichte, Wiege früher Gelehrsamkeit, Mythos in der Moderne* (Saarbrücken: SDV, 2000), p.304 fig.4.

그림 8.4   Filip Vukosavović, ed., *By the Rivers of Babylon: The Story of the Babylonian Exile* (Jerusalem: Bible Lands Museum, 2015), p.105.

제9장

그림 9.1   British Museum, BM 36277. © The Trustees of the British Museum.

그림 9.2   © Karen Radner.

주

서론

1 Andrew Scheil, *Babylon under Western Eyes: A Study of Allusion and Myth* (Toronto: University of Toronto Press, 2016) 참조.

2 《성경》〈이사야〉 13장 19~22절.

3 Wouter F. M. Henkelman, Amélie Kuhrt, Robert Rollinger and Josef Wiesehöfer, 'Herodotus and Babylon Rreconsidered', in Robert Rollinger, Brigitte Truschnegg and Reinhold Bichler, eds., *Herodot und das Persische Weltreich / Herodotus and the Persian Empire* (Wiesbaden: Harrassowitz, 2011), pp. 449-470 참조.

4 최근 연구로는 Rannfrid I. Thelle, *Discovering Babylon* (London and New York NY: Routledge, 2018).

5 Juan Luis Montero Fenollós, 'Beautiful Babylon: Jewel of the Ancient World', *National Geographic History* 2017: 1 (January-February), pp. 34-43에 일러스트가 다수 실려 있다. www.nationalgeographic.com/archaeology-and-history/magazine/2017/01-02/babylon-mesopotamia-ancient-city-iraq/.

6 Michael J. Seymour, 'Babylonian Art and Architecture,' in Thomas DaCosta Kaufmann, ed., *Oxford Bibliographies in Art History* (New York NY: Oxford University Press, 2014). https://dx.doi.org/10.1093/obo/9780199920105-0038에서 볼 수 있다.

제1장

1 James Henry Breasted, *Ancient Times, a History of the Early World: An Introduction to the Study of Ancient History and the Career of Early Man* (Boston MA: Ginn, 1916), pp. 100-101.

2 Hermann Gasche and Michel Tanret, eds., *Changing Watercourses in Babylonia: Towards a Reconstruction of the Ancient Environment in Lower Mesopotamia*, Vol. 1 (Ghent: University of Ghent / Chicago IL: Oriental Institute of the University of Chicago, 1998) 참조.

주

3   Eleanor Robson, *Mathematics in Ancient Iraq: A Social History* (Princeton NJ: Princeton University Press, 2008) 참조.

4   Mario Liverani, *Uruk: The First City* (London: Equinox, 2006), pp. 57-59.

5   Michael E. Smith, 'V. Gordon Childe and the Urban Revolution: A Historical Perspective on a Revolution in Urban Studies', *Town Planning Review* 80 (2009), pp. 2-29 참조.

6   Daniel Helmer, Lionel Gourichon and Emmanuelle Vila, 'The Development of the Exploitation of Products from *Capra* and *Ovis* (Meat, Milk and Fleece) from the PPNB to the Early Bronze in the Northern Near East (8700 to 2000 BC cal.)', *Anthropozoologica* 42 (2007), p. 49; Emmanuelle Vila and Daniel Helmer, 'The Expansion of Sheep Herding and the Development of Wool Production in the Ancient Near East: An Archaeozoological and Iconographical Approach', in Catherine Breniquet and Cécile Michel, eds., *Wool Economy in the Ancient Near East* (Oxford: Oxbow, 2014), pp. 22-40.

7   Catherine Breniquet, 'Weaving in Mesopotamia during the Bronze Age: Archaeology, Techniques, Iconography', in Cécile Michel and Marie-Louise Nosch, eds., *Textile Terminologies in the Ancient Near East and Mediterranean from the Third to the First Millennia BC* (Oxford: Oxbow, 2010), pp. 52-67; Rita Wright, 'Sumerian and Akkadian Industries: Crafting Textiles', in Harriet Crawford, ed., *The Sumerian World* (Abingdon and New York NY: Routledge, 2013), pp. 395-417; Catherine Breniquet and Cécile Michel, eds., *Wool Economy in the Ancient Near East* (Oxford: Oxbow, 2014).

8   Robert McC. Adams, *Heartland of Cities: Surveys of Ancient Settlement and Land Use on the Central Floodplain of the Euphrates* (Chicago IL: University of Chicago Press, 1981).

9   초기 메소포타미아 역사 연구로는 John Nicholas Postgate, *Early Mesopotamia: Society and Economy at the Dawn of History* (Abingdon and New York NY: Routledge: 1994; 2nd revised ed.).

10   아카드 왕국에 대해서는 Benjamin R. Foster, *The Age of Agade: Inventing Empire in Ancient Mesopotamia* (Abingdon and New York NY: Routledge, 2015).

11   Andrew R. George, 'Babylonian and Assyrian: A History of Akkadian', in John Nicholas Postgate, ed., *Languages of Iraq, Ancient and Modern* (London: British School of Archaeology in Iraq, 2007), pp. 31-71.

12   Jeremy Black, 'Sumerian', in Postgate, *Languages of Iraq*, pp. 4-30.

13   Irving L. Finkel and Jonathan Taylor, *Cuneiform* (London: British Museum Press, 2015). Christopher Woods, 'The Earliest Mesopotamian Writing', in Christopher Woods, ed., *Visible Language: Inventions of Writing in the Ancient Middle East and Beyond* (Chicago IL: Oriental Institute of the University of Chicago, 2010), pp. 33-50; Andrea Seri, 'Adaptation of Cuneiform to Write Akkadian', in Christopher Woods, *Visible Language*, pp. 85-93 참조.

14   Niek Veldhuis, 'Levels of Literacy', in Karen Radner and Eleanor Robson, eds., *The Oxford*

261

Handbook of Cuneiform Culture (Oxford: Oxford University Press, 2011), pp. 68-89 참조.

15 Ferris J. Stephens, *Votive and Historical Texts from Babylonia and Assyria* (New Haven CT: Yale University Press, 1937), no. 2 (YBC 2305).

16 Wilfred G. Lambert, 'Babylon: Origins', in Eva Cancik-Kirschbaum, Margarete van Ess and Joachim Marzahn, eds., *Babylon: Wissenskultur in Orient und Okzident* (Berlin and Boston MA: De Gruyter, 2011), pp. 72-73; *Babylonian Creation Myths* (Winona Lake IN: Eisenbrauns, 2013), pp. 249-250.

17 Wilfred G. Lambert, 앞의 논문(주 16), pp. 71-72.

제2장

1 Julian Bennett, *Trajan: Optimus Princeps* (Abingdon and New York NY: Routledge, 1997).

2 Peter Edwell, *Between Rome and Persia: The Middle Euphrates, Mesopotamia and Palmyra under Roman Control* (Abingdon and New York NY: Routledge, 2007).

3 Monika Schuol, *Die Charakene: Ein mesopotamisches Königreich in hellenistisch-parthischer Zeit* (Stuttgart: Steiner, 2000). 2016년 알렉산드리아 프로젝트의 고고학적·지구 물리학적 발굴이 시작되었다. 첫 연구 보고로 Jane Moon *et al.*, *Charax Spasinou: Alexander's Lost City in Iraq* (Manchester: University of Manchester, 2016). www.charaxspasinou.org/wp-content/uploads/2016/12/CHARAX2016_EN.pdf (19 September 2018)에서 볼 수 있다.

4 Stefan R. Hauser, 'Babylon in arsakidischer Zeit', in Johannes Renger, ed., *Babylon: Focus mesopotamischer Geschichte, Wiege früher Gelehrsamkeit, Mythos in der Moderne* (Saarbrücken: SDV, 1999), pp. 207-239; Joachim Oelsner, '*Sie ist gefallen, sie ist gefallen, Babylon, die große Stadt*': Vom Ende einer Kultur (Stuttgart and Leipzig: Hirzel, 2002), pp. 22-23.

5 Robartus J. van der Spek, 'The Size and Significance of the Babylonian Temples under the Successors', in Pierre Briant and Francis Joannès, eds., *La transition entre l'empire achéménide et les royaumes hellénistiques* (Paris: De Boccard, 2006), p. 263 참조.

6 Tom Boiy, *Late Achaemenid and Hellenistic Babylon* (Leuven: Peeters, 2004) 참조.

7 Caroline Janssen, *Babil, the City of Witchcraft and Wine: The Name and Fame of Babylon in Medieval Arabic Geographical Texts* (Ghent: University of Ghent, 1995); Claus-Peter Haase, 'Babylon in der arabischen und islamischen Überlieferung', in Joachim Marzahn and Günther Schauerte, eds., *Babylon: Wahrheit* (Munich: Hirmer, 2008), pp. 509-518; Hannelore Müller and Walter Sommerfeld, 'Von der Welthauptstadt zum Weltkulturerbe: Eine Nachlese zur Stadtgeschichte von Babylon', in Anke Bentzin, Henner Fürtig, Thomas Krüppner and Riem Spielhaus, eds., *Zwischen Orient und Okzident: Studien zu Mobilität von Wissen, Konzepten und Praktiken* (Freiburg im Breisgau: Herder, 2010), p. 281 참조.

8 Michael J. Seymour, *Babylon: Legend, History and the Ancient City* (London: I.B. Tauris, 2014)는 근대 초기의 피에트로 델라 발레와 같은 여행자들에 대한 자세한 설명이 실려 있다.

9   Cristelle Baskins, 'Lost in Translation: Portraits of Sitti Maani Gioerida della Valle in Baroque Rome', *Early Modern Women* 7 (2012), pp. 241-260.

10   Denis Wright, 'Rassam, Hormuzd (1826-1910), Archaeologist and Civil Servant', *Oxford Dictionary of National Biography* (Oxford: Oxford University Press, 2008). https://doi. org/10.1093/ref:odnb/35677 (15 September 2018)에서 볼 수 있다.

11   Kevin J. Cathcart, 'The Earliest Contributions to the Decipherment of Sumerian and Akkadian', *Cuneiform Digital Library Journal* 2011:1 참조. www.cdli.ucla.edu/pubs/ cdlj/2011/cdlj2011_001.html (15 September 2018)에서 볼 수 있다.

12   창립자는 베를린 유대인공동체의 일원으로, 직물업자이자 자선가인 제임스 시몬이다. Olaf Matthes, *James Simon: Mäzen im Wilhelminischen Zeitalter* (Berlin: Bostelmann & Siebenhaar, 2000).

13   Klaus Jaschinski, *Des Kaisers Reise in den Orient 1898* (Berlin: Trafo-Verlag Weist, 2002).

14   Robert Koldewey, *Das wieder erstehende Babylon* (Munich: Beck, 1990; revised ed.); Walter Andrae, *Babylon: Die versunkene Weltstadt und ihr Ausgräber Robert Koldewey* (Berlin and Boston MA: De Gruyter, 1952) 참조.

15   Olof Pedersén, 'Waters at Babylon', in Terje Tvedt and Terje Oestigaard, eds., *Water and Urbanization* (London: I.B. Tauris, 2014), pp. 107-129.

16   자세한 내용은 Roberto Parapetti, 'Babylon 1978-2008', *Mesopotamia* 43 (2008), pp. 129-166; John E. Curtis, 'The Site of Babylon Today', in Irving L. Finkel and Michael J. Seymour, eds., *Babylon: Myth and Reality* (London: British Museum Press, 2008), pp. 213-220.

17   Neil MacFarquhar, 'Hussein's Babylon: A Beloved Atrocity', *The New York Times*, 19 August 2003.

18   John E. Curtis, 'Obituary Donny George Youkhanna, B.A., M.A., Ph.D. (1950-2011)', *Iraq* 73 (2011), pp. v–viii.

19   고고학적 복원에 대한 비평은 Mario Liverani, *Imagining Babylon: The Modern Story of an Ancient City* (Berlin and Boston MA: De Gruyter, 2016), pp. 345-352.

20   Neil MacFarquhar, 앞의 기사(주 17).

21   추가적으로 John E. Curtis, 'The Present Condition of Babylon', in Eva Cancik-Kirschbaum, Margarete van Ess and Joachim Marzahn, eds., *Babylon: Wissenskultur in Orient und Okzident* (Berlin and Boston MA: De Gruyter, 2011), pp. 3-17; Maryam U. Musa, 'The Situation of the Babylon Archaeological Site until 2006', in Cancik-Kirschbaum *et al.*, *Babylon*, pp. 19-46.

22   바빌론의 여러 도시를 그려 낸 도록 일러스트도 꽤 주목할 만하다. Béatrice André-Salvini, ed., *Babylone: À Babylone, d'hier et d'aujourd'hui* (Paris: Hazan, 2008); Moritz Wullen and Günther Schauerte, eds., *Babylon: Mythos* (Munich: Hirmer, 2008); Joachim Marzahn and Günther Schauerte, eds., *Babylon: Wahrheit* (Munich: Hirmer, 2008); Irving L. Finkel

and Michael J. Seymour, eds., *Babylon: Myth and Reality* (London: British Museum Press, 2008).

23 Helen Stoilas, 'Google and the World Monuments Fund Highlight Iraqi Heritage under Threat', *The Art Newspaper*, 6 June 2018.

제3장

1 함무라비 왕의 업적에 대한 연구로는 Dominique Charpin, *Hammurabi of Babylon* (London: I.B. Tauris, 2012)이 추천할 만하다. 최근 연구로는 Marc Van De Mieroop, *King Hammurabi of Babylon: A Biography* (Oxford and Malden MA: Wiley-Blackwell, 2004).

2 얌하드와 할라브에 대해서는 Jacob Lauinger, *Following the Man of Yamhad: Settlement and Territory at Old Babylonian Alalah* (Leiden and Boston MA: Brill, 2015).

3 엘람과 수사에 대해서는 Daniel T. Potts, *The Archaeology of Elam: Formation and Transformation of an Ancient Iranian State* (Cambridge: Cambridge University Press, 2016; 2nd revised ed.), pp. 148-175.

4 Carl Lamberg-Karlovsky, 'The *Longue Durée* of the Ancient Near East', in Jean-Luc Huot, Marguerite Yon and Yves Calvet, eds., *De l'Indus aux Balkans: Recueil à la mémoire de Jean Deshayes* (Paris: Éditions Recherche sur les civilisations, 1985), pp. 55-72; Piotr Steinkeller and Steffen Laursen, *Babylonia, the Gulf Region, and the Indus: Archaeological and Textual Evidence for Contact in the Third and Early Second Millennium BC* (Winona Lake IN: Eisenbrauns, 2017) 참조.

5 Michèle Casanova, *Le lapis-Lazuli dans l'orient ancien: Production et circulation néolithique au IIe millénaire av. J.C.* (Paris: Éditions du Comité des travaux historiques et scientifiques, 2013).

6 Claudio Saporetti, *La rivale di Babilonia: Storia di Ešnunna, un potente regno che sfidò Hammurapi* (Rome: Newton & Compton, 2002) 참조.

7 Nele Ziegler, 'Šamši-Adad I.', in Dietz Otto Edzard *et al.*, eds., *Reallexikon der Assyriologie und Vorderasiatischen Archäologie*, Vol. 11 (Berlin and Boston MA: De Gruyter, 2008), pp. 632-635.

8 Nele Ziegler, 'Le royaume d'Ekallatum et son horizon géopolitique', in Dominique Charpin and Jean-Marie Durand, eds., *Recueil d'études à la mémoire d'André Parrot* (Paris: Société pour l'Etude du Proche-Orient Ancien, 2002), pp. 211-274.

9 Jesper Eidem, *The Royal Archives from Tell Leilan 1: Old Babylonian Letters and Treaties from the Lower Town Palace East* (Leiden: Nederlands Instituut voor het Nabije Oosten, 2011) 참조.

10 Jean-Claude Margueron, *Mari, métropole de l'Euphrate au IIIe et au début du IIe millénaire av. J.-C.* (Paris: Picard, 2004) 참조.

11 번역은 Jean-Marie Durand, *Les documents épistolaires du palais de Mari*, Vol. 1 (Paris: Les

주

Éditions du Cerf, 1997), pp. 122-126 no. 29.

12 번역은 Jean-Marie Durand, *Les documents épistolaires du palais de Mari*, Vol. 2 (Paris: Les Éditions du Cerf, 1998), pp. 24-26 no. 452; Jack M. Sasson, *From the Mari Archives: An Anthology of Old Babylonian Letters* (Winona Lake IN: Eisenbrauns, 2015), p. 212 (3.6.a.i.2).

13 Nele Ziegler, 'Qatna at the Time of Samsi-Addu', in Peter Pfälzner and Michel al-Maqdissi, eds., *Qatna and the Networks of Bronze Age Globalism* (Wiesbaden: Harrassowitz, 2015), pp. 139-147.

14 Jack M. Sasson, 'The King and I: A Mari King in Changing Perceptions', *Journal of the American Oriental Society* 118 (1998), pp. 453-470; Nele Ziegler, 'Zimri-Lim,' in Michael P. Streck *et al.*, eds., *Reallexikon der Assyriologie und Vorderasiatischen Archäologie*, Vol. 15 (Berlin and Boston MA: De Gruyter, 2018), pp. 295-299.

15 Dominique Charpin, 'Les deux palais de Babylone', *Nouvelles Assyriologiques Brèves et Utilitaires* 1991, pp. 39-40 no. 59.

16 Jack M. Sasson, 앞의 책(주 12), pp. 85-87, 97에서 서신 견본 네 개를 발췌했다.

17 ARM 26 468, 번역은 Jack M. Sasson, 앞의 책(주 12), p. 87.

18 ARM 26 384, 번역은 Dominique Charpin, 앞의 책(주 1), p. 132.

19 Dominique Charpin, 'La fin des archives dans le palais de Mari', *Revue d'Assyriologie et d'archéologie orientale* 89 (1995), pp. 29-40.

20 주제별로 나뉘어 총 3권으로 출간되었다. Jean-Marie Durand, *Les documents épistolaires du palais de Mari*, Vols. 1-3 (Paris: Les Éditions du Cerf, 1997, 1998 and 2000). 영문 번역본은 Jack M. Sasson, 앞의 책(주 12).

21 〈마리 왕국 아카이브〉에 대한 역사적 평가로는 Dominique Charpin and Nele Ziegler, *Mari et le Proche Orient à l'èpoque amorrite: Essai d'histoire politique* (Paris: Société pour l'étude du Proche-Orient ancien, 2003).

22 Dominique Charpin, 'Babylon in der altbabylonischen Zeit: Eine Hauptstadt von vielen ... die als einzige übrig blieb', in Eva Cancik-Kirschbaum, Margarete van Ess and Joachim Marzahn, eds., *Babylon: Wissenskultur in Orient und Okzident* (Berlin and Boston MA: De Gruyter, 2011), pp. 77-89.

23 이를 확인할 수 있는 연구로는 Katja Sternitzke, 'Der Kontext der altbabylonischen Archive aus Babylon', *Mitteilungen der Deutschen Orient-Gesellschaft* 148 (2016), pp. 179-197.

24 아필신 즉위 2년은 '아필신이 바빌론에 새 성벽을 세운 해'라는 이름이 붙었다. 국가적 행사에 후년에 이름 붙이는 것은 고대 메소포타미아의 전통이었다. Malcolm J. A. Horsnell, *The Year-Names of the First Dynasty of Babylon* (Hamilton: McMaster University Press, 1999), pp. 76-77.

25 Andrew R. George, *House Most High: The Temples of Ancient Mesopotamia* (Winona Lake IN: Eisenbrauns, 1993), pp. 74 no. 151 (Edikukalamma; first attested under King Abi-ešuh); 114 no. 654 (Egišnugal); 129-130 no. 839 (Enamhe); 130-131 no. 849 (Enamtila);

265

132 no. 870 (Enitendu; first attested under King Ammi-ditana); 139-140 no. 967 (Esangila); 151 no. 1117 (Eturkalamma).

26 Takayoshi Oshima, 'The Babylonian God Marduk', in Gwendolyn Leick, ed., *The Babylonian World* (Abingdon and New York NY: Routledge, 2007), pp. 348-350.

27 번역은 Martha T. Roth, *Law Collections from Mesopotamia and Asia Minor* (Atlanta GA: Scholars Press, 1997; 2nd revised ed.), pp. 76-77: i 1-49.

28 Frans van Koppen and Denis Lacambre, 'Sippar and the Frontier between Ešnunna and Babylon: New Sources for the History of Ešnunna in the Old Babylonian Period', *Jaarbericht Ex Oriente Lux* 41 (2008/9), pp. 152-153 참조.

29 법체계에 관한 문헌으로는, Martha T. Roth, 앞의 책(주 27).

30 Frans van Koppen, 'The Geography of the Slave Trade and Northern Mesopotamia in the Late Old Babylonian Period', in Hermann Hunger and Regine Pruzsinszky, eds., *Mesopotamian Dark Age Revisited* (Vienna: Verlag der Österreichischen Akademie der Wissenschaften, 2004), pp. 9-33.

31 자세한 내용은 Lucile Barberon, *Les religieuses et le culte de Marduk dans le royaume de Babylone* (Paris: Société pour l'Etude du Proche-Orient Ancien, 2012); 'To Dedicate or Marry a *Naditu*-Woman of Marduk in Old Babylonian Society', in Lionel Marti, ed., *La famille dans le Proche-Orient ancien: Réalités, symbolismes et images* (Winona Lake IN: Eisenbrauns, 2014), pp. 267-274.

32 Frans van Koppen and Karen Radner, 'Ein Tontafelfragment aus der diplomatischen Korrespondenz der Hyksosherrscher mit Babylonien', in Manfred Bietak and Irene Forstner-Müller, 'Der Hyksos-Palast bei Tell el-Dab'a: Zweite und dritte Grabungskampagne (Frühling 2008 und Frühling 2009)', *Ägypten und Levante* 19 (2009), pp. 115-118.

33 Hermann Gasche et al., 'Fleuves du temps et de la vie: Permanence et instabilité du réseau fluviatile babylonien entre 2500 et 1500 avant notre ère', *Annales: Histoire, Sciences sociales* 57 (2002), pp. 531-544 참조.

34 Elizabeth C. Stone, *Nippur Neighborhoods* (Chicago IL: Oriental Institute of the University of Chicago, 1987), pp. 26-28.

35 Caroline Janssen, 'Samsu-iluna and the Hungry *Naditums*', *Northern Akkad Project Reports* 5 (1991), pp. 3-39 참조.

36 Karel Van Lerberghe and Gabriella Voet, *A Late Old Babylonian Temple Archive from Dur-Abiešuh* (Bethesda MD: CDL Press, 2018), pp. 3-4 참조. 도적떼에 대한 연구로는 Karel Van Lerberghe and Gabriella Voet, *A Late Old Babylonian Temple Archive from Dur-Abiešuh: The Sequel* (Bethesda MD: CDL Press, 2017), pp. 166-167 no. 205.

37 Dominique Charpin, 앞의 논문(주 22), pp. 86-88.

38 Dominique Charpin, *Reading and Writing in Babylon* (Cambridge MA: Harvard University Press, 2010).

39 최근 연구로는 Alexandra S. Kleinerman, *Education in Early 2nd Millennium BC Babylonia: The Sumerian Epistolary Miscellany* (Leiden and Boston MA: Brill, 2011); Steve Tinney, 'Tablets of Schools and Scholars: A Portrait of the Old Babylonian Corpus', in Karen Radner and Eleanor Robson, eds., *The Oxford Handbook of Cuneiform Culture* (Oxford: Oxford University Press, 2011), pp. 577-596; Niek Veldhuis, 'How Did They Learn Cuneiform?: "Tribute/Word List C" as an Elementary Exercise', in Piotr Michalowski and Niek Veldhuis, eds., *Approaches to Sumerian Literature: Studies in Honour of Stip (H.L.J. Vanstiphout)* (Leiden and Boston MA: Brill, 2006), pp. 181-200.

40 Eleanor Robson, *Mathematics in Ancient Iraq: A Social History* (Princeton NJ: Princeton University Press, 2008) 참조.

41 Frans van Koppen, 'The Early Kassite Period', in Alexa Bartelmus and Katja Sternitzke, eds., *Karduniaš: Babylonien zur Kassitenzeit/Babylonia under the Kassites* (Berlin and Boston MA: De Gruyter, 2017), pp. 45-92.

42 Olof Pedersén, *Archive und Bibliotheken in Babylon: Die Tontafeln der Grabung Robert Koldeweys 1899-1917* (Saarbrücken: SDV, 2005), pp. 37-53; Frans van Koppen, 앞의 논문(주 41), pp. 70-71.

43 Seth Richardson, 'The Many Falls of Babylon and the Shape of Forgetting', in Davide Nadali, ed., *Envisioning the Past through Memories: How Memory Shaped Ancient Near Eastern Societies* (London: Bloomsbury Academic, 2016), pp. 101-142 참조.

제4장

1 Frans van Koppen, 'The Early Kassite Period', in Alexa Bartelmus and Katja Sternitzke, eds., *Karduniaš: Babylonien zur Kassitenzeit/Babylonia under the Kassites* (Berlin and Boston MA: De Gruyter, 2017), pp. 46-52.

2 Frans van Koppen, 앞의 논문(주 1), pp. 65-74.

3 비문에 대한 최근 연구로는 Takayoshi Oshima, 'Another Attempt at Two Kassite Royal Inscriptions: The Agum-Kakrime Inscription and the Inscription of Kurigalzu the Son of Kadashmanharbe', *Babel und Bibel* 6 (2012), pp. 225-268.

4 A. Kirk Grayson, 'Königslisten und Chroniken. B. Akkadisch', in Dietz O. Edzard *et al.*, eds., *Reallexikon der Assyriologie und Vorderasiatischen Archäologie*, Vol. 6 (Berlin and Boston MA: De Gruyter, 1983), pp. 86-135.

5 카시트인의 비문에 대한 상세한 내용은 John Anthony Brinkman, *Materials and Studies for Kassite History, Vol. 1: A Catalogue of Cuneiform Sources Pertaining to Specific Monarchs of the Kassite Dynasty* (Chicago IL: Oriental Institute of the University of Chicago, 1976), pp. 52-74.

6 Odette Boivin, *The First Dynasty of the Sealand in Mesopotamia* (Berlin and Boston MA: De Gruyter, 2018), pp. 37-42 참조.

7   발굴 결과를 담은 내용은 2015년 출간되었다. Stuart Campbell *et al.*, 'Tell Khaiber: An
     Administrative Centre of the Sealand Period', *Iraq* 79 (2017), pp. 21-46.

8   Stephanie Dalley, *Babylonian Tablets from the First Sealand Dynasty in the Schøyen
     Collection* (Bethesda MD: CDL Press, 2009). 다음 문헌도 참조. Andrew R. George, *Babylonian
     Divinatory Texts Chiefly in the Schøyen Collection* (Bethesda MD: CDL Press, 2013);
     'The Civilizing of Ea-Enkidu: An Unusual Tablet of the Babylonian Gilgameš Epic', *Revue
     d'Assyriologie et d'archéologie orientale* 101 (2007), pp. 59-80; Uri Gabbay and Odette
     Boivin, 'A Hymn of Ayadaragalama, King of the First Sealand Dynasty, to the Gods of
     Nippur: The Fate of Nippur and Its Cult during the First Sealand Dynasty', *Zeitschrift für
     Assyriologie und vorderasiatische Archäologie* 108 (2018), pp. 22-42.

9   Daniel T. Potts, 'Elamites and Kassites in the Persian Gulf', *Journal of Near Eastern Studies*
     65 (2006), pp. 111-119 참조.

10   James A. Armstrong and Margaret C. Brandt, 'Ancient Dunes at Nippur', in Hermann
     Gasche *et al.*, eds., *Cinquante-deux réflexions sur le Proche-orient ancien: Offertes en
     hommage à Leon De Meyer* (Leuven: Peeters, 1994), pp. 255-263 참조.

11   Béatrice André-Salvini, 'Les tablettes cunéiformes de Qal'at al-Bahreïn', in Pierre
     Lombard, ed., *Bahreïn: La civilisation des deux mers* (Paris: Institut du Monde Arabe,
     1999), pp. 126-128; Monik Kervran, Fredrik T. Hiebert and Axelle Rougeulle, *Qal'at
     al-Bahrain: A Trading and Military Outpost, 3rd Millennium BC 17th Century AD*
     (Turnhout: Brepols, 2005), pp. 74-76.

12   John Anthony Brinkman, 'Babylonian Royal Land Grants, Memorials of Financial Interest,
     and Invocation of the DivineX', *Journal of the Economic and Social History of the Orient*
     49 (2006), pp. 1-47 참조. 쿠두루에 대한 최근 연구로는 Susanne Paulus, *Die babylonischen
     Kudurru-Inschriften von der kassitischen bis zur frühneubabylonischen Zeit, untersucht
     unter besonderer Berücksichtigung gesellschafts- und rechtshistorischer Fragestellungen*
     (Münster: Ugarit, 2014).

13   '베를린 편지'(Vorderasiatisches Museum Berlin, VAT 17020) 참조. 최근 연구로는 Jeremy
     Goldberg, 'The Berlin Letter, Middle Elamite Chronology and Šutruk-Nahhunte I's
     Genealogy', *Iranica Antiqua* 39 (2004), pp. 33-42; Susanne Paulus, 'Beziehungen zweier
     Großmächte: Elam und Babylonien in der 2.Hälfte des 2. Jt. v. Chr.: Ein Beitrag zur
     internen Chronologie', in Katrien de Graef and Jan Tavernier, eds., *Susa and Elam:
     Archaeological, Philological, Historical and Geographical Perspectives* (Leiden and Boston
     MA: Brill, 2013), pp. 429-449; Daniel T. Potts, *The Archaeology of Elam: Formation and
     Transformation of an Ancient Iranian State* (Cambridge: Cambridge University Press,
     2016; 2nd revised ed.), pp. 197-199; Michael Roaf, 'Kassite and Elamite Kings', in Alexa
     Bartelmus and Katja Sternitzke, eds., *Karduniaš: Babylonia under the Kassites* Vol. 1 (Berlin
     and Boston: De Gruyter, 2017), pp. 166-196.

14 Paul-Alain Beaulieu, 'Palaces of Babylon and Palaces of Babylonian Kings', *Journal of the Canadian Society for Mesopotamian Studies* 11-12 (2017), pp. 6-7 참조.

15 Taha Baqir, *Aqar Quf* (Baghdad: Directorate General of Antiquities, 1959); Tim Clayden, 'Dur-Kurigalzu: New Perspectives', in Alexa Bartelmus and Katja Sternitzke, eds., *Karduniaš: Babylonia under the Kassites* Vol. 2 (Berlin and Boston: De Gruyter, 2017), pp. 437-478; Helen Malko, 'Dur-Kurigalzu: Insights from Unpublished Iraqi Excavation Reports', in Alexa Bartelmus and Katja Sternitzke, eds., *Karduniaš: Babylonia under the Kassites* Vol. 2 (Berlin and Boston: De Gruyter, 2017), pp. 479-491.

16 발굴 결과 출간물로는 Oskar Reuther, *Die Innenstadt von Babylon (Merkes)* (Leipzig: Hinrichs, 1926).

17 자세한 내용은 Alexa Bartelmus, *Fragmente einer großen Sprache: Sumerisch im Kontext der Schreiberausbildung des kassitenzeitlichen Babylonien* (Berlin and Boston MA: De Gruyter, 2016), pp. 77-168; 'The Role of Babylon in Babylonian Scribal Education', in Shigeo Yamada and Daisuke Shibata, eds., *Cultures and Societies in the Middle Euphrates and Habur Areas in the Second Millennium BC, I: Scribal Education and Scribal Traditions* (Wiesbaden: Harrassowitz, 2016), pp. 25-43. 바빌론 메르케스의 주택에서 발견된 점토판에 대해서는 Olof Pedersén, *Archive und Bibliotheken in Babylon: Die Tontafeln der Grabung Robert Koldeweys 1899-1917* (Saarbrücken: SDV, 2005), pp. 69-106.

18 최근 번역본은 Benjamin R. Foster, *Before the Muses: An Anthology of Akkadian Literature* (Bethesda MA: CDL Press, 2005; 3rd ed.), pp. 227-280.

19 Nils P. Heeßel, '"Sieben Tafeln aus sieben Städten": Überlegungen zum Prozess der Serialisierung von Texten in Babylonien in der zweiten Hälfte des zweiten Jahrtausends v. Chr.', in Eva Cancik-Kirschbaum, Margarete van Ess and Joachim Marzahn, eds., *Babylon: Wissenskultur in Orient und Okzident* (Berlin and Boston MA: De Gruyter, 2011), pp. 171-174.

20 Wilfred G. Lambert, 'A Catalogue of Texts and Authors', *Journal of Cuneiform Studies* 16 (1962), pp. 59-77; Nils P. Heeßel, 앞의 논문(주 19), pp. 194-195.

21 Wilfred G. Lambert, 'Ancestors, Authors and Canonicity', *Journal of Cuneiform Studies* 11 (1957), pp. 1-14.

22 Eleanor Robson, *Mathematics in Ancient Iraq: A Social History* (Princeton NJ: Princeton University Press, 2008), pp. 172-176.

23 John P. Nielsen, *Sons and Descendants: A Social History of Kin Groups and Family Names in the Early Neo-Babylonian Period, 747-626 BC* (Leiden and Boston MA: Brill, 2010), pp. 4, 36-37, 73-74.

24 번역은 Franciscus A. M. (Frans) Wiggermann, 'A Babylonian Scholar in Assur', in Robartus J. van der Spek, ed., *Studies in Ancient Near Eastern World View and Society Presented to Marten Stol* (Bethesda MA: CDL Press, 2008), p. 223.

25 John P. Nielsen, 앞의 책(주 23), pp. 28, 73-74.

26 Betina Faist, 'Kingship and Istitutional Development in the Middle Assyrian Period', in Giovanni Battista Lanfranchi and Robert Rollinger, eds., *Concepts of Kingship in Antiquity* (Padova: S.A.R.G.O.N., 2010), p. 17 참조.

27 Franciscus A. M. (Frans) Wiggermann, 앞의 논문(주 24), pp. 219-222의 번역문에서 인용했다.

28 Franciscus A. M. (Frans) Wiggermann, 앞의 논문(주 24), pp. 212.

29 라바샤마르두크에 대해서는 Nils P. Heeßel, 'The Babylonian Physician Rabâ-ša-Marduk: Another Look at Physicians and Exorcists in the Ancient Near East', in Annie Attia and Gilles Buisson, eds., *Advances in Mesopotamian Medicine from Hammurabi to Hippocrates* (Leiden and Boston MA: Brill, 2009), pp. 13-28. 두통 처방은 이 글에서 가져왔다.

30 KBo I 10+. 번역은 Nils P. Heeßel, 앞의 논문(주 29), p. 15.

31 Nils P. Heeßel, 앞의 논문(주 29), pp. 26-27 (lines 1-3 and lines 25-26).

32 Markham J. Geller, *Ancient Babylonian Medicine: Theory and Practice* (Chichester and Malden MA: Wiley-Blackwell, 2010).

33 '베를린 편지'에서 언급되었다.

34 Daniel T. Potts, 앞의 책(주 13), pp. 210-213.

35 Peter Meyers, 'The Casting Process of the Statue of Queen Napir-Asu in the Louvre', in Carol C. Mattusch, Amy Brauer and Sandra E. Knudsen, eds., *From the Parts to the Whole: Acta of the 13th International Bronze Congress* (Portsmouth RI: Journal of Roman Archaeology, 2000), pp. 11-18.

36 번역은 William L. Moran, *The Amarna Letters* (Baltimore MD and London: Johns Hopkins University Press, 1992), pp. 8-10 (EA 4, lines 4-22).

37 William L. Moran, 앞의 책(주 36), pp. 21-23 (EA 11).

38 Konstantinos Kopanias, 'The Late Bronze Age Near Eastern Cylinder Seals from Thebes (Greece) and Their Historical Implications', *Mitteilungen des Deutschen Archälogischen Instituts, Athenische Abteilung* 123 (2008), pp. 60-61, 65.

39 John Anthony Brinkman, 'The Western Asiatic Seals Found at Thebes in Greece: A Preliminary Edition', *Archiv für Orientforschung* 28 (1981/2), p. 74 no. 26.

40 Daliah Bawanypeck, 'Die Köiginnen auf den Siegeln', *Studi Micenei ed Egeo-Anatolici* 49 (2007), pp. 55-57.

41 Trevor Bryce, 'A View from Hattusa', in Gwendolyn Leick, ed., *The Babylonian World* (Abingdon and New York NY: Routledge, 2007), pp. 505-508.

42 이에 대해서는 두 개의 연대기적 기록이 남아 있다. Synchronistic History, i 8'-12' and Chronicle P, i 5-4; A. Kirk Grayson, ed., *Assyrian and Babylonian Chronicles* (Locust Valley NY: Augustin, 1975), pp. 157-177 (as Chronicles 21 and 22).

43 주 13 참고.

주

제5장

1   자세한 내용은 Angelika Berlejung, *Die Theologie der Bilder: Herstellung und Einweihung von Kultbildern in Mesopotamien und die alttestamentliche Bilderpolemik* (Fribourg: Universitätsverlag Freiburg/Göttingen: Vandenhoeck & Ruprecht, 1998).

2   Walther Sallaberger, 'Tempel, philologisch: In Mesopotamien, 3. Jt. bis 612 v. Chr.', and Paul-Alain Beaulieu, 'Tempel, philologisch: In Mesopotamien, neubabylonisch', in Michael P. Streck *et al.*, eds., *Reallexikon der Assyriologie und Vorderasiatischen Archäologie*, Vol. 13 (Berlin and Boston MA: De Gruyter, 2013), pp. 519-524, 524-527.

3   자세한 내용은 John P. Nielsen, *The Reign of Nebuchadnezzar I in History and Historical Memory* (Abingdon and New York NY: Routledge, 2018).

4   Wilfred G. Lambert, 'The Reign of Nebuchadnezzar I: A Turning Point in the History of Ancient Mesopotamian Religion', in William Stewart McCullough, ed., *The Seed of Wisdom: Essays in Honour of T.J. Meek* (Toronto: University of Toronto Press, 1964), pp. 3-13; Takayoshi Oshima, 'The Babylonian God Marduk', in Gwendolyn Leick, ed., *The Babylonian World* (Abingdon and New York NY: Routledge, 2007), pp. 348-360; Tzvi Abusch, 'Marduk', in Karel van der Toorn, Bob Becking and Pieter W. van der Horst, eds., *Dictionary of Deities and Demons in the Bible* (Leiden and Boston MA: Brill, 1999), pp. 543-549.

5   Frederick M. Fales, 'Moving around Babylon: On the Aramean and Chaldean Presence in Southern Mesopotamia', in Eva Cancik-Kirschbaum, Margarete van Ess and Joachim Marzahn, eds., *Babylon: Wissenskultur in Orient und Okzident* (Berlin and Boston MA: De Gruyter, 2011), pp. 91-111 참조. 또한 Grant Frame, Edward Lipiński and Ran Zadok in Angelika Berlejung and Michael P. Streck, eds., *Arameans, Chaldeans, and Arabs in Babylonia and Palestine in the First Millennium BC* (Wiesbaden: Harrassowitz, 2013).

6   자세한 내용은 Julye Bidmead, *The Akitu Festival: Religious Continuity and Royal Legitimation in Mesopotamia* (Piscataway NJ: Gorgias Press, 2004); Annette Zgoll, 'Königslauf und Götterrat: Struktur und Deutung des babylonischen Neujahrsfestes', in Erhard Blum and Rüdiger Lux, eds., *Festtraditionen in Israel und im Alten Orient* (Gütersloh: Evangelische Verlagsanstalt, 2006), pp. 11-80. 셀레우코스 왕조 시대의 제례문에 대한 최근 연구로는 Marc Linssen, *The Cults of Uruk and Babylon: The Temple Ritual Texts as Evidence for Hellenistic Cult Practice* (Leiden and Boston MA: Brill, 2004).

7   신년축제가 두 번이라는 사실이 문학작품에서는 잘 언급되지 않으며 다음 문헌이 다루고 있다. Claus Ambos, *Der König im Gefängnis und das Neujahrsfest im Herbst: Mechanismen der Legitimation des babylonischen Herrschers im 1. Jahrtausend v. Chr. und ihre Geschichte* (Dresden: ISLET, 2013), pp. 130-132.

8   '운명의 제단'의 역할에 대해서는 Stefan M. Maul, 'Babylon: Das Fadenkreuz von Raum und Zeit', in Roland Galle and Johannes Klingen-Protti, eds., *Städte der Literatur* (Heidelberg:

Winter, 2005), pp. 11-13.

9 Walther Sallaberger, 'Das Erscheinen Marduks als Vorzeichen: Kultstatue und Neujahrsfest in der Omenserie *Šumma ālu*', *Zeitschrift für Assyriologie und vorderasiatische Archäologie* 90 (2000), pp. 227-262.

10 Francesca Rochberg, *The Heavenly Writing: Divination, Horoscopy, and Astronomy in Mesopotamian Culture* (Cambridge and New York NY: Cambridge University Press, 2004); Matthew T. Rutz, 'Astral Knowledge in an International Age: Transmission of the Cuneiform Tradition, ca. 1500-1000 BC', in John M. Steele, ed., *The Circulation of Astronomical Knowledge in the Ancient World* (Leiden and Boston MA: Brill, 2016), pp. 18-54.

11 Stefan M. Maul, 앞의 논문(주 8), p. 10.

12 Marc Linssen, 앞의 책(주 6), p. 228, lines 273-276의 번역문에서 가져왔다.

13 최근 번역본으로 Wilfred G. Lambert, 'Mesopotamian Creation Stories', in Markham J. Geller and Mineke Schipper, eds., *Imagining Creation* (Leiden and Boston MA: Brill, 2008), pp. 15-59. 전체 번역본은 Wilfred G. Lambert, *Babylonian Creation Myths* (Winona Lake IN: Eisenbrauns, 2013). 다른 편집본은 Thomas R. Kämmerer and Kai A. Metzler, *Das babylonische Weltschöpfungsepos Enūma elîš* (Münster: Ugarit, 2012).

14 Andrea Seri, 'The Fifty Names of Marduk in *Enuma Eliš*', *Journal of the American Oriental Society* 126 (2006), pp. 507-520; Marc Van De Mieroop, 'What Is the Point of the Babylonian Creation Myth?', in Sebastian Fink and Robert Rollinger, eds., *Conceptualizing Past, Present and Future* (Münster: Ugarit, 2018), pp. 381-392.

15 번역문 인용은 Grant Frame, *Rulers of Babylonia: From the Second Dynasty of Isin to the End of Assyrian Domination (1157-612 BC)* (Toronto: University of Toronto Press, 1995), pp. 104-105 (B.6.7.1).

16 야생염소와 바빌론 왕의 관련성에 대해서는 Rocío Da Riva and Eckart Frahm, 'Šamaš-šumu-ukin, die Herrin von Ninive und das babylonische Königssiegel', *Archiv für Orientforschung* 46/7 (1999/2000), pp. 168-169.

17 Marduk Prophecy, i 1-12. 최근 번역은 Benjamin R. Foster, *Before the Muses: An Anthology of Akkadian Literature* (Bethesda MD: CDL Press, 2005; 3rd ed.), pp. 388-391.

18 John P. Nielsen, *The Reign of Nebuchadnezzar I in History and Historical Memory* (Abingdon and New York NY: Routledge, 2018), pp. 32-33 참조.

19 Marc Linssen, 앞의 책(주 6), p. 232 (lines 423-428).

20 Marduk Prophecy, iii 9-12.

21 최근 번역은 Benjamin R. Foster, 앞의 책(주 17), pp. 867-869.

22 이에 대한 분석으로는 Jennifer Finn, *Much Ado about Marduk: Questioning Discourses of Royalty in First Millennium Mesopotamian Literature* (Berlin and Boston MA: De Gruyter, 2017).

23 Gojko Barjamovic, 'Civic Institutions and Self-Government in Southern Mesopotamia in the Mid-First Millennium BC', in Jan Dercksen, ed., *Assyria and Beyond: Studies Presented to Mogens Trolle Larsen* (Leiden: Nederlands Instituut voor het Nabije Oosten, 2004), pp. 47-98.

24 번역은 Mikko Luukko, *The Correspondence of Tiglath-Pileser III and Sargon II from Calah/Nimrud* (Helsinki: The Neo-Assyrian Text Corpus Project, 2012), no. 1: 1-5.

25 Caroline Waerzeggers, 'The Pious King: Royal Patronage of Temples', in Karen Radner and Eleanor Robson, eds., *The Oxford Handbook of Cuneiform Culture* (Oxford: Oxford University Press, 2011), pp. 725-751 참조.

26 Geert De Breucker, 'Heroes and Sinners: Babylonian Kings in Cuneiform Historiography of the Persian and Hellenistic Periods', in Jason M. Silverman and Caroline Waerzeggers, eds., *Political Memory in and after the Persian Empire* (Atlanta GA: SBL Press, 2015), pp. 75-94; Michael Jursa and Céline Debourse, 'A Babylonian Priestly Martyr, a King-Like Priest, and the Nature of Late Babylonian Priestly Literature', *Wiener Zeitschrift für die Kunde des Morgenlandes* 107 (2017), pp. 77-98 참조.

27 번역은 Michael Jursa and Celine Debourse, 앞의 논문(주 26), pp. 90-91: BM 32655, lines 2'–7'.

제6장

1 Michael P. Streck, 'Tukulti-Ninurta I.', in Michael P. Streck *et al.*, eds., *Reallexikon der Assyriologie und Vorderasiatischen Archäologie*, Vol. 14 (Berlin and Boston MA: De Gruyter, 2016), pp. 176-178.

2 최근 번역은 Benjamin R. Foster, *Before the Muses: An Anthology of Akkadian Literature* (Bethesda MD: CDL Press, 2005; 3rd ed.), pp. 298-317.

3 번역은 A. Kirk Grayson, *Assyrian Rulers of the Early First Millennium BC II (858-745 BC)* (Toronto: University of Toronto Press, 1996), no. A.0.78.5, lines 54-69.

4 Benjamin R. Foster, 앞의 책(주 2), p. 315: vi 1'-11'.

5 이에 대한 첫 연구는 Ernst F. Weidner, 'Die Bibliothek Tiglatpilesers I.,' *Archiv für Orientforschung* 16 (1952/3), p. 200; Nils P. Heeßel, 'Die divinatorischen Texte aus Assur: Assyrische Gelehrte und babylonische Traditionen', in Johannes Renger, ed., *Assur: Gott, Stadt und Land* (Wiesbaden: Harrassowitz, 2011), pp. 372-376.

6 Nils P. Heeßel, 'The Babylonian Physician Rabâ-ša-Marduk: Another Look at Physicians and Exorcists in the Ancient Near East', in Annie Attia and Gilles Buisson, eds., *Advances in Mesopotamian Medicine from Hammurabi to Hippocrates* (Leiden and Boston MA: Brill, 2009), pp. 23-28.

7 Nils P. Heeßel, 'Die divinatorischen Texte aus Assur', p. 376 (unpublished catalogue of Stefan Maul). 아수르에서 발굴된 장서 명판 78개 중 31개가 내장점에 관한 내용이다. 명판에 대해

서는 Nils P. Heeßel, *Divinatorische Texte II: Opferschau-Omina* (Wiesbaden: Harrassowitz, 2012).

8   Nils P. Heeßel, 앞의 논문(주 7), pp. 374-376.

9   Karen Radner, 'Royal Decision-Making: Kings, Magnates, and Scholars', in Karen Radner and Eleanor Robson, eds., *The Oxford Handbook of Cuneiform Culture* (Oxford: Oxford University Press,2011), pp. 356-379 참조. 최근 자료로는 Jonathan Taylor, 'Knowledge: The Key to Assyrian Power', in Gareth Brereton, ed., *I Am Ashurbanipal, King of the World, King of Assyria* (London: Thames & Hudson, 2018), pp. 88-97.

10 내장점에 대한 자세한 내용은 Stefan M. Maul, *Die Wahrsagekunst im Alten Orient: Zeichen des Himmels und der Erde* (Munich: Beck, 2013), pp. 29-109.

11 질문의 내용에 대해서는 Stefan M. Maul, 앞의 책(주 10), pp. 111-129.

12 Nils P. Heeßel, *Divinatorische Texte II: Opferschau-Omina* (Wiesbaden: Harrassowitz, 2012), pp. 12-15; Stefan M. Maul, 앞의 책(주 10), pp. 231-233.

13 An De Vos, *Die Lebermodelle aus Boğazköy* (Wiesbaden: Harrassowitz, 2013).

14 Vincenzo Bellelli and Marco Mazzi, *Extispicio: Una 'scienza' divinatoria tra Mesopotamia e Etruria* (Rome: Scienze e lettere, 2013).

15 William Furley and Victor Gysembergh, *Reading the Liver: Papyrological Texts on Ancient Greek Extispicy* (Tübingen: Mohr Siebeck, 2015).

16 번역문 인용은 A. Kirk Grayson, 앞의 책(주 3), no. A.0.78.5, lines 1-9.

17 Eva Cancik-Kirschbaum, 'Nebenlinien des assyrischen Königshauses in der 2. Hälfte des 2. Jt.', *Altorientalische Forschungen* 26 (1999), pp. 210-222; Jaume Llop and Andrew R. George, 'Die babylonisch-assyrischen Beziehungen und die innere Lage Assyriens in der Zeit der Auseinandersetzung zwischen Ninurta-tukulti-Aššur und Mutakkil-Nusku nach neuen keilschriftlichen Quellen', *Archiv für Orientforschung* 48/9 (2001/2), pp. 1-23.

18 Karen Radner, 'The Neo-Assyrian Empire', in Michael Gehler and Robert Rollinger, eds., *Imperien und Reiche in der Weltgeschichte: Epochenübergreifende und globalhistorische Vergleiche* (Wiesbaden: Harrassowitz, 2014), pp. 103, 107-108 (with previous literature).

19 Heather D. Baker, 'Salmanassar III.', in Dietz Otto Edzard *et al.*, eds., *Reallexikon der Assyriologie und Vorderasiatischen Archäologie*, Vol. 11 (Berlin and Boston MA: De Gruyter, 2008), pp. 581-585.

20 번역은 A. Kirk Grayson, 앞의 책(주 3), no. A.0.102.5 iv 1-6, 칼후 근처 임구르엔릴 신전의 장식된 문에도 비문이 남아 있다. 샬만에세르 3세의 바빌론 입성에 대한 기록도 있다.

21 Heather D. Baker, 'Šamši-Adad V.', in Dietz Otto Edzard *et al.*, eds., *Reallexikon der Assyriologie und Vorderasiatischen Archäologie*, Vol. 11 (Berlin and Boston MA: De Gruyter, 2008), pp. 636-638.

22 Karen Radner, 'Revolts in the Assyrian Empire: Succession Wars, Rebellions against a False King and Independence Movements', in John J. Collins and Joseph G. Manning, eds.,

Revolt and Resistance in the Ancient Classical World and the Near East: In the Crucible of Empire (Leiden and Boston MA: Brill, 2016), pp. 47-48.

23 번역은 Simo Parpola and Kazuko Watanabe, *Neo-Assyrian Treaties and Loyalty Oaths* (Helsinki: Helsinki University Press, 1988), no. 1, lines 8'-10'.

24 Heather D. Baker, 'Tiglath-Pileser III.', in Michael P. Streck *et al.*, eds., *Reallexikon der Assyriologie und Vorderasiatischen Archäologie*, Vol. 14 (Berlin and Boston MA: De Gruyter, 2016), pp. 21-24.

25 번역은 Mikko Luukko, *The Correspondence of Tiglath-Pileser III and Sargon II from Calah/Nimrud* (Helsinki: The Neo-Assyrian Text Corpus Project, 2012), no. 98.

26 번역은 Mikko Luukko, 앞의 책(주 25), no. 1.

27 Hayim Tadmor and Shigeo Yamada, *The Royal Inscriptions of TiglathPileser III (744-727 BC) and Shalmaneser V (726-722 BC), Kings of Assyria* (Winona Lake IN: Eisenbrauns, 2011), nos. 40, 51 and 52: '티글라트필레세르, 위대한 왕, 영민한 왕, 세계의 왕, 아시리아의 왕, 바빌론의 왕, 수메르와 아카드의 왕, 네 세계의 왕.'

28 Frederick Mario Fales, 'The Two Dynasties of Assyria', in Salvatore Gaspa *et al.*, eds., *From Source to History: Studies on Ancient Near Eastern Worlds and Beyond Dedicated to Giovanni Battista Lanfranchi* (Münster: Ugarit, 2014), pp. 205-206, 220-221 참조.

29 Karen Radner, 앞의 논문(주 22), pp. 49-52.

30 Andreas Fuchs, 'Sargon II.', in Michael P. Streck *et al.*, eds., *Reallexikon der Assyriologie und Vorderasiatischen Archäologie*, Vol. 12 (Berlin and Boston MA: De Gruyter, 2011), p. 55.

31 번역문 인용은 Manfried Dietrich, *The Neo-Babylonian Correspondence of Sargon and Sennacherib* (Helsinki: Helsinki University Press, 2003), no. 20.

32 번역은 Grant Frame, *Rulers of Babylonia: From the Second Dynasty of Isin to the End of Assyrian Domination (1157-612 BC)* (Toronto: University of Toronto Press, 1995), pp. 143-145 (B.6.22.1).

33 Karen Radner, 'Provinz. C. Assyrien', in Dietz Otto Edzard *et al.*, eds., *Reallexikon der Assyriologie und Vorderasiatischen Archäologie*, Vol. 11 (2008), pp. 64-65 *s.v.* Babylon and Gambulu.

34 번역문 인용은 Manfried Dietrich, 앞의 책(주 31), no. 23.

35 번역문 인용은 Manfried Dietrich, 앞의 책(주 31), no. 32.

36 Eckart Frahm, 'Sanherib', in Michael P. Streck *et al.*, eds., *Reallexikon der Assyriologie und Vorderasiatischen Archäologie*, Vol. 12 (Berlin and Boston MA: De Gruyter, 2011), pp. 17-18.

37 아시리아의 통치에 대해서는 Grant Frame, *Babylonia 689-627 BC: A Political History* (Leiden: Nederlands Instituut voor het Nabije Oosten, 1992).

38 A. Kirk Grayson and Jamie Novotny, *The Royal Inscriptions of Sennacherib, King of*

Assyria (704-681 BC), Part 1 (Winona Lake IN: Eisenbrauns, 2012), no. 34, lines 34-36.

39 Alasdair Livingstone, *Court Poetry and Literary Miscellanea* (Helsinki: Helsinki University Press, 1989), nos. 34 and 35.

40 Andrew R. George, 'Sennacherib and the Tablet of Destinies', *Iraq* 48 (1986), pp. 133-146.

41 자세한 내용은 Galo W. Vera Chamaza, *Die Omnipotenz Aššurs: Entwicklungen in der Aššur-Theologie unter den Sargoniden Sargon II., Sanherib und Asarhaddon* (Münster: Ugarit, 2002), pp. 71-167; Daniel D. Luckenbill, 'The Ashur Version of the Seven Tablets of Creation', *American Journal of Semitic Languages and Literatures* 38 (1921), pp. 12-35 참조.

42 Jeanette Fincke, 'Babylonische Gelehrte am neuassyrischen Hof: Zwischen Anpassung und Individualität', in Hans Neumann *et al.*, eds., *Krieg und Frieden im Alten Vorderasien* (Münster: Ugarit, 2014), pp. 269-292 참조.

43 자세한 내용은 Barbara N. Porter, *Images, Power, and Politics: Figurative Aspects of Esarhaddon's Babylonian Policy* (Philadelphia PA: American Philosophical Society, 1993).

44 번역은 Erle Leichty, *The Royal Inscriptions of Esarhaddon, King of Assyria (680-669 BC)* (Winona Lake IN: Eisenbrauns, 2011), nos. 104 and 105, lines i 16-ii 9 and i 20-ii 22.

45 번역은 Erle Leichty, 앞의 책(주 44), no. 105 vii 5-33.

46 번역문 인용은 Grant Frame, 앞의 책(주 32), pp. 196-198 (B.6.32.1).

47 Grant Frame, 앞의 책(주 32), pp. 248-259 (B.6.33).

48 Grant Frame, 'Šamaš-šuma-ukin', in Dietz Otto Edzard *et al.*, eds., *Reallexikon der Assyriologie und Vorderasiatischen Archäologie*, Vol. 11 (Berlin and Boston MA: De Gruyter, 2008), pp. 618-621.

49 Jamie Novotny, 'Ashurbanipal's Campaigns', in Gareth Brereton, ed., *I Am Ashurbanipal, King of the World, King of Assyria* (London: Thames & Hudson, 2018), pp. 203-204 참조.

50 Chikako E. Watanabe, 'Reading Ashurbanipal's Palace Reliefs: Methods of Presenting Visual Narratives', in Gareth Brereton, ed., *I Am Ashurbanipal, King of the World, King of Assyria* (London: Thames & Hudson, 2018), pp. 219-221.

51 최근 연구로는 Irving L. Finkel, 'Ashurbanipal's Library: Contents and Significance', in Gareth Brereton, ed., *I Am Ashurbanipal, King of the World, King of Assyria* (London: Thames & Hudson, 2018), pp. 80-87.

52 Frederick Mario Fales and John Nicholas Postgate, *Imperial Administrative Records, Part I: Palace and Temple Administration* (Helsinki: Helsinki University Press, 1992), nos. 49-56; Eckart Frahm, 'Headhunter, Bücherdiebe und wandernde Gelehrte: Anmerkungen zum altorientalischen Wissenstransfer im 1. Jahrtausend v. Chr.', in Hans Neumann, ed., *Wissenskultur im Alten Orient: Weltanschauung, Wissenschaften, Techniken, Technologien* (Wiesbaden: Harrassowitz, 2012), p. 21 참조.

53 아슈르바니팔이 옮겨 온 텍스트에 대해서는 Jeanette Fincke, 'The Babylonian Texts from Nineveh: Report on the British Museum's Ashurbanipal Library Project', *Archiv für*

Orientforschung 50 (2003/4), pp. 111-149.

54 Eckart Frahm, 앞의 논문(주 52), pp. 22-24.

55 Karen Radner, 'Aššur-mukin-pale'a', in Karen Radner, ed., *The Prosopography of the Neo-Assyrian Empire 1/I: A* (Helsinki: The Neo-Assyrian Text Corpus Project, 1998), pp. 197-198.

56 Recorded on a part of Amherst Papyrus 63: Richard C. Steiner and Charles F. Nims, 'Ashurbanipal and Shamash-shum-ukin: A Tale of Two Brothers from the Aramaic Text in Demotic Script', *Revue Biblique* 92 (1985), pp. 60-81; Béatrice Andre-Salvini, 'Die "Geschichte der beiden Brüder": Sarbanapal (Assurbanipal) and Sarmuge (Schamaschschum-ukin)', in Joachim Marzahn and Günther Schauerte, eds., *Babylon: Wahrheit* (Munich: Hirmer, 2008), pp. 481-483 참조.

57 Michael Jursa, 'Die Söhne Kudurrus und die Herkunft der neubabylonischen Dynastie', *Revue d'Assyriologie et d'archéologie orientale* 101 (2007), pp. 125-136; Andreas Fuchs, 'Die unglaubliche Geburt des neubabylonischen Reiches oder: Die Vernichtung einer Weltmacht durch den Sohn eines Niemand', in Manfred Krebernik and Hans Neumann, eds., *Babylonien und seine Nachbarn in neu- und spätbabylonischer Zeit* (Münster: Ugarit, 2014), pp. 25-71 참조.

제7장

1 Wayne Horowitz, 'The Babylonian Map of the World', *Iraq* 50 (1988), pp. 147-165; Carlo Zaccagnini, 'Maps of the World', in Giovanni B. Lanfranchi *et al.*, eds., *Leggo! Studies Presented to Frederick Mario Fales* (Wiesbaden: Harrassowitz, 2012), pp. 865-874.

2 Michael Jursa, 'The Neo-Babylonian Empire', in Michael Gehler and Robert Rollinger, eds., *Imperien und Reiche in der Weltgeschichte: Epochenübergreifende und globalhistorische Vergleiche* (Wiesbaden: Harrassowitz, 2014), pp. 121-148 참조.

3 Olof Pedersén, 'Waters at Babylon', in Terje Tvedt and Terje Oestigaard, eds., *Water and Urbanization* (London: I.B. Tauris, 2014), p. 119.

4 요르단의 자연석 유물에 대해서는 Stephanie Dalley and Anne Goguel, 'The Sela' Sculpture: A Neo-Babylonian Rock Relief in Southern Jordan', *Annual of the Department of Antiquities of Jordan* 41 (1997), pp. 169-176. 사우디아라비아의 자연석 유물에 대해서는 Arnulf Hausleiter and Hanspeter Schaudig, 'Rock Relief and Cuneiform Inscription of King Nabonidus at al-Ḥāʾiṭ (province of Ḥāʾil, Saudi Arabia), ancient Fadak/Padakku', *Zeitschrift für Orient-Archäologie* 8 (2015), pp. 224-240. 다른 기념물들에 대한 최초의 연구로는 Rocío Da Riva, 'The Nebuchadnezzar Rock Inscription at Nahr el-Kalb', in Anne-Marie Maïla-Afeiche, ed., *Le site de Nahr el-Kalb* (Beirut: Ministère de la Culture, Direction Générale des Antiquités, 2009), pp. 255-302; 'The Nebuchadnezzar Monuments of Shir es-Sanam and Wadi es-Saba (North Lebanon)', *Bulletin d'Archéologie et d'Architecture Libanaises* 15 (2011), pp.

309-322; 'Enduring Images of an Ephemeral Empire: Neo-Babylonian Inscriptions and Representations in the Western Periphery', in Robert Rollinger and Eric van Dongen, eds., *Mesopotamia in the Ancient World: Impact, Continuities, Parallels* (Münster: Ugarit, 2015), pp. 603-630; 'Neo-Babylonian Rock-Cut Monuments and Ritual Performance: The Rock Reliefs of Nebuchadnezzar in Brisa Revisited', *Hebrew Bible and Ancient Israel* 7 (2018), pp. 17-41.

5 나보니두스의 석비에 대해서는 Hanspeter Schaudig, *Die Inschriften Nabonids von Babylon und Kyros' des Großen samt den in ihrem Umfeld entstandenen Tendenzschriften: Textausgabe und Grammatik* (Münster: Ugarit, 2001).

6 Rocío Da Riva, *The Twin Inscriptions of Nebuchadnezzar at Brisa (Wadi esh-Sharbin, Lebanon): A Historical and Philological Study* (Vienna: Institut für Orientalistik, 2012).

7 Daniel T. Potts, *The Archaeology of Elam: Formation and Transformation of an Ancient Iranian State* (Cambridge: Cambridge University Press, 2016; 2nd revised ed.), pp. 225-229.

8 Abdulillah Fadhil, 'Der Prolog des Codex Hammurapi in einer Abschrift aus Sippar,' *XXXIV Uluslararası Assiriyoloji Kongresi* (Ankara: Türk Tarih Kurumu Yayınları, 1998), pp. 717-729; Eckart Frahm, 'Headhunter, Bücherdiebe und wandernde Gelehrte: Anmerkungen zum altorientalischen Wissenstransfer im 1. Jahrtausend v. Chr.', in Hans Neumann, ed., *Wissenskultur im Alten Orient: Weltanschauung, Wissenschaften, Techniken, Technologien* (Wiesbaden: Harrassowitz, 2012), pp. 26-27 참조.

9 Paul-Alain Beaulieu, *The Reign of Nabonidus, King of Babylon 556-539 BC* (New Haven CT and London: Yale University Press, 1989); Hanspeter Schaudig, 'Nabonid, der "Archäologe auf dem Königsthron": Zum Geschichtsbild des ausgehenden neubabylonischen Reiches', in Gebhart J. Selz, ed., *Festschrift für Burkhard Kienast* (Münster: Ugarit, 2003), pp. 447-497.

10 번역은 Jamie Novotny and Frauke Weiershäuser for their forthcoming edition in the series *Royal Inscriptions of the Neo-Babylonian Empire*, Edition: Bahija Khalil Ismail, 'New Texts from the Procession Street', *Sumer* 41 (1985), pp. 34-35.

11 번역은 Jamie Novotny and Frauke Weiershauser for their forthcoming edition in the series *Royal Inscriptions of the Neo-Babylonian Empire*, Edition: Hanspeter Schaudig, 앞의 책(주 5), pp. 353-358.

12 A. Kirk Grayson, *Assyrian and Babylonian Chronicles* (Locust Valley NY: Augustin, 1975), with updates in Jean-Jacques Glassner, *Mesopotamian Chronicles* (Atlanta GA: Society of Biblical Literature, 2004); Caroline Waerzeggers, 'The Babylonian Chronicles: Classification and Provenance', *Journal of Near Eastern Studies* 71 (2012), pp. 285-298 참조.

13 Michael Jursa, 'The Lost State Correspondence of the Babylonian Empire as Reflected in Contemporary Administrative Letters', in Karen Radner, ed., *State Correspondence in the*

주

Ancient World: From New Kingdom Egypt to the Roman Empire (New York NY: Oxford University Press, 2014), pp. 94-111 참조. 문자 사용에 대해서는 Yigal Bloch, Alphabet Scribes in the Land of Cuneiform: Sēpiru Professionals in Mesopotamia in the Neo-Babylonian and Achaemenid Periods (Piscataway NJ: Gorgias Press, 2018).

14 Benjamin Sass and Joachim Marzahn, *Aramaic and Figural Stamp Impressions on Bricks of the Sixth Century BC from Babylon* (Wiesbaden: Harrassowitz, 2010). 사용된 도장은 위 문헌과 일치한다(pp. 46, 48-53, 166).

15 Michael Jursa, 'Cuneiform Writing in Neo-Babylonian Temple Communities', in Karen Radner and Eleanor Robson, eds., *The Oxford Handbook of Cuneiform Culture* (Oxford: Oxford University Press, 2011), pp. 184-204.

16 Andrew R. George, 'A Tour of Nebuchadnezzar's Babylon', in Irving L. Finkel and Michael J. Seymour, eds., *Babylon: Myth and Reality* (London: British Museum Press, 2008), pp. 54-59.

17 Francis Joannès, 'By the Streets of Babylon', in Bérengère Perello and Aline Tenu, eds., *Parcours d'Orient: Recueil de textes offert à Christine Kepinski* (Oxford: Archaeopress, 2016), pp. 127-138.

18 Tom Boiy, *Late Achaemenid and Hellenistic Babylon* (Leuven: Peeters, 2004), p. 233; Hannelore Müller and Walter Sommerfeld, 'Von der Welthauptstadt zum Weltkulturerbe: Eine Nachlese zur Stadtgeschichte von Babylon', in Anke Bentzin, Henner Fürtig, Thomas Krüppner and Riem Spielhaus, eds., *Zwischen Orient und Okzident: Studien zu Mobilität von Wissen, Konzepten und Praktiken* (Freiburg im Breisgau: Herder, 2010), pp. 269-278 와 비교.

19 Marc Van De Mieroop, 'Reading Babylon', *American Journal of Archaeology* 107 (2003), pp. 257-275 참조.

20 바빌론의 개인 주택 발굴과 문서 자료에 대해서는 Heather D. Baker, 'The Social Dimensions of Babylonian Domestic Architecture in the Neo-Babylonian and Achaemenid Periods', in John Curtis and St John Simpson, eds., *The World of Achaemenid Persia: History, Art and Society in Iran and the Ancient Near East* (London: I.B. Tauris, 2010), pp. 179-194; 'The Babylonian Cities: Investigating Urban Morphology Using Texts and Archaeology', in Ulrike Steinert and Natalie May, eds., *The Fabric of Cities: Aspects of Urbanism, Urban Topography and Society in Mesopotamia, Greece and Rome* (Leiden and Boston MA: Brill, 2013), pp. 171-188; 'Family Structure, Household Cycle and the Social Use of Domestic Space in Urban Babylonia', in Miriam Müller, ed., *Household Studies in Complex Societies: (Micro) Archaeological and Textual Approaches* (Chicago, IL: Oriental Institute of the University of Chicago, 2015), pp. 371-407.

21 Louise Quillien, 'Tools and Crafts, the Terminology of Textile Manufacturing in First Millennium BC Babylonia', in Salvatore Gaspa, Cécile Michel and Marie-Louise Nosch, eds., *Textile Terminologies from the Orient to the Mediterranean and Europe, 1000 BC to 1000 AD* (Lincoln NE: Zea Books, 2017), pp. 91-106 참조.

22 Heather D. Baker, 'A Waste of Space?: Unbuilt Land in the Babylonian Cities of the First Millennium BC', *Iraq* 71 (2009), p. 95.

23 Michael Jursa *et al.*, *Aspects of the Economic History of Babylonia in the First Millennium BC: Economic Geography, Economic Mentalities, Agriculture, the Use of Money and the Problem of Economic Growth* (Münster: Ugarit, 2010), pp. 322-340; Reinhard Pirngruber, *The Economy of Late Achaemenid and Seleucid Babylonia* (Cambridge and New York NY: Cambridge University Press, 2017), p. 129 참조.

24 Walid Al-Shahib and Richard J. Marshall, 'The Fruit of the Date Palm: Its Possible Use as the Best Food for the Future?', *International Journal of Food Sciences and Nutrition* 54 (2003), pp. 247-259.

25 Magen Broshi, 'Date Beer and Date Wine in Antiquity', *Palestine Exploration Quarterly* 139 (2007), pp. 55-59.

26 최근 번역으로 Jeremy Black, *et al.*, *Literature of Ancient Sumer* (Oxford: Oxford University Press, 2004), pp. 163-180.

27 니누르타 신전 발굴에 대해서는 Robert Koldewey, *Die Tempel von Babylon und Borsippa: Nach den Ausgrabungen durch die Deutsche Orient-Gesellschaft* (Leipzig: Hinrichs, 1911).

28 Heather D. Baker, 'The Statue of Bel in the Ninurta Temple at Babylon', *Archiv für Orientforschung* 52 (2011), pp. 117-120.

29 Andrew R. George, 'Marduk and the Cult of the Gods of Nippur at Babylon', *Orientalia* 66 (1997), pp. 65-70.

30 Tintir IV l. 20: 'Ešasurra, the temple of Išhara; in the Šuanna district'; Andrew R. George, *Babylonian Topographical Texts* (Leuven: Peeters, 1992), pp. 59, 314-316.

31 콜데바이의 발굴 결과에 대해서는 Friedrich Wetzel and Franz H. Weissbach, *Das Hauptheiligtum des Marduk in Babylon: Esagila and Etemenanki* (Leipzig: Hinrichs, 1938).

32 Philippe Clancier, *Les bibliothèques en Babylonie dans la deuxième moitié du Ier milléaire av. J.-C.* (Münster: Ugarit, 2009), pp. 204-213 and 411-470 (catalogue of texts).

33 Caroline Waerzeggers, 'The Babylonian Priesthood in the Long Sixth Century', *Bulletin of the Institute of Classical Studies* 54 (2011), pp. 59-70.

34 에산길라 명판에 대해서는 Andrew R. George, 앞의 책(주 30), pp. 109-119.

35 Andrew R. George, 'A Stele of Nebuchadnezzar II', in Andrew R. George, ed., *Cuneiform Royal Inscriptions and Related Texts in the Schøyen Collection* (Bethesda MD: CDL Press, 2011), pp. 153-169, pls. LVIII-LXVII (no. 76).

36 이 논란에 대한 최신 연구로는 Juan Luis Montero Fenollos, 'La *ziggurat* de Babylone: Un monument à repenser', in Béatrice André-Salvini, ed., *La tour de Babylone: Étudeset recherches sur les monuments de Babylone* (Rome: CNR Istituto di studi sulle civiltá

주

dell'egeo e del vicino oriente, 2013), pp. 127-146; Andrew R. George, 'The Tower of Babel: Archaeology, History and Cuneiform Texts', *Archiv für Orientforschung* 51 (2005/6), pp. 75-95.

37 Davide Nadali and Andrea Polcaro, 'The Sky from the High Terrace: Study on the Orientation of the Ziqqurat in Ancient Mesopotamia', *Mediterranean Archaeology and Archaeometry* 16 (2016), pp. 103-108 참조.

38 Nawala Al-Mutawalli, 'A New Foundation Cylinder from the Temple of Nabû *ša hare*', *Iraq* 61 (1999), pp. 191-194; Antoine Cavigneaux, 'Les fouilles irakiennes de Babylone et le temple de Nabû *ša hare*: Souvenirs d'un archéologue débutant', in Beatrice André-Salvini, ed., *La tour de Babylone: Études et recherches sur les monuments de Babylone* (Rome: CNR Istituto di studi sulle civiltá dell'egeo e del vicino oriente, 2013), pp. 65-76 참조.

39 Antoine Cavigneaux, *Textes scolaires du temple de Nabû ša harê* (Baghdad: State Board of Antiquities and Heritage, 1981). 2천 개 이상의 명판이 발굴되었고, 아직도 남아 있는 유물에 대해서는 '*Nabû ša harê* und die Kinder von Babylon', in Johannes Renger, ed., *Babylon: Fokus mesopotamischer Geschichte, Wiege früher Gelehrsamkeit, Mythos in der Moderne* (Saarbrücken: SDV, 1998), p. 391.

40 Robert Koldewey, *Die Königsburgen von Babylon 1: Die Südburg* (Leipzig: Hinrichs, 1931).

41 Robert Koldewey, *Die Königsburgen von Babylon 2: Die Hauptburg und der Sommerpalast Nebukadnezars im Hügel Babil* (Leipzig: Hinrichs, 1932).

42 Paul-Alain Beaulieu, 'Eanna's Contribution to the Construction of the North Palace at Babylon', in Heather D. Baker and Michael Jursa, eds., *Approaching the Babylonian Economy* (Münster: Ugarit, 2005), pp. 45-73.

43 Olof Pedersén, 'Foreign Professionals in Babylon: Evidence from the Archive in the Palace of Nebuchadnezzar II', in Wilfred H. van Soldt, ed., *Ethnicity in Ancient Mesopotamia* (Leiden: Nederlands Instituut voor het Nabije Oosten, 2005), pp. 267-272; 예호야킨에 대해서는 Ernst F. Weidner, 'Jojachin, König von Juda, in babylonischen Keilschrifttexten', in Franz Cumont et al., eds., *Mélanges syriens offerts à Monsieur René Dussaud*, Vol. 2 (Paris: Geuthner, 1939), pp. 923-935.

44 Olof Pedersén, 'Waters at Babylon', in Terje Tvedt and Terje Oestigaard, eds., *Water and Urbanization* (London: I.B. Tauris, 2014), p. 121.

45 Paul-Alain Beaulieu, 'A New Inscription of Nebuchadnezzar II Commemorating the Restoration of Emaḫin Babylon', *Iraq* 59 (1997), pp. 93-96.

46 Irving L. Finkel, 'The Lament of Nabû-šuma-ukîn', in Johannes Renger, ed., *Babylon: Fokus mesopotamischer Geschichte, Wiege fruher Gelehrsamkeit, Mythos in der Moderne* (Saarbrücken: SDV, 1998), pp. 323-342 참조.

47 Walter Mayer, 'Nabonids Herkunft', in Manfried Dietrich, ed., *Dubsar anta-men: Studien zur Altorientalistik. Festschrift für Willem H. Ph. Römer* (Münster: Ugarit, 1998), pp. 245-

261.

48 Hanspeter Schaudig, 앞의 책(주 5), pp. 563-596.

49 Paul-Alain Beaulieu, 'An Episode in the Fall of Babylon to the Persians', *Journal of Near
    Eastern Studies* 52 (1993), pp. 241-261; Małgorzata Sandowicz, 'More on the End of the
    Neo-Babylonian Empire', *Journal of Near Eastern Studies* 74 (2015), pp. 197-210 참조.

제8장

1   Ehulhul Cylinder, lines i 26-29. Edition: Hanspeter Schaudig, *Die Inschriften Nabonids von
    Babylon und Kyros' des Großen samt den in ihrem Umfeld entstandenen Tendenzschriften:
    Textausgabe und Grammatik* (Münster: Ugarit, 2001), pp. 415-440.

2   Matt Waters, 'Parsumash, Anshan, and Cyrus', in Javier Alvarez-Mon and Mark Garrison,
    eds., *Elam and Persia* (Winona Lake IN: Eisenbrauns, 2011), pp. 285-296 참조.

3   A. Kirk Grayson, *Assyrian and Babylonian Chronicles* (Locust Valley NY: Augustin, 1975),
    pp. 109-111: Nabonidus Chronicle iii 12-28.

4   최근 번역은 Irving L. Finkel, ed., *The Cyrus Cylinder: The King of Persia's Proclamation
    from Ancient Babylon* (London: I.B. Tauris, 2013).

5   Nabonidus Chronicle iii 24-28 by Andrew R. George, 'Studies in Cultic Topography and
    Ideology,' *Bibliotheca Orientalis* 53 (1996), pp. 379-380.

6   Caroline Waerzeggers, 'Babylonian Kingship in the Persian Period: Performance and
    Reception', in Jonathan Stökl and Caroline Waerzeggers, eds., *Exile and Return: The
    Babylonian Context* (Berlin and Boston MA: De Gruyter, 2015), p. 201 참조.

7   자세한 내용은 Michael Jursa, 'The Transition of Babylonia from the Neo-Babylonian
    Empire to Achaemenid Rule', in Harriet Crawford, ed., *Regime Change in the Ancient
    Near East and Egypt: From Sargon of Agade to Saddam Hussein* (London: British
    Academy, 2007), pp. 77-83.

8   Caroline Waerzeggers, 앞의 논문(주 6), pp. 181-222 참조.

9   Amélie Kuhrt, 'Reassessing the Reign of Xerxes in the Light of New Evidence', in Michael
    Kozuh *et al.*, eds., *Extraction & Control: Studies in Honor of Matthew W. Stolper* (Chicago
    IL: Oriental Institute of the University of Chicago, 2014), pp. 165-166 참조.

10 관련 문헌으로 Michael P. Streck, 'Nebukadnezar III. und IV.', in Dietz O. Edzard *et al.*, eds.,
    Reallexikon der Assyriologie und Vorderasiatischen Archäologie, Vol. 9 (Berlin and Boston
    MA: De Gruyter, 2001), p. 206.

11 바빌론, 엘람, 고대 페르시아의 유물에 대해서는 Leonard W. King and Reginald C. Thompson,
    *The Sculptures and Inscription of Darius the Great on the Rock of Behistun in Persia:
    A New Collation of the Persian, Susian and Babylonian Texts* (London: Longmans,
    1907); Rüdiger Schmitt, *The Bisitun Inscriptions of Darius the Great: Old Persian
    Text* (London: School of Oriental and African Studies, 1991); Françoise Grillot-Susini,

주

Clarisse Herrenschmidt and Florence Malbran-Labat, 'La version élamite de la trilingue de Behistun: Une nouvelle lecture', *Journal Asiatique* 281 (1993), pp. 19-59; Florence Malbran-Labat, *La version akkadienne de l'inscription trilingue de Darius à Behistun* (Rome: GEI, 1994). 또한 Amélie Kuhrt, *The Persian Empire: A Corpus of Sources from the Achaemenid Period* (London and New York NY: Routledge, 2007), pp. 141-557. 바빌로니아의 반란의 대해서는 §§ 16, 18-20, §§ 49-50에 나와 있다.

12 Matthew W. Stolper, 'Achaemenid Legal Texts from the Kasr: Interim Observations', in Johannes Renger, ed., *Babylon: Focus mesopotamischer Geschichte, Wiege früher Gelehrsamkeit, Mythos in der Moderne* (Saarbrücken: SDV, 1999), pp. 365-375 참조.

13 Ursula Seidl, 'Ein Monument Darius' I. aus Babylon', *Zeitschrift für Assyriologie und vorderasiatische Archäologie* 89 (1999), pp. 101-114; 'Eine Triumphstele Darius' I. aus Babylon,' in Johannes Renger, ed., *Babylon: Fokus mesopotamischer Geschichte, Wiege fruher Gelehrsamkeit, Mythos in der Moderne* (Saarbrücken: SDV, 1998), pp. 297-306.

14 자세한 내용은 Michael Jursa, 앞의 논문(주 7), pp. 87-89; 'Taxation and Service Obligations in Babylonia from Nebuchadnezzar to Darius and the Evidence for Darius' Tax Reform', in Robert Rollinger, Brigitte Truschnegg and Reinhold Bichler, eds., *Herodotus and the Persian Empire* (Wiesbaden: Harrassowitz, 2011), pp. 431-448; Caroline Waerzeggers, 앞의 논문(주 6), pp. 199-200.

15 Caroline Waerzeggers, 'The Babylonian Revolts against Xerxes and the "End of Archives"', *Archiv für Orientforschung* 50 (2003/4), pp. 151-156은 두 반란이 기원전 484년보다 전부터 시작되었다고 본다.

16 자세한 내용은 Caroline Waerzeggers, 앞의 논문(주 15), pp. 156-171; Heather D. Baker, 'Babylon in 484 BC: The Excavated Archival Tablets as a Source for Urban History', *Zeitschrift für Assyriologie und vorderasiatische Archäologie* 98 (2008), pp. 100-116.

17 Matthew W. Stolper, *Entrepreneurs and Empire: The Murašû Archive, the Murašû Firm, and Persian Rule in Babylonia* (Leiden: Nederlands Historisch-Archaeologisch Instituut te Istanbul, 1985) 참조.

18 Abraham J. Sachs and Hermann Hunger, *Astronomical Diaries and Related Texts from Babylonia, Vol. 1: Diaries from 652 B.C. to 262 B.C.; Vol. 2: Diaries from 261 B.C. to 165 B.C.; Vol. 3: Diaries from 164 B.C. to 61 B.C.* (Vienna: Verlag der österreichischen Akademie der Wissenschaften, 1988; 1989; 1996).

19 이에 대한 중요한 자료로는 Reinhard Pirngruber, *The Economy of Late Achaemenid and Seleucid Babylonia* (Cambridge and New York NY: Cambridge University Press, 2017).

20 Andrew R. George, 'Xerxes and the Tower of Babel', in John E. Curtis and St John Simpson, eds., *The World of Achaemenid Persia: History, Art and Society in Iran and the Ancient Near East* (London: I.B. Tauris, 2010), pp. 471-489; Amélie Kuhrt, 앞의 논문(주 9), pp. 163-169 참조.

21 Caroline Waerzeggers, 앞의 논문(주 6), p. 194.

22 Karlheinz Kessler, 'Urukäische Familien versus babylonische Familien: Die Namengebung in Uruk, die Degradierung der Kulte von Eanna und der Aufstieg des Gottes Anu', *Altorientalische Forschungen* 31 (2004), pp. 237-262.

23 Caroline Waerzeggers, 앞의 논문(주 6), pp. 211-212 참조.

24 Oded Lipschitz and Joseph Blenkinsopp, eds., *Judah and the Judeans in the Neo-Babylonian Period* (Winona Lake IN: Eisenbrauns, 2003) 참조.

25 많은 작품 중에서 Bob Becking, 'In Babylon: The Exile in Historical (Re)construction'; Anne Mareike Wetter, 'Balancing the Scales: The Construction of the Exile as Countertradition in the Bible', in Bob Becking, Alex Cannegieter, Wilfred van der Poll and Anne-Mareike Wetter, *From Babylon to Eternity: The Exile Remembered and Constructed in Text and Tradition* (Sheffield: Equinox, 2009), pp. 4-33, 34-56. 또한 John J. Ahn and Jill Middlemas, eds., *By the Irrigation Canals of Babylon: Approaches to the Study of Exile* (London: T&T Clark International, 2012).

26 Muhammad Dandamayev, 'Twin Towns and Ethnic Minorities in First-Millennium Babylonia', in Robert Rollinger and Christoph Ulf, eds., *Commerce and Monetary Systems in the Ancient World* (Stuttgart: Steiner, 2004), pp. 137-151.

27 Shlomo Moussaieff 소유의 텍스트 11개는 다음 논문에 담겼다. Francis Joannès and André Lemaire, 'Contrats babyloniens d'époque achéménide du Bit-Abi-ram avec une épigraphe araméenne', *Revue d'Assyriologie et d'Archéologie Orientale* 90 (1996), pp. 41-60; 'Trois tablettes cunéiformes à onomastique ouest-sémitique (collection Sh. Moussaïeff)', *Transeuphratène* 17 (1999), pp. 17-34; Kathleen Abraham, 'West Semitic and Judean Brides in Cuneiform Sources from the Sixth Century BCE: New Evidence from a Marriage Contract from Al-Yahudu', *Archiv für Orientforschung* 51 (2005/6), pp. 198-219; 'An Inheritance Division among Judeans in Babylonia from the Early Persian Period', in Meir Lubetski, ed., *New Seals and Inscriptions, Hebrew, Idumean, and Cuneiform* (Sheffield: Sheffield Phoenix Press, 2007), pp. 206-221. David Sofer 소유의 텍스트 103개는 다음 논문에 담겼다. Laurie E. Pearce and Cornelia Wunsch, *Documents of Judean Exiles and West Semites in Babylonia in the Collection of David Sofer* (Bethesda MD: CDL Press, 2014); 2015년 예루살렘의 전시회에서 공개되었다. Filip Vukosavović, ed., *By the Rivers of Babylon: The Story of the Babylonian Exile* (Jerusalem: Bible Lands Museum, 2015), pp. 97-117, 123-124. Schøyen Colletion 가운데 텍스트 97개는 Cornelia Wunsch가 *Babilonische Archive* (Dresden)를 위해 발표했다. Laurie E. Pearce and Cornelia Wunsch, *Documents of Judean Exiles and West Semites in Babylonia in the Collection of David Sofer* (Bethesda MD: CDL Press, 2014), pp. 255-314에서 모두 확인할 수 있다.

28 최근 연구로는 Kathleen Abraham, 'Negotiating Marriage in Multicultural Babylonia: An Example from the Judean Community in Al-Yahudu', in Jonathan Stökl and Caroline

Waerzeggers, eds., *Exile and Return: The Babylonian Context* (Berlin and Boston MA: De Gruyter, 2015), pp. 33-57; Tero Alstola, *Judeans in Babylonia: A Study of Deportees in the Sixth and Fifth Centuries BCE* (PhD thesis University of Helsinki, 2018; http://hdl.handle. net/10138/233918, 8 January 2019); F. Rachel Magdalene and Cornelia Wunsch, 'Slavery between Judah and Babylon: The Exilic Experience', in Laura Culbertson, ed., *Slaves and Households in the Near East* (Chicago IL: Oriental Institute of the University of Chicago, 2011), pp. 113-134; Laurie E. Pearce, '"Judeans": A Special Status in Neo-Babylonian and Achaemenid Babylonia?', in Oded Lipschits, Gary Knoppers and Manfred Oeming, eds., *Judah and the Judeans in the Achaemenid Period: Negotiating Identity in an International Context* (Winona Lake IN: Eisenbrauns, 2011), pp. 267-278; 'Continuity and Normality in Sources Relating to the Judean Exile', *Hebrew Bible and Ancient Israel* 3 (2014), pp. 163-184; 'Cuneiform Sources for Judeans in Babylonia in the Neo-Babylonian and Achaemenid Periods: An Overview', *Religion Compass* 10 (2016), pp. 1-14; Dalit Rom-Shiloni, 'The Untold Stories: Al-Yahudu *and or versus* Hebrew Bible Babylonian Compositions', *Welt des Orients* 47 (2017), pp. 124-134.

29   Laurie E. Pearce and Cornelia Wunsch, 앞의 책(주 27), p. 112 and pl. X no. 10; Filip Vukosavović, 앞의 책(주 27), pp. 104-105.

30   Cyrus Cylinder, ll. 30-32. Irving L. Finkel, *The Cyrus Cylinder*, pp. 6-7, 132.

31   Matthew W. Stolper, 앞의 책(주 17).

32   Laurie E. Pearce and Cornelia Wunsch, 앞의 책(주 27), pp. 7-9; Tero Alstola, 'Review of Laurie E. Pearce and Cornelia Wunsch, *Documents of Judean Exiles* (2014)', *Orientalistische Literaturzeitung* 111 (2016), pp. 327-329 참조.

33   니르야마와 학개는 기원전 508년 다른 거래의 증인으로 처음 언급되었다. 야후이즈리의 거래 내역은 기원전 507년부터 등장한다. 따라서 이들은 모두 성인이었을 것이다. 아버지 사후에 물려받은 유산을 기록한 문서에 따르면 이들은 기원전 504년에 이름 붙여졌다. 이 가족에 대해서는 Laurie E. Pearce and Cornelia Wunsch, 앞의 책(주 27), pp. 7-9, 35-36, 52-53, 75, 78-79, 89-91.

34   Paul-Alain Beaulieu, 'Nebuchadnezzar's Babylon as World Capital', *Journal of the Canadian Society for Mesopotamian Studies* 3 (2008), p. 10.

제9장

1   Amélie Kuhrt, 'Alexander and Babylon', in Heleen Sancisi-Weerdenburg and Jan W. Drijvers, eds., *The Roots of the European Tradition* (Leiden: Nederlands Instituut voor het Nabije Oosten, 1990), pp. 121-130; Robartus J. van der Spek, 'Darius III, Alexander the Great and Babylonian Scholarship', in Wouter F. M. Henkelman and Amélie Kuhrt, eds., *A Persian Perspective: Essays in Memory of Heleen Sancisi-Weerdenburg* (Leiden: Nederlands Instituut voor het Nabije Oosten, 2003), pp. 289-346 참조.

2   Tom Boiy, *Late Achaemenid and Hellenistic Babylon* (Leuven: Peeters, 2004), p. 233.

3   그리스 정착민에 대해서는 Robartus J. (Bert) van der Spek, 'Multi-Ethnicity and Ethnic
     Segregation in Hellenistic Babylon', in Ton Derks and Nico Roymans, eds., *Ethnic
     Constructs in Antiquity: The Role of Power and Tradition* (Amsterdam: Amsterdam
     University Press, 2009), pp. 101-115.

4   Francis Joannes, 'La Babylonie Méridionale: Continuité, déclin ou rupture?', in Pierre
     Briant and Francis Joannès, eds., *La transition entre l'empire achéménide et les royaumes
     hellénistiques* (Paris: De Boccard, 2006), pp. 101-135; Michael Jursa, 'Agricultural
     Management, Tax Farming and Banking: Aspects of Entrepreneurial Activity in Babylonia
     in the Late Achaemenid and Hellenistic Periods', in Pierre Briant and Francis Joannes,
     eds., *La transition entre l'empire achemenide et les royaumes hellenistiques* (Paris: De
     Boccard, 2006), pp. 137-222; Reinhard Pirngruber, *The Economy of Late Achaemenid and
     Seleucid Babylonia* (Cambridge and New York NY: Cambridge University Press, 2017) 참조.

5   에산길라의 쇠퇴에 대해서는 Robartus J. van der Spek, *Babylonian Chronicles of the
     Hellenistic Period*, no. 6 (www.livius.org/cgcm/chronicles/bchp-ruin_esagila/ruin_
     esagila_01.html, 15 January 2019).

6   Daniel T. Potts, 'The *Politai* and the *bīt tāmartu*: The Seleucid and Parthian Theatres
     of the Greek Citizens of Babylon', in Eva Cancik-Kirschbaum, Margarete van Ess and
     Joachim Marzahn, eds., *Babylon: Wissenskultur in Orient und Okzident* (Berlin and
     Boston MA: De Gruyter, 2011), pp. 239-251. 그리스식 극장에 대한 연구는 Robartus J. van
     der Spek, 'The Theatre of Babylon in Cuneiform', in Wilfried H. van Soldt, ed., *Veenhof
     Anniversary Volume: Studies Presented to Klaas R. Veenhof* (Leiden: Nederlands Instituut
     voor het Nabije Oosten, 2001), pp. 445-456.

7   Olof Pedersén, 'Waters at Babylon', in Terje Tvedt and Terje Oestigaard, eds., *Water and
     Urbanization* (London: I.B. Tauris, 2014), p. 119.

8   Robartus J. van der Spek, 'The Size and Significance of the Babylonian Temples under
     the Successors', in Pierre Briant and Francis Joannes, eds., *La transition entre l'empire
     achemenide et les royaumes hellenistiques* (Paris: De Boccard, 2006), pp. 269-272.

9   Tom Boiy, 앞의 책(주 2), pp. 275-287; Robartus J. van der Spek, 앞의 논문(주 8), pp. 264-
     265.

10   Tom Boiy, 앞의 책(주 2), pp. 115-117.

11   Philippe Clancier, *Les bibliothèques en Babylonie dans la deuxième moitié du Ier millénaire
     av. J.-C.* (Münster: Ugarit, 2009), pp. 204-213 참조.

12   Stefan R. Hauser, 'Babylon in arsakidischer Zeit', in Johannes Renger, ed., *Babylon:
     Focus mesopotamischer Geschichte, Wiege früher Gelehrsamkeit, Mythos in der Moderne*
     (Saarbrücken: SDV, 1999), p. 228.

13   Stefan M. Maul, 'Neues zu den "Graeco-Babyloniaca"', *Zeitschrift für Assyriologie und
     vorderasiatische Archäologie* 81 (1991), pp. 87-107; Aage Westenholz, 'The Graeco-

Babyloniaca Once Again', *Zeitschrift für Assyriologie und vorderasiatische Archäologie* 97 (2007), pp. 262-313.

14 최근 연구로는 Rolf Strootman, 'Babylonian, Macedonian, King of the World: The Antiochos Cylinder from Borsippa and Seleukid Imperial Integration', in Eftychia Stavrianopoulou, ed., *Shifting Social Imaginaries in the Hellenistic Period: Narrations, Practices, and Images* (Leiden and Boston MA: Brill, 2013), pp. 67-98; Paul-Alain Beaulieu, 'Nabû and Apollo: The Two Faces of Seleucid Religious Policy', in Friedhelm Hoffmann and Karin S. Schmidt, eds., *Orient und Okzident in hellenistischer Zeit* (Vaterstetten: Verlag Patrick Brose, 2014), pp. 13-30; Kathryn Stevens, 'The Antiochus Cylinder, Babylonian Scholarship and Seleucid Imperial Ideology', *Journal of Hellenic Studies* 134 (2014), pp. 66-88.

15 Geert De Breucker, 'Berossos between Tradition and Innovation', in Karen Radner and Eleanor Robson, eds., *The Oxford Handbook of Cuneiform Culture* (Oxford: Oxford University Press, 2011), pp. 637-657; Johannes Bach, 'Berossos, Antiochos und die Babyloniaka', *Ancient West & East* 12 (2013), pp. 157-180 참조.

16 Johannes Haubold, 'Hellenism, Cosmopolitanism, and the Role of Babylonian Elites in the Seleucid Empire', in Myles Lavan, Richard E. Payne and John Weisweiler, eds., *Cosmopolitanism and Empire: Universal Rulers, Local Elites, and Cultural Integration in the Ancient Near East and Mediterranean* (New York NY: Oxford University Press, 2016), pp. 89-101; Kathryn Stevens, 'Empire Begins at Home: Local Elites and Imperial Ideologies in Hellenistic Greece and Babylonia', in Myles Lavan, Richard E. Payne and John Weisweiler, eds., *Cosmopolitanism and Empire: Universal Rulers, Local Elites, and Cultural Integration in the Ancient Near East and Mediterranean* (New York NY: Oxford University Press, 2016), pp. 65-77, 86-88.

17 Sidsel Maria Westh-Hansen, 'Hellnistic Uruk Revisited: Sacred Architecture, Seleucid Policy and Cross-Cultural Interaction', in Rubina Raja, ed., *Contextualizing the Sacred in the Hellenistic and Roman Near East* (Turnhout: Brepols, 2017), pp. 155-168 참조.

18 Philippe Clancier, 'Cuneiform Culture's Last Guardians: The Old Urban Notability of Hellenistic Uruk', in Karen Radner and Eleanor Robson, eds., *The Oxford Handbook of Cuneiform Culture* (Oxford: Oxford University Press, 2011), pp. 752-773; Heather D. Baker, 'The Image of the City in Hellenistic Babylonia', in Eftychia Stavrianopoulou, ed., *Shifting Social Imaginaries in the Hellenistic Period: Narrations, Practices, and Images* (Leiden and Boston MA: Brill, 2013), pp. 51-66 참조.

19 Paul-Alain Beaulieu, 'The Astronomers of the Esagil Temple in the Fourth Century BC', in Ann Guinan et al., eds., *If a Man Builds a Joyful House: Assyriological Studies in Honor of Erle Verdun Leichty* (Leiden and Boston MA: Brill, 2006), pp. 5-22; John M. Steele, 'The Circulation of Astronomical Knowledge between Babylon and Uruk', in John M. Steele,

ed., *The Circulation of Astronomical Knowledge in the Ancient World* (Leiden and Boston MA: Brill, 2016), pp. 83-118.

20 Hermann Hunger and Teije de Jong, 'Almanac W22340a from Uruk: The Latest Datable Cuneiform Tablet', *Zeitschrift für Assyriologie und vorderasiatische Archäologie* 104 (2014), pp. 182-194.

21 Werner Sundermann, 'Mani', *Encyclopædia Iranica Online Edition* (New York NY: Encyclopædia Iranica Foundation, 2009). www.iranicaonline.org/articles/mani-founder-manicheism (8 January 2019)에서 볼 수 있다.

22 이에 대한 천체 기록이 있다. Abraham J. Sachs and Hermann Hunger, *Astronomical Diaries and Related Texts from Babylonia, Vol. 3: Diaries from 164 B.C. to 61 B.C.* (Vienna: Verlag der österreichischen Akademie der Wissenschaften, 1996), pp. 216-220: no. -132 B (BM 35070+45699). 이에 대해서는 Martti Nissinen, 'A Prophetic Riot in Seleucid Babylonia', in Hubert Irsigler and Kristinn Ólason, eds., '*Wer darf hinaufsteigen zum Berg JHWHs?*': *Beiträge zu Prophetie und Poesie des Alten Testaments. Festschrift für S. Ö. Steingrímsson* (St. Ottilien: Eos Verlag, 2002), pp. 63-74; Robartus J. van der Spek, '*Ik ben een boodschapper van Nanaia!*' *Een Babylonische profeet als teken des tijds (133 voor Christus)* (Amsterdam: Vrije Universiteit Amsterdam, 2014).

23 Joachim Oelsner, '*Sie ist gefallen, sie ist gefallen, Babylon, die große Stadt*': *Vom Ende einer Kultur* (Stuttgart and Leipzig: Hirzel, 2002), p. 33; Karlheinz Kessler, 'Das wahre Ende Babylons: Die Tradition der Aramäer, Mandäer, Juden und Manichäer', in Joachim Marzahn and Günther Schauerte, eds., *Babylon: Wahrheit* (Munich: Hirmer, 2008), pp. 473-474 참조.

24 Hannelore Müller und Walter Sommerfeld, 'Von der Welthauptstadt zum Weltkulturerbe: Eine Nachlese zur Stadtgeschichte von Babylon,' in Anke Bentzin, Henner Fürtig, Thomas Krüppner and Riem Spielhaus, eds., *Zwischen Orient und Okzident: Studien zu Mobilität von Wissen, Konzepten und Praktiken* (Freiburg im Breisgau: Herder, 2010), p. 286.

25 Hermann Simon, 'Die sasanidischen Münzen des Fundes von Babylon: Ein Teil des bei Koldeweys Ausgrabungen im Jahr 1900 gefundenen Münzschatzes', *Acta Iranica* 12 (1976), pp. 149-337; Karsten Dahmen, 'Münzen um Babylon', in Joachim Marzahn and Gunther Schauerte, eds., *Babylon: Wahrheit* (Munich: Hirmer, 2008), pp. 450-451.

26 Karlheinz Kessler, 앞의 논문(주 23), pp. 467-486의 일러스트 참조.

27 Christa Müller-Kessler, 'Aramäische Beschwörungen und astronomische Omina in nachbabylonischer Zeit: Das Fortleben mesopotamischer Kultur im Vorderen Orient', in Renger, *Babylon*, pp. 427-435, 439-443; Ohad Abudraham and Matthew Morgenstern, 'Mandaic Incantation(s) on Lead Scrolls from the Schøyen Collection', *Journal of the American Oriental Society* 137 (2017), pp. 737-765.

28 Dan Levene, *A Corpus of Magic Bowls: Incantation Texts in Jewish Aramaic from Late*

Antiquity (New York NY: Kegan Paul, 2003).

29 Erica C. D. Hunter, 'Two Incantation Bowls from Babylon', *Iraq* 62 (2000), p. 145.

30 Christa Müller-Kessler and Karlheinz Kessler, 'Spätbabylonische Gottheiten in spätantiken mandäischen Texten', *Zeitschrift für Assyriologie und vorderasiatische Archäologie* 89 (1999), pp. 65-87.

31 Ethel S. Drower, *The Book of the Zodiac (Sfar Malwašia)* (London: Royal Asiatic Society, 1949); Christa Müller-Kessler, 앞의 논문(주 27), pp. 435-439; Francesca Rochberg, 'The Babylonian Origins of the Mandaean Book of the Zodiac', *Aram* 11 (1999), pp. 237-247.

32 Ethel S. Drower, 'A Mandaean Book of Black Magic', *Journal of the Royal Asiatic Society* (1943), pp. 149-181.

33 Hermann L. Strack and Günter Stemberger, *Introduction to the Talmud and Midrash* (Minneapolis MN: Fortress Press, 1996; 2nd revised ed.), pp. 190-224.

34 Aharon Oppenheimer, 'Purity of Lineage in Talmudic Babylonia', in Christophe Batsch and Mădălina Vârtejanu-Joubert, eds., *Manières de penser dans l'antiquité méditerranéenne et orientale: Mélanges offerts à Francis Schmidt* (Leiden and Boston MA: Brill, 2009), pp. 145-156.

35 Markham J. Geller, 'Review of Sally M. Friedman, *If a City Is Set on a Height* (1998)', *Bulletin of the School of Oriental and African Studies* 66 (2003), p. 240.

36 자세한 내용은 Markham J. Geller, *Akkadian Healing Therapies in the Babylonian Talmud*, Max-Planck-Institut für Wissenschaftsgeschichte Preprint 259 (Berlin: Max-Planck-Institut für Wissenschaftsgeschichte, 2004). www.mpiwg-berlin.mpg.de/Preprints/P259.pdf (5 January 2019)에서 볼 수 있다.

37 Francesca Rochberg, 'The Hellenistic Transmission of Babylonian Astral Sciences', *Mélanges de l'Université Saint-Joseph* 61 (2008), pp. 13-32; Moonika Oll, *Greek 'Cultural Translation' of Chaldean Learning* (PhD thesis University of Birmingham, 2014; http://etheses.bham.ac.uk/5679/, 17 December 2018); John M. Steele, ed., *The Circulation of Astronomical Knowledge in the Ancient World* (Leiden and Boston MA: Brill, 2016); David Brown, *et al.*, *The Interactions of Ancient Astral Science* (Bremen: Hempen, 2018) 참조.

38 최근 연구로는 Matthieu Ossendrijver, 'Science in Action: Networks in Babylonian Astronomy', in Cancik-Kirschbaum, van Ess and Marzahn, *Babylon: Wissenskultur in Orient und Okzident*, pp. 229-237; Mladen Popović, 'Networks of Scholars: The Transmission of Astronomical and Astrological Learning between Babylonians, Greeks and Jews', in Seth Sanders and Jonathan Ben-Dov, eds., *Ancient Jewish Sciences and the History of Knowledge in Second Temple Literature* (New York NY: New York University Press, 2014), pp. 153-193; Zoë Misiewicz, 'The Importance of Experts: Agents in the Transfer of Astral Knowledge between Hellenistic Mesopotamia and the Greekspeaking

World', in C. Jay Crisostomo and Eduardo A. Escobar, eds., *The Scaffolding of Our Thoughts': Essays on Assyriology and the History of Science in Honor of Francesca Rochberg* (Leiden and Boston MA: Brill, 2018), pp. 317-332.

39 Dag Nikolaus Hasse *et al.*, *Ptolemaeus Arabus et Latinus* (Munich: Bayerische Akademie der Wissenschaften, 2016). https://ptolemaeus.badw.de (8 January 2019)에서 볼 수 있다.

참
고
문
헌

Abraham, Kathleen, 2005/6. 'West Semitic and Judean Brides in Cuneiform Sources from the Sixth Century BCE: New Evidence from a Marriage Contract from Al-Yahudu', *Archiv für Orientforschung* 51, pp. 198-219.

Abraham, Kathleen, 2007. 'An Inheritance Division among Judeans in Babylonia from the Early Persian Period', in Meir Lubetski, ed., *New Seals and Inscriptions, Hebrew, Idumean, and Cuneiform* (Sheffield: Sheffield Phoenix Press), pp. 206-221.

Abraham, Kathleen, 2015. 'Negotiating Marriage in Multicultural Babylonia: An Example from the Judean Community in Al-Yahudu', in Jonathan Stökl and Caroline Waerzeggers, eds., *Exile and Return: The Babylonian Context* (Berlin and Boston MA: De Gruyter), pp. 33-57.

Abudraham, Ohad, and Matthew Morgenstern, 2017. 'Mandaic Incantation(s) on Lead Scrolls from the Schøyen Collection', *Journal of the American Oriental Society* 137, pp. 737-765.

Abusch, Tzvi, 1999. 'Marduk', in Karel van der Toorn, Bob Becking, and Pieter W. van der Horst, eds., *Dictionary of Deities and Demons in the Bible* (Leiden and Boston MA: Brill), pp. 543-549.

Adams, Robert McC., 1981. *Heartland of Cities: Surveys of Ancient Settlement and Land Use on the Central Floodplain of the Euphrates* (Chicago IL: University of Chicago Press).

Ahn, John J., and Jill Middlemas, eds., 2012. *By the Irrigation Canals of Babylon: Approaches to the Study of Exile* (London: T & T Clark International).

Al-Mutawalli, Nawala, 1999. 'A New Foundation Cylinder from the Temple of Nabû ša hare', *Iraq* 61, pp. 191-194.

Al-Shahib, Walid, and Richard J. Marshall, 2003. 'The Fruit of the Date Palm: Its Possible Use as the Best Food for the Future?', *International Journal of Food Sciences and Nutrition* 54, pp. 247-259.

Alstola, Tero, 2016. 'Review of Laurie E. Pearce and Cornelia Wunsch, Documents of Judean Exiles (2014)', *Orientalistische Literaturzeitung* 111, pp. 326-329.

Alstola, Tero, 2018. *Judeans in Babylonia: A Study of Deportees in the Sixth and Fifth Centuries*

BCE (PhD thesis University of Helsinki). http://hdl.handle.net/10138/233918.

Ambos, Claus, 2013. *Der König im Gefängnis und das Neujahrsfest im Herbst: Mechanismen der Legitimation des babylonischen Herrschers im 1. Jahrtausend v. Chr. und ihre Geschichte* (Dresden: ISLET).

Andrae, Walter, 1952. *Babylon: Die versunkene Weltstadt und ihr Ausgräber Robert Koldewey* (Berlin and Boston MA: De Gruyter).

André-Salvini, Béatrice, 1999. 'Les tablettes cunéiformes de Qal'at al-Bahreïn', in Pierre Lombard, ed., *Bahreïn: La civilisation des deux mers* (Paris: Institut du Monde Arabe), pp. 126-128.

André-Salvini, Béatrice, 2008. 'Die "Geschichte der beiden Brüder": Sarbanapal (Assurbanipal) and Sarmuge (Schamasch-schum-ukin)', in Joachim Marzahn and Günther Schauerte, eds., *Babylon: Wahrheit* (Munich: Hirmer), pp. 481-483.

André-Salvini, Béatrice, ed., 2008. *Babylone: À Babylone, d'hier et d'aujourd'hui* (Paris: Hazan).

Armstrong, James A., and Margaret C. Brandt, 1994. 'Ancient dunes at Nippur', in Hermann Gasche *et al.*, eds., *Cinquante-deux réflexions sur le Proche-orient ancien: Offertes en hommage à Leon De Meyer* (Leuven: Peeters), pp. 255-263.

Bach, Johannes, 2013. 'Berossos, Antiochos und die Babyloniaka', *Ancient West & East* 12, pp. 157-180.

Baker, Heather D., 2008. 'Babylon in 484 BC: The Excavated Archival Tablets as a Source for Urban History', *Zeitschrift für Assyriologie und vorderasiatische Archäologie* 98, pp. 100-116.

Baker, Heather D., 2008. 'Salmanassar III.', in Michael P. Streck *et al.*, eds., *Reallexikon der Assyriologie und Vorderasiatischen Archäologie*, Vol. 11 (Berlin and Boston MA: De Gruyter), pp. 581-585.

Baker, Heather D., 2008. 'Šamši-Adad V.', in Michael P. Streck *et al.*, eds., *Reallexikon der Assyriologie und Vorderasiatischen Archäologie*, Vol. 11 (Berlin and Boston MA: De Gruyter), pp. 636-638.

Baker, Heather D., 2009. 'A Waste of Space?: Unbuilt Land in the Babylonian Cities of the First Millennium BC', *Iraq* 71, pp. 89-98.

Baker, Heather D., 2010. 'The Social Dimensions of Babylonian Domestic Architecture in the Neo-Babylonian and Achaemenid Periods', in John E. Curtis and St John Simpson, eds., *The World of Achaemenid Persia: History, Art and Society in Iran and the Ancient Near East* (London: I.B. Tauris), pp. 179-194.

Baker, Heather D., 2011. 'The Statue of Bel in the Ninurta Temple at Babylon', *Archiv für Orientforschung* 52, pp. 117-120.

Baker, Heather D., 2013. 'The Babylonian Cities: Investigating Urban Morphology Using Texts and Archaeology', in Ulrike Steinert and Natalie May, eds., *The Fabric of Cities: Aspects of Urbanism, Urban Topography and Society in Mesopotamia, Greece and Rome* (Leiden and Boston MA: Brill), pp. 171-188.

Baker, Heather D., 2013. 'The Image of the City in Hellenistic Babylonia', in Eftychia Stavrianopoulou, ed., *Shifting Social Imaginaries in the Hellenistic Period: Narrations, Practices, and Images* (Leiden and Boston MA: Brill), pp. 51-66.

Baker, Heather D., 2015. 'Family Structure, Household Cycle and the Social Use of Domestic Space in Urban Babylonia', in Miriam Müller, ed., *Household Studies in Complex Societies: (Micro) Archaeological and Textual Approaches* (Chicago IL: Oriental Institute of the University of Chicago), pp. 371-407.

Baker, Heather D., 2016. 'Tiglath-Pileser III.', in Michael P. Streck *et al.*, eds., *Reallexikon der Assyriologie und Vorderasiatischen Archäologie*, Vol. 14 (Berlin and Boston MA: De Gruyter), pp. 21-24.

Baqir, Taha, 1959. *Aqar Quf* (Baghdad: Directorate General of Antiquities).

Barberon, Lucile, 2012. *Les religieuses et le culte de Marduk dans le royaume de Babylone* (Paris: Société pour l'Etude du Proche-Orient Ancien).

Barberon, Lucile, 2014. 'To Dedicate or Marry a *Naditu*-Woman of Marduk in Old Babylonian Society', in Lionel Marti, ed., *La famille dans le Proche-Orient ancien: Réalités, symbolismes et images* (Winona Lake IN: Eisenbrauns), pp. 267-274.

Barjamovic, Gojko, 2004. 'Civic Institutions and Self-Government in Southern Mesopotamia in the Mid-First Millennium BC', in Jan Dercksen, ed., *Assyria and Beyond: Studies Presented to Mogens Trolle Larsen* (Leiden: Nederlands Instituut voor het Nabije Oosten), pp. 47-98.

Bartelmus, Alexa, 2016. *Fragmente einer großen Sprache: Sumerisch im Kontext der Schreiberausbildung des kassitenzeitlichen Babylonien* (Berlin and Boston MA: De Gruyter).

Bartelmus, Alexa, 2016. 'The Role of Babylon in Babylonian Scribal Education', in Shigeo Yamada and Daisuke Shibata, eds., *Cultures and Societies in the Middle Euphrates and Habur Areas in the Second Millennium BC, I: Scribal Education and Scribal Traditions* (Wiesbaden: Harrassowitz), pp. 25-43.

Baskins, Cristelle, 2012. 'Lost in Translation: Portraits of Sitti Maani Gioerida della Valle in Baroque Rome', *Early Modern Women* 7, pp. 241-260.

Bawanypeck, Daliah, 2007. 'Die Königinnen auf den Siegeln', *Studi Micenei ed Egeo-Anatolici* 49, pp. 49-58.

Beaulieu, Paul-Alain, 1989. *The Reign of Nabonidus, King of Babylon 556-539 BC* (New Haven CT and London: Yale University Press).

Beaulieu, Paul-Alain, 1993. 'An Episode in the Fall of Babylon to the Persians', *Journal of Near Eastern Studies* 52, pp. 241-261.

Beaulieu, Paul-Alain, 1997. 'A New Inscription of Nebuchadnezzar II Commemorating the Restoration of Emaḫin Babylon', *Iraq* 59, pp. 93-96.

Beaulieu, Paul-Alain, 2005. 'Eanna's Contribution to the Construction of the North Palace at Babylon', in Heather D. Baker and Michael Jursa, eds., *Approaching the Babylonian Economy* (Münster: Ugarit), pp. 45-73.

Beaulieu, Paul-Alain, 2006. 'The Astronomers of the Esagil Temple in the Fourth Century BC', in Ann Guinan *et al.*, eds., *If a Man Builds a Joyful House: Assyriological Studies in Honor of Erle Verdun Leichty* (Leiden and Boston MA: Brill), pp. 5-22.

Beaulieu, Paul-Alain, 2008. 'Nebuchadnezzar's Babylon as World Capital', *Journal of the Canadian Society for Mesopotamian Studies* 3, pp. 5-12.

Beaulieu, Paul-Alain, 2013. 'Tempel, Philologisch: In Mesopotamien, Neubabylonisch', in Michael P. Streck *et al.* eds., *Reallexikon der Assyriologie und Vorderasiatischen Archäologie*, Vol. 13 (Berlin and Boston MA: De Gruyter), pp. 524-527.

Beaulieu, Paul-Alain, 2014. 'Nabû and Apollo: The Two Faces of Seleucid Religious Policy', in Friedhelm Hoffmann and Karin S. Schmidt, eds., *Orient und Okzident in hellenistischer Zeit* (Vaterstetten: Verlag Patrick Brose), pp. 13-30.

Beaulieu, Paul-Alain, 2017. 'Palaces of Babylon and Palaces of Babylonian Kings', *Journal of the Canadian Society for Mesopotamian Studies* 11-12, pp. 5-14.

Beaulieu, Paul-Alain, 2018. *A History of Babylon, 2200 BC–D 75* (Chichester: Wiley-Blackwell).

Becking, Bob, 2009. 'In Babylon: The Exile in Historical (Re)construction', in Bob Becking, Alex Cannegieter, Wilfred van der Poll and Anne-Mareike Wetter, *From Babylon to Eternity: The Exile Remembered and Constructed in Text and Tradition* (Sheffield: Equinox), pp. 4-33.

Bellelli, Vincenzo, and Marco Mazzi, 2013. *Extispicio: Una 'scienza' divinatoria tra Mesopotamia ed Etruria* (Rome: Scienze e lettere).

Bennett, Julian, 1997. *Trajan: Optimus Princeps* (Abingdon and New York NY: Routledge).

Berlejung, Angelika, 1998. *Die Theologie der Bilder: Herstellung und Einweihung von Kultbildern in Mesopotamien und die alttestamentliche Bilderpolemik* (Fribourg: Universitätsverlag Freiburg / Göttingen: Vandenhoeck & Ruprecht).

Berlejung, Angelika and Michael P. Streck, eds., 2013. *Arameans, Chaldeans, and Arabs in Babylonia and Palestine in the First Millennium BC* (Wiesbaden: Harrassowitz).

Bidmead, Julye, 2004. *The Akitu Festival: Religious Continuity and Royal Legitimation in Mesopotamia* (Piscataway NJ: Gorgias Press).

Black, Jeremy, 2007. 'Sumerian', in John Nicholas Postgate, ed., *Languages of Iraq, Ancient and Modern* (London: British School of Archaeology in Iraq), pp. 4-30.

Black, Jeremy *et al.*, 2004. *Literature of Ancient Sumer* (Oxford: Oxford University Press).

Bloch, Yigal, 2018. *Alphabet Scribes in the Land of Cuneiform: Sēpiru Professionals in Mesopotamia in the Neo-Babylonian and Achaemenid Periods* (Piscataway NJ: Gorgias Press).

Boivin, Odette, 2018. *The First Dynasty of the Sealand in Mesopotamia* (Berlin and Boston MA: De Gruyter).

Boiy, Tom, 2004. *Late Achaemenid and Hellenistic Babylon* (Leuven: Peeters).

Breasted, James Henry, 1916. *Ancient Times, a History of the Early World: An Introduction to the Study of Ancient History and the Career of Early Man* (Boston MA: Ginn).

Breniquet, Catherine, 2010. 'Weaving in Mesopotamia during the Bronze Age: Archaeology, Techniques, Iconography', in Cecile Michel and Marie-Louise Nosch, eds., *Textile Terminologies in the Ancient Near East and Mediterranean from the Third to the First Millennia BC* (Oxford: Oxbow), pp. 52-67.

Breniquet, Catherine and Cécile Michel, eds., 2014. *Wool Economy in the Ancient Near East* (Oxford: Oxbow).

Brinkman, John Anthony, 1976. *Materials and Studies for Kassite History, Vol. 1: A Catalogue of Cuneiform Sources Pertaining to Specific Monarchs of the Kassite Dynasty* (Chicago IL: Oriental Institute of the University of Chicago).

Brinkman, John Anthony, 1981/2. 'The Western Asiatic Seals Found at Thebes in Greece: A Preliminary Edition', *Archiv für Orientforschung* 28, pp. 73-78.

Brinkman, John Anthony, 2006. 'Babylonian Royal Land Grants, Memorials of Financial Interest, and Invocation of the Divine', *Journal of the Economic and Social History of the Orient* 49 (2006), pp. 1-47.

Broshi, Magen, 2007. 'Date Beer and Date Wine in Antiquity,' *Palestine Exploration Quarterly* 139, pp. 55-59.

Brown, David, *et al.*, 2018. *The Interactions of Ancient Astral Science* (Bremen: Hempen).

Bryce, Trevor, 2007. 'A View from Hattusa', in Gwendolyn Leick, ed., *The Babylonian World* (Abingdon and New York NY: Routledge), pp. 503-514.

Bryce, Trevor, 2016. *Babylonia: A Very Short Introduction* (Oxford: Oxford University Press).

Campbell, Stuart, *et al.*, 2017. 'Tell Khaiber: An Administrative Centre of the Sealand Period', *Iraq* 79, pp. 21-46.

Cancik-Kirschbaum, Eva, 1999. 'Nebenlinien des assyrischen Königshauses in der 2. Hälfte des 2. Jt.', *Altorientalische Forschungen* 26, pp. 210-222.

Casanova, Michèle, 2013. *Le lapis-Lazuli dans l'orient ancien: Production et circulation néolithique au IIᵉ millénaire av. J.C.* (Paris: Éditions du Comité des travaux historiques et scientifiques).

Cathcart, Kevin J., 2011. 'The Earliest Contributions to the Decipherment of Sumerian and Akkadian', *Cuneiform Digital Library Journal* 1. http://www.cdli.ucla.edu/pubs/cdlj/2011/

cdlj2011_001.html.

Cavigneaux, Antoine, 1981. *Textes scolaires du temple de Nabû ša harê* (Baghdad: State Board of Antiquities and Heritage).

Cavigneaux, Antoine, 1998. '*Nabû ša harê* und die Kinder von Babylon', in Johannes Renger, ed., *Babylon: Fokus mesopotamischer Geschichte, Wiege früher Gelehrsamkeit, Mythos in der Moderne* (Saarbrücken: SDV), pp. 385-391.

Cavigneaux, Antoine, 2013. 'Les fouilles irakiennes de Babylone et le temple de Nabû ša hare: Souvenirs d'un archéologue débutant', in Béatrice André-Salvini, ed., *La tour de Babylone: Études et recherches sur les monuments de Babylone* (Rome: CNR Istituto di studi sulle civiltá dell'egeo e del vicino oriente), pp. 65-76.

Charpin, Dominique, 1991. 'Les deux palais de Babylone', *Nouvelles Assyriologiques Brèves et Utilitaires* 1991, pp. 39-40 (no. 59).

Charpin, Dominique, 1995. 'La fin des archives dans le palais de Mari', *Revue d'Assyriologie et d'archéologie orientale* 89, pp. 29-40.

Charpin, Dominique, 2010. *Reading and Writing in Babylon* (Cambridge MA: Harvard University Press).

Charpin, Dominique, 2011. 'Babylon in der altbabylonischen Zeit: Eine Hauptstadt von vielen ... die als einzige übrig blieb', in Eva Cancik-Kirschbaum, Margarete van Ess and Joachim Marzahn, eds., *Babylon: Wissenskultur in Orient und Okzident* (Berlin and Boston MA: De Gruyter), pp. 77-89.

Charpin, Dominique, 2012. *Hammurabi of Babylon* (London: I.B. Tauris).

Charpin, Dominique and Nele Ziegler, 2003. *Mari et le Proche Orient à l'époque amorrite: Essai d'histoire politique* (Paris: Société pour l'étude du Proche-Orient ancien).

Clancier, Philippe, 2009. *Les bibliothèques en Babylonie dans la deuxième moitié du Ier millénaire av. J.-C.* (Münster: Ugarit).

Clancier, Philippe, 2011. 'Cuneiform Culture's Last Guardians: The Old Urban Notability of Hellenistic Uruk', in Karen Radner and Eleanor Robson, eds., *The Oxford Handbook of Cuneiform Culture* (Oxford: Oxford University Press), pp. 752-773.

Clayden, Tim, 2017. 'Dur-Kurigalzu: New Perspectives', in Alexa Bartelmus and Katja Sternitzke, eds., *Karduniaš: Babylonien zur Kassitenzeit/Babylonia under the Kassites* (Berlin and Boston MA: De Gruyter), pp. 437-478.

Curtis, John E., 2008. 'The Site of Babylon Today', in Irving L. Finkel and Michael J. Seymour, eds., *Babylon: Myth and Reality* (London: British Museum Press), pp. 213-220.

Curtis, John E., 2011. 'Obituary Donny George Youkhanna, B.A., M.A., Ph.D. (1950-2011)', *Iraq* 73, pp. v-viii.

Curtis, John E., 2011. 'The Present Condition of Babylon', in Eva Cancik-Kirschbaum, Margarete van Ess and Joachim Marzahn, eds., *Babylon: Wissenskultur in Orient und*

Okzident (Berlin and Boston MA: De Gruyter), pp. 3-17.

Dahmen, Karsten, 2008. 'Münzen um Babylon', in Joachim Marzahn and Günther Schauerte, eds., *Babylon: Wahrheit* (Munich: Hirmer, 2008), pp. 449-462.

Dalley, Stephanie, 2009. *Babylonian Tablets from the First Sealand Dynasty in the Schøyen Collection* (Bethesda MD: CDL Press).

Dalley, Stephanie and Anne Goguel, 1997. 'The Sela' Sculpture: A Neo-Babylonian Rock Relief in Southern Jordan', *Annual of the Department of Antiquities of Jordan* 41, pp. 169-176.

Dandamayev, Muhammad, 2004. 'Twin Towns and Ethnic Minorities in First-Millennium Babylonia', in Robert Rollinger and Christoph Ulf, eds., *Commerce and Monetary Systems in the Ancient World* (Stuttgart: Steiner), pp. 137-151.

Da Riva, Rocío, 2009. 'The Nebuchadnezzar Rock Inscription at Nahr el-Kalb', in Anne-Marie Maïla-Afeiche, ed., *Le site de Nahr el-Kalb* (Beirut: Ministère de la Culture, Direction Générale des Antiquités), pp. 255-302.

Da Riva, Rocío, 2011. 'The Nebuchadnezzar Monuments of Shir es-Sanam and Wadi es-Saba (North Lebanon)', *Bulletin d'Archéologie et d'Architecture Libanaises* 15, pp. 309-322.

Da Riva, Rocío, 2012. *The Twin Inscriptions of Nebuchadnezzar at Brisa (Wadi esh-Sharbin, Lebanon): A Historical and Philological Study* (Vienna: Institut für Orientalistik).

Da Riva, Rocío, 2015. 'Enduring Images of an Ephemeral Empire: Neo-Babylonian Inscriptions and Representations in the Western Periphery', in Robert Rollinger and Eric van Dongen, eds., *Mesopotamia in the Ancient World: Impact, Continuities, Parallels* (Münster: Ugarit), pp. 603-630.

Da Riva, Rocío, 2018. 'Neo-Babylonian Rock-Cut Monuments and Ritual Performance: The Rock Reliefs of Nebuchadnezzar in Brisa Revisited', *Hebrew Bible and Ancient Israel* 7, pp. 17-41.

Da Riva, Rocío and Eckart Frahm, 1999/2000. 'Šamaš-šumu-ukin, die Herrin von Ninive und das babylonische Königssiegel', *Archiv für Orientforschung* 46/7, pp. 156-182.

De Breucker, Geert, 2011. 'Berossos between Tradition and Innovation', in Karen Radner and Eleanor Robson, eds., *The Oxford Handbook of Cuneiform Culture* (Oxford: Oxford University Press), pp. 637-657.

De Breucker, Geert, 2015. 'Heroes and Sinners: Babylonian Kings in Cuneiform Historiography of the Persian and Hellenistic Periods', in Jason M. Silverman and Caroline Waerzeggers, eds., *Political Memory in and after the Persian Empire* (Atlanta GA: SBL Press), pp. 75-94.

De Vos, An, 2013. *Die Lebermodelle aus Boğazköy* (Wiesbaden: Harrassowitz).

Dietrich, Manfried, 2003. *The Neo-Babylonian Correspondence of Sargon and Sennacherib* (Helsinki: Helsinki University Press).

Drower, Ethel S., 1943. 'A Mandaean Book of Black Magic', *Journal of the Royal Asiatic Society*, pp. 149-181.

Drower, Ethel S., 1949. *The Book of the Zodiac (Sfar Malwašia)* (London: Royal Asiatic Society).

Durand, Jean-Marie, 1997. *Les documents épistolaires du palais de Mari*, Vol. 1 (Paris: Les Éditions du Cerf).

Durand, Jean-Marie, 1998. *Les documents épistolaires du palais de Mari*, Vol. 2 (Paris: Les Éditions du Cerf).

Durand, Jean-Marie, 2000. *Les documents épistolaires du palais de Mari*, Vol. 3 (Paris: Les Éditions du Cerf).

Edwell, Peter, 2007. *Between Rome and Persia: The Middle Euphrates, Mesopotamia and Palmyra under Roman Control* (Abingdon and New York NY: Routledge).

Eidem, Jesper, 2011. *The Royal Archives from Tell Leilan 1: Old Babylonian Letters and Treaties from the Lower Town Palace East* (Leiden: Nederlands Instituut voor het Nabije Oosten).

Fadhil, Abdulillah, 1998. 'Der Prolog des Codex Hammurapi in einer Abschrift aus Sippar,' *XXXIV. Uluslararası Assiriyoloji Kongresi* (Ankara: Türk Tarih Kurumu Yayınları), pp. 717-729.

Faist, Betina, 2010. 'Kingship and Institutional Development in the Middle Assyrian Period', in Giovanni Battista Lanfranchi and Robert Rollinger, eds., *Concepts of Kingship in Antiquity* (Padova: S.A.R.G.O.N.), pp. 15-24.

Fales, Frederick Mario, 2011. 'Moving around Babylon: On the Aramean and Chaldean Presence in Southern Mesopotamia', in Eva Cancik-Kirschbaum, Margarete van Ess and Joachim Marzahn, eds., *Babylon: Wissenskultur in Orient und Okzident* (Berlin and Boston MA: De Gruyter), pp. 91-111.

Fales, Frederick Mario, 2014. 'The Two Dynasties of Assyria', in Salvatore Gaspa *et al.*, eds., *From Source to History: Studies on Ancient Near Eastern Worlds and Beyond Dedicated to Giovanni Battista Lanfranchi* (Münster: Ugarit), pp. 201-237.

Fales, Frederick Mario and John Nicholas Postgate, 1992. *Imperial Administrative Records, Part I: Palace and Temple Administration* (Helsinki: Helsinki University Press).

Fincke, Jeanette, 2003/4. 'The Babylonian Texts from Nineveh: Report on the British Museum's Ashurbanipal Library Project', *Archiv für Orientforschung* 50, pp. 111-149.

Fincke, Jeanette, 2014. 'Babylonische Gelehrte am neuassyrischen Hof: Zwischen Anpassung und Individualität', in Hans Neumann *et al.*, eds., *Krieg und Frieden im Alten Vorderasien* (Münster: Ugarit), pp. 269-292.

Finkel, Irving L., 1999. 'The Lament of Nabû-šuma-ukîn', in Johannes Renger, ed., *Babylon: Fokus mesopotamischer Geschichte, Wiege früher Gelehrsamkeit, Mythos in der Moderne* (Saarbrücken: SDV), pp. 323-342.

Finkel, Irving L., 2018. 'Ashurbanipal's Library: Contents and Significance', in Gareth Brereton, ed., *I Am Ashurbanipal, King of the World, King of Assyria* (London: Thames & Hudson), pp. 80-87.

Finkel, Irving L. and Jonathan Taylor, 2015. *Cuneiform* (London: British Museum Press).

Finkel, Irving L. and Michael J. Seymour, 2008. *Babylon: City of Wonders* (London: British Museum Press).

Finkel, Irving L. and Michael J. Seymour, eds., 2008. *Babylon: Myth and Reality* (London: British Museum Press).

Finkel, Irving L. ed., 2013. *The Cyrus Cylinder: The King of Persia's Proclamation from Ancient Babylon* (London: I.B. Tauris).

Finn, Jennifer, 2017. *Much Ado about Marduk: Questioning Discourses of Royalty in First Millennium Mesopotamian Literature* (Berlin and Boston MA: De Gruyter).

Foster, Benjamin R., 2005. *Before the Muses: An Anthology of Akkadian Literature* (Bethesda MD: CDL Press; 3rd ed.).

Foster, Benjamin R., 2015. *The Age of Agade: Inventing Empire in Ancient Mesopotamia* (Abingdon and New York NY: Routledge).

Frahm, Eckart, 2011. 'Sanherib', in Michael P. Streck *et al.*, eds., *Reallexikon der Assyriologie und Vorderasiatischen Archäologie*, Vol. 12 (Berlin and Boston MA: De Gruyter), pp. 12-22.

Frahm, Eckart, 2012. 'Headhunter, Bücherdiebe und wandernde Gelehrte: Anmerkungen zum altorientalischen Wissenstransfer im 1. Jahrtausend v. Chr.', in Hans Neumann, ed., *Wissenskultur im Alten Orient: Weltanschauung, Wissenschaften, Techniken, Technologien* (Wiesbaden: Harrassowitz), pp. 15-30.

Frame, Grant, 1992. *Babylonia 689-627 BC: A Political History* (Leiden: Nederlands Instituut voor het Nabije Oosten).

Frame, Grant, 1995. *Rulers of Babylonia: From the Second Dynasty of Isin to the End of Assyrian Domination (1157-612 BC)* (Toronto: University of Toronto Press).

Frame, Grant, 2008. 'Šamaš-šuma-ukin', in Dietz Otto Edzard *et al.*, eds., *Reallexikon der Assyriologie und Vorderasiatischen Archäologie*, Vol. 11 (Berlin and Boston MA: De Gruyter), pp. 618-621.

Fuchs, Andreas, 2011. 'Sargon II.', in Michael P. Streck *et al.*, eds., *Reallexikon der Assyriologie und Vorderasiatischen Archäologie*, Vol. 12 (Berlin and Boston MA: De Gruyter), pp. 51-61.

Fuchs, Andreas, 2014. 'Die unglaubliche Geburt des neubabylonischen Reiches oder: Die Vernichtung einer Weltmacht durch den Sohn eines Niemand', in Manfred Krebernik and Hans Neumann, eds., *Babylonien und seine Nachbarn in neu- und spätbabylonischer Zeit* (Münster: Ugarit), pp. 25-71.

Furley, William, and Victor Gysembergh, 2015. *Reading the Liver: Papyrological Texts on Ancient Greek Extispicy* (Tübingen: Mohr Siebeck).

Gabbay, Uri, and Odette Boivin, 2018. 'A Hymn of Ayadaragalama, King of the First Sealand

Dynasty, to the Gods of Nippur: The Fate of Nippur and Its Cult during the First Sealand Dynasty', *Zeitschrift für Assyriologie und vorderasiatische Archäologie* 108, pp. 22-42.

Gasche, Hermann, and Michel Tanret, eds., 1998. *Changing Watercourses in Babylonia: Towards a Reconstruction of the Ancient Environment in Lower Mesopotamia*, Vol. 1 (Ghent: University of Ghent/Chicago IL: Oriental Institute of the University of Chicago).

Gasche, Hermann, *et al.*, 2002. 'Fleuves du temps et de la vie: Permanence et instabilité du réseau fluviatile babylonien entre 2500 et 1500 avant notre ère', *Annales: Histoire, Sciences sociales* 57, pp. 531-544.

Geller, Markham J., 2003. 'Review of Sally M. Friedman, If a City Is Set on a Height (1998)', *Bulletin of the School of Oriental and African Studies* 66, pp. 238-240.

Geller, Markham J., 2004. *Akkadian Healing Therapies in the Babylonian Talmud*. Max-Planck-Institut für Wissenschaftsgeschichte Preprint 259 (Berlin: Max-Planck-Institut für Wissenschaftsgeschichte). https://www.mpiwg-berlin.mpg.de/Preprints/P259.pdf.

Geller, Markham J., 2010. *Ancient Babylonian Medicine: Theory and Practice* (Chichester and Malden MA: Wiley-Blackwell).

George, Andrew R., 1986. 'Sennacherib and the Tablet of Destinies', *Iraq* 48, pp. 133-146.

George, Andrew R., 1992. *Babylonian Topographical Texts* (Leuven: Peeters).

George, Andrew R., 1993. *House Most High: The Temples of Ancient Mesopotamia* (Winona Lake IN: Eisenbrauns).

George, Andrew R., 1996. 'Studies in Cultic Topography and Ideology', *Bibliotheca Orientalis* 53, pp. 365-396.

George, Andrew R., 1997. 'Marduk and the Cult of the Gods of Nippur at Babylon', *Orientalia* 66, pp. 65-70.

George, Andrew R., 2005/6. 'The Tower of Babel: Archaeology, History and Cuneiform Texts', *Archiv für Orientforschung* 51, pp. 75-95.

George, Andrew R., 2007. 'Babylonian and Assyrian: A History of Akkadian', in John Nicholas Postgate, ed., *Languages of Iraq, Ancient and Modern* (London: British School of Archaeology in Iraq), pp. 31-71.

George, Andrew R., 2007. 'The Civilizing of Ea-Enkidu: An Unusual Tablet of the Babylonian Gilgameš epic', *Revue d'Assyriologie et d'archéologie orientale* 101, pp. 59-80.

George, Andrew R., 2008. 'A Tour of Nebuchadnezzar's Babylon', in Irving L. Finkel and Michael J. Seymour, eds., *Babylon: Myth and Reality* (London: British Museum Press), pp. 54-59.

George, Andrew R., 2010. 'Xerxes and the Tower of Babel', in John E. Curtis and St John Simpson, eds., *The World of Achaemenid Persia: History, Art and Society in Iran and the Ancient Near East* (London: I.B. Tauris), pp. 471-489.

George, Andrew R., 2011. 'A Stele of Nebuchadnezzar II,' in Andrew R. George, ed., *Cuneiform*

Royal Inscriptions and Related Texts in the Schøyen Collection (Bethesda MD: CDL Press), pp. 153-169.

George, Andrew R., 2013. *Babylonian Divinatory Texts Chiefly in the Schøyen Collection* (Bethesda MD: CDL Press).

Glassner, Jean-Jacques, 2004. *Mesopotamian Chronicles* (Atlanta GA: Society of Biblical Literature).

Goldberg, Jeremy, 2004. 'The Berlin Letter, Middle Elamite Chronology and Šutruk-Nahhunte I's Genealogy', *Iranica Antiqua* 39, pp. 33-42.

Grayson, A. Kirk, 1975. *Assyrian and Babylonian Chronicles* (Locust Valley NY: Augustin).

Grayson, A. Kirk, 1983. 'Königslisten und Chroniken. B. Akkadisch', in Dietz O. Edzard *et al.*, eds., *Reallexikon der Assyriologie und Vorderasiatischen Archäologie*, Vol. 6 (Berlin and Boston MA: De Gruyter), pp. 86-135.

Grayson, A. Kirk, 1996. *Assyrian Rulers of the Early First Millennium BC II (858-745 BC)* (Toronto: University of Toronto Press).

Grayson, A. Kirk and Jamie Novotny, 2012. *The Royal Inscriptions of Sennacherib, King of Assyria (704-681 BC)*, Part 1 (Winona Lake IN: Eisenbrauns).

Grillot-Susini, Françoise, and Clarisse Herrenschmidt and Florence Malbran-Labat, 1993. 'La version élamite de la trilingue de Behistun: Une nouvelle lecture', *Journal Asiatique* 281, pp. 19-59.

Haase, Claus-Peter, 2008. 'Babylon in der arabischen und islamischen Überlieferung', in Joachim Marzahn and Günther Schauerte, eds., *Babylon: Wahrheit* (Munich: Hirmer), pp. 509-518.

Hasse, Dag Nikolaus, *et al.*, 2016–. *Ptolemaeus Arabus et Latinus* (Munich: Bayerische Akademie der Wissenschaften). https://ptolemaeus.badw.de.

Haubold, Johannes, 2016. 'Hellenism, Cosmopolitanism, and the Role of Babylonian Elites in the Seleucid Empire', in Myles Lavan, Richard E. Payne and John Weisweiler, eds., *Cosmopolitanism and Empire: Universal Rulers, Local Elites, and Cultural Integration in the Ancient Near East and Mediterranean* (New York NY: Oxford University Press), pp. 89-101.

Hauser, Stefan R., 1999. 'Babylon in arsakidischer Zeit', in Johannes Renger, ed., *Babylon: Focus mesopotamischer Geschichte, Wiege früher Gelehrsamkeit, Mythos in der Moderne* (Saarbrüken: SDV), pp. 207-239.

Hausleiter, Arnulf, and Hanspeter Schaudig, 2015. 'Rock Relief and Cuneiform Inscription of King Nabonidus at al-Ḥāʾiṭ (province of Ḥāʾil, Saudi Arabia), ancient Fadak/Padakku', *Zeitschrift für Orient-Archäologie* 8, pp. 224-240.

Heeßel, Nils P., 2009. 'The Babylonian Physician Rabâ-ša-Marduk: Another Look at Physicians and Exorcists in the Ancient Near East', in Annie Attia and Gilles Buisson, eds., *Advances in Mesopotamian Medicine from Hammurabi to Hippocrates* (Leiden and Boston MA: Brill), pp. 13-28.

Heeßel, Nils P., 2011. 'Die divinatorischen Texte aus Assur: Assyrische Gelehrte und babylonische Traditionen', in Johannes Renger, ed., *Assur: Gott, Stadt und Land* (Wiesbaden: Harrassowitz), pp. 371-384.

Heeßel, Nils P., 2011. '"Sieben Tafeln aus sieben Städten": Überlegungen zum Prozess der Serialisierung von Texten in Babylonien in der zweiten Hälfte des zweiten Jahrtausends v. Chr.', in Eva Cancik-Kirschbaum, Margarete van Ess and Joachim Marzahn, eds., *Babylon: Wissenskultur in Orient und Okzident* (Berlin and Boston MA: De Gruyter), pp. 171-195.

Heeßel, Nils P., 2012. *Divinatorische Texte II: Opferschau-Omina* (Wiesbaden: Harrassowitz).

Helmer, Daniel, and Lionel Gourichon and Emmanuelle Vila, 2007. 'The Development of the Exploitation of Products from *Capra* and *Ovis* (Meat, Milk and Fleece) from the PPNB to the Early Bronze in the Northern Near East (8700 to 2000 BC cal.)', *Anthropozoologica* 42, pp. 41-70.

Henkelman, Wouter F. M., and Amélie Kuhrt, Robert Rollinger and Josef Wiesehöfer, 2011. 'Herodotus and Babylon Reconsidered', in Robert Rollinger, Brigitte Truschnegg and Reinhold Bichler, eds., *Herodot und das Persische Weltreich/Herodotus and the Persian Empire* (Wiesbaden: Harrassowitz), pp. 449-470.

Horowitz, Wayne, 1988. 'The Babylonian Map of the World', *Iraq* 50, pp. 147-165.

Horsnell, Malcolm J. A., 1999. *The Year-Names of the First Dynasty of Babylon* (Hamilton: McMaster University Press).

Hunger, Hermann, and Teije de Jong, 2014. 'Almanac W22340a from Uruk: The Latest Datable Cuneiform Tablet', *Zeitschrift für Assyriologie und vorderasiatische Archäologie* 104, pp. 182-194.

Hunter, Erica C. D., 2000. 'Two Incantation Bowls from Babylon', *Iraq* 62, pp. 139-147.

Janssen, Caroline, 1991. 'Samsu-iluna and the Hungry *Naditums*', *Northern Akkad Project Reports* 5, pp. 3-39.

Janssen, Caroline, 1995. *Babil, the City of Witchcraft and Wine: The Name and Fame of Babylon in Medieval Arabic Geographical Texts* (Ghent: University of Ghent).

Jaschinski, Klaus, 2002. *Des Kaisers Reise in den Orient 1898* (Berlin: Trafo-Verlag Weist).

Joannès, Francis, 2006. 'La Babylonie méridionale: Continuité, déclin ou rupture?', in Pierre Briant and Francis Joannès, eds., *La transition entre l'empire achéménide et les royaumes hellénistiques* (Paris: De Boccard), pp. 101-135.

Joannès, Francis, 2016. 'By the Streets of Babylon', in Bérengère Perello and Aline Tenu, eds., *Parcours d'Orient: Recueil de textes offert à Christine Kepinski* (Oxford: Archaeopress), pp. 127-138.

Joannès, Francis and André Lemaire, 1996. 'Contrats babyloniens d'époque achéménide du Bit-Abi-ram avec une épigraphe araméenne', *Revue d'Assyriologie et d'Archéologie Orientale* 90, pp. 41-60.

Joannès, Francis and André Lemaire, 1999. 'Trois tablettes cunéiformes à onomastique ouest-sémitique (Collection Sh. Moussaïeff)', *Transeuphratène* 17, pp. 17-34.

Jursa, Michael, 2006. 'Agricultural Management, Tax Farming and Banking: Aspects of Entrepreneurial Activity in Babylonia in the Late Achaemenid and Hellenistic Periods', in Pierre Briant and Francis Joannès, eds., *La transition entre l'empire achéménide et les royaumes hellénistiques* (Paris: De Boccard), pp. 137-222.

Jursa, Michael, 2007. 'Die Söhne Kudurrus und die Herkunft der neubabylonischen Dynastie', *Revue d'Assyriologie et d'archéologie orientale* 101, pp. 125-136.

Jursa, Michael, 2007. 'The Transition of Babylonia from the Neo-Babylonian Empire to Achaemenid Rule', in Harriet Crawford, ed., *Regime Change in the Ancient Near East and Egypt: From Sargon of Agade to Saddam Hussein* (London: British Academy), pp. 73-94.

Jursa, Michael, 2011. 'Cuneiform Writing in Neo-Babylonian Temple Communities', in Karen Radner and Eleanor Robson, eds., *The Oxford Handbook of Cuneiform Culture* (Oxford: Oxford University Press), pp. 184-204.

Jursa, Michael, 2011. 'Taxation and Service Obligations in Babylonia from Nebuchadnezzar to Darius and the Evidence for Darius' Tax Reform', in Robert Rollinger, Brigitte Truschnegg and Reinhold Bichler, eds., *Herodotus and the Persian Empire* (Wiesbaden: Harrassowitz), pp. 431-448.

Jursa, Michael, 2014. 'The Lost State Correspondence of the Babylonian Empire as Reflected in Contemporary Administrative Letters', in Karen Radner, ed., *State Correspondence in the Ancient World: From New Kingdom Egypt to the Roman Empire* (New York NY: Oxford University Press), pp. 94-111.

Jursa, Michael, 2014. 'The Neo-Babylonian Empire', in Michael Gehler and Robert Rollinger, eds., *Imperien und Reiche in der Weltgeschichte: Epochenübergreifende und globalhistorische Vergleiche* (Wiesbaden: Harrassowitz), pp. 121-148.

Jursa, Michael and Céline Debourse, 2017. 'A Babylonian Priestly Martyr, a King-Like Priest, and the Nature of Late Babylonian Priestly Literature', *Wiener Zeitschrift für die Kunde des Morgenlandes* 107, pp. 77-98.

Jursa, Michael *et al.*, 2010. *Aspects of the Economic History of Babylonia in the First Millennium BC: Economic Geography, Economic Mentalities, Agriculture, the Use of Money and the Problem of Economic Growth* (Münster: Ugarit).

Kämmerer, Thomas R., and Kai A. Metzler, 2012. *Das babylonische Weltschöpfungsepos Enūma eliš* (Münster: Ugarit).

Kervran, Monik, and Fredrik T. Hiebert and Axelle Rougeulle, 2005. *Qal'at al-Bahrain: A Trading and Military Outpost, 3rd millennium BC-17th century AD* (Turnhout: Brepols).

Kessler, Karlheinz, 2004. 'Urukäische Familien versus babylonische Familien: Die Namengebung in Uruk, die Degradierung der Kulte von Eanna und der Aufstieg des Gottes Anu', *Altorientalische Forschungen* 31, pp. 237-262.

Kessler, Karlheinz, 2008. 'Das wahre Ende Babylons: Die Tradition der Aramäer, Mandäer, Juden und Manichäer', in Joachim Marzahn and Günther Schauerte, eds., *Babylon: Wahrheit* (Munich: Hirmer), pp. 467-486.

Khalil Ismail, Bahija, 1985. 'New Texts from the Procession Street', *Sumer* 41, pp. 34-35.

King, Leonard W., and Reginald C. Thompson, 1907. *The Sculptures and Inscription of Darius the Great on the Rock of Behistun in Persia: A New Collation of the Persian, Susian and Babylonian Texts* (London: Longmans).

Kleinerman, Alexandra S., 2011. *Education in Early 2nd Millennium BC Babylonia: The Sumerian Epistolary Miscellany* (Leiden and Boston MA: Brill).

Koldewey, Robert, 1911. *Die Tempel von Babylon und Borsippa: Nach den Ausgrabungen durch die Deutsche Orient-Gesellschaft* (Leipzig: Hinrichs).

Koldewey, Robert, 1931. *Die Königsburgen von Babylon 1: Die Südburg* (Leipzig: Hinrichs).

Koldewey, Robert, 1932. *Die Königsburgen von Babylon 2: Die Hauptburg und der Sommerpalast Nebukadnezars im Hügel Babil* (Leipzig: Hinrichs).

Koldewey, Robert, 1990. *Das wieder erstehende Babylon* (Munich: Beck; revised ed.).

Kopanias, Konstantinos, 2008. 'The Late Bronze Age Near Eastern Cylinder Seals from Thebes (Greece) and Their Historical Implications', *Mitteilungen des Deutschen Archäologischen Instituts, Athenische Abteilung* 123, pp. 39-96.

Kriwaczek, Paul, 2010. *Babylon: Mesopotamia and the Birth of Civilization* (New York NY: St Martin's Press).

Kuhrt, Amélie, 1990. 'Alexander and Babylon', in Heleen Sancisi-Weerdenburg and Jan W. Drijvers, eds., *The Roots of the European Tradition* (Leiden: Nederlands Instituut voor het Nabije Oosten), pp. 121-130.

Kuhrt, Amélie, 2007. *The Persian Empire: A Corpus of Sources from the Achaemenid Period* (London and New York NY: Routledge).

Kuhrt, Amélie, 2014. 'Reassessing the Reign of Xerxes in the Light of New Evidence', in Michael Kozuh et al., eds., *Extraction & Control: Studies in Honor of Matthew W. Stolper* (Chicago IL: Oriental Institute of the University of Chicago), pp. 163-169.

Lamberg-Karlovsky, Carl, 1985. 'The *Longue Durée* of the Ancient Near East', in Jean-Luc Huot, Marguerite Yon and Yves Calvet, eds., *De l'Indus aux Balkans: Recueil à la mémoire de Jean Deshayes* (Paris: Éditions Recherche sur les civilisations), pp. 55-72.

Lambert, Wilfred G., 1957. 'Ancestors, Authors and Canonicity', *Journal of Cuneiform Studies* 11, pp. 1-14.

Lambert, Wilfred G., 1962. 'A Catalogue of Texts and Authors', *Journal of Cuneiform Studies*

16, pp. 59-77.

Lambert, Wilfred G., 1964. 'The Reign of Nebuchadnezzar I: A Turning Point in the History of Ancient Mesopotamian Religion', in William Stewart McCullough, ed., *The Seed of Wisdom: Essays in Honour of T.J. Meek* (Toronto: University of Toronto Press), pp. 3-13.

Lambert, Wilfred G., 2008. 'Mesopotamian Creation Stories', in Markham J. Geller and Mineke Schipper, eds., *Imagining Creation* (Leiden and Boston MA: Brill), pp. 15-59.

Lambert, Wilfred G., 2011. 'Babylon: Origins', in Eva Cancik-Kirschbaum, Margarete van Ess and Joachim Marzahn, eds., *Babylon: Wissenskultur in Orient und Okzident* (Berlin and Boston MA: De Gruyter), pp. 71-76.

Lambert, Wilfred G., 2013. *Babylonian Creation Myths* (Winona Lake IN: Eisenbrauns).

Lauinger, Jacob, 2015. *Following the Man of Yamhad: Settlement and Territory at Old Babylonian Alalah* (Leiden and Boston MA: Brill).

Leichty, Erle, 2011. *The Royal Inscriptions of Esarhaddon, King of Assyria (680-669 BC)* (Winona Lake IN: Eisenbrauns).

Levene, Dan, 2003. *A Corpus of Magic Bowls: Incantation Texts in Jewish Aramaic from Late Antiquity* (New York NY: Kegan Paul).

Linssen, Marc, 2004. *The Cults of Uruk and Babylon: The Temple Ritual Texts as Evidence for Hellenistic Cult Practice* (Leiden and Boston MA: Brill).

Lipschitz, Oded, and Joseph Blenkinsopp, eds., 2003. *Judah and the Judeans in the Neo-Babylonian Period* (Winona Lake IN: Eisenbrauns).

Liverani, Mario, 2006. *Uruk: The First City* (London: Equinox).

Liverani, Mario, 2016. *Imagining Babylon: The Modern Story of an Ancient City* (Berlin and Boston MA: De Gruyter).

Livingstone, Alasdair, 1989. *Court Poetry and Literary Miscellanea* (Helsinki: Helsinki University Press).

Llop, Jaume, and Andrew R. George, 2001/2. 'Die babylonischassyrischen Beziehungen und die innere Lage Assyriens in der Zeit der Auseinandersetzung zwischen Ninurta-tukulti-Aššur und Mutakkil-Nusku nach neuen keilschriftlichen Quellen', *Archiv für Orientforschung* 48/9, pp. 1-23.

Luckenbill, Daniel D., 1921, 'The Ashur Version of the Seven Tablets of Creation', *American Journal of Semitic Languages and Literatures* 38, pp. 12-35.

Luukko, Mikko, 2012. *The Correspondence of Tiglath-Pileser III and Sargon II from Calah/Nimrud* (Helsinki: The Neo-Assyrian Text Corpus Project).

MacFarquhar, Neil, 2003. 'Hussein's Babylon: A Beloved Atrocity', *The New York Times*, 19 August 2003.

Magdalene, F. Rachel, and Cornelia Wunsch, 2011. 'Slavery between Judah and Babylon: The Exilic Experience', in Laura Culbertson, ed., *Slaves and Households in the Near East*

(Chicago IL: Oriental Institute of the University of Chicago), pp. 113-134.

Malbran-Labat, Florence, 1994. *La version akkadienne de l'inscription trilingue de Darius à Behistun* (Rome: GEI).

Malko, Helen, 2017. 'Dur-Kurigalzu: Insights from Unpublished Iraqi Excavation Reports', in Alexa Bartelmus and Katja Sternitzke, eds., *Karduniaš: Babylonien zur Kassitenzeit/ Babylonia under the Kassites* (Berlin and Boston MA: De Gruyter), pp. 479-491.

Margueron, Jean-Claude, 2004. *Mari, métropole de l'Euphrate au IIIe et au début du IIe millénaire av. J.-C.* (Paris: Picard).

Marzahn, Joachim, and Günther Schauerte, eds., 2008. *Babylon: Wahrheit* (Munich: Hirmer).

Matthes, Olaf, 2000. *James Simon: Mäzen im Wilhelminischen Zeitalter* (Berlin: Bostelmann & Siebenhaar).

Maul, Stefan M., 1991. 'Neues zu den "Graeco-Babyloniaca"', *Zeitschrift für Assyriologie und vorderasiatische Archäologie* 81, pp. 87-107.

Maul, Stefan M., 2005. 'Babylon: Das Fadenkreuz von Raum und Zeit', in Roland Galle and Johannes Klingen-Protti, eds., *Städte der Literatur* (Heidelberg: Winter), pp. 1-16.

Maul, Stefan M., 2013. *Die Wahrsagekunst im Alten Orient: Zeichen des Himmels und der Erde* (Munich: Beck).

Mayer, Walter, 1998. 'Nabonids Herkunft', in Manfried Dietrich, ed., *Dubsar anta-men: Studien zur Altorientalistik. Festschrift für Willem H. Ph. Römer* (Münster: Ugarit), pp. 245-261.

Meyers, Peter, 2000. 'The Casting Process of the Statue of Queen Napir-Asu in the Louvre', in Carol C. Mattusch, Amy Brauer and Sandra E. Knudsen, eds., *From the Parts to the Whole: Acta of the 13th International Bronze Congress* (Portsmouth RI: Journal of Roman Archaeology), pp. 11-18.

Misiewicz, Zoë, 2018. 'The Importance of Experts: Agents in the Transfer of Astral Knowledge between Hellenistic Mesopotamia and the Greekspeaking World', in C. Jay Crisostomo and Eduardo A. Escobar, eds., *'The Scaffolding of Our Thoughts': Essays on Assyriology and the History of Science in Honor of Francesca Rochberg* (Leiden and Boston MA: Brill), pp. 317-332.

Montero Fenollós, Juan Luis, 2013. 'La *ziggurat* de Babylone: Un monument à repenser', in Béatrice André-Salvini, ed., *La tour de Babylone: Études et recherches sur les monuments de Babylone* (Rome: CNR Istituto di studi sulle civiltá dell'egeo e del vicino oriente), pp. 127-146.

Montero Fenollós, Juan Luis, 2017. 'Beautiful Babylon: Jewel of the Ancient World', *National Geographic History* 1 (January/February), pp. 34-43. https://www.nationalgeographic.com/ archaeology-andhistory/magazine/2017/01-02/babylon-mesopotamia-ancient-city-iraq/.

Moon, Jane, *et al.*, 2016. *Charax Spasinou: Alexander's Lost City in Iraq* (Manchester:

University of Manchester). http://www.charaxspasinou.org/wp-content/uploads/2016/12/ CHARAX2016_EN.pdf.

Moran, William L., 1992. *The Amarna Letters* (Baltimore MD and London: Johns Hopkins University Press).

Müller-Kessler, Christa, 1999. 'Aramäische Beschwörungen und astronomische Omina in nachbabylonischer Zeit: Das Fortleben mesopotamischer Kultur im Vorderen Orient', in Johannes Renger, ed., *Babylon: Fokus mesopotamischer Geschichte, Wiege früher Gelehrsamkeit, Mythos in der Moderne* (Saarbrücken: SDV), pp. 427-443.

Müller-Kessler, Christa and Karlheinz Kessler, 1999. 'Spätbabylonische Gottheiten in spätantiken mandäischen Texten', *Zeitschrift für Assyriologie und vorderasiatische Archäologie* 89, pp. 65-87.

Müller, Hannelore and Walter Sommerfeld, 2010. 'Von der Welthauptstadt zum Weltkulturerbe: Eine Nachlese zur Stadtgeschichte von Babylon', in Anke Bentzin, Henner Fürtig, Thomas Krüppner and Riem Spielhaus, eds., *Zwischen Orient und Okzident: Studien zu Mobilität von Wissen, Konzepten und Praktiken* (Freiburg im Breisgau: Herder), pp. 268-288.

Musa, Maryam U., 2011. 'The Situation of the Babylon Archaeological Site until 2006', in Eva Cancik-Kirschbaum, Margarete van Ess and Joachim Marzahn, eds., *Babylon: Wissenskultur in Orient und Okzident* (Berlin and Boston MA: De Gruyter), pp. 19-46.

Nadali, Davide, and Andrea Polcaro, 2016. 'The Sky from the High Terrace: Study on the Orientation of the Ziqqurat in Ancient Mesopotamia', *Mediterranean Archaeology and Archaeometry* 16, pp. 103-108.

Nielsen, John P., 2010. *Sons and Descendants: A Social History of Kin Groups and Family Names in the Early Neo-Babylonian Period, 747-626 BC* (Leiden and Boston MA: Brill).

Nielsen, John P., 2018. *The Reign of Nebuchadnezzar I in History and Historical Memory* (Abingdon and New York NY: Routledge).

Nissinen, Martti, 2002. 'A Prophetic Riot in Seleucid Babylonia', in Hubert Irsigler and Kristinn Ólason, eds., *'Wer darf hinaufsteigen zum Berg JHWHs?': Beiträge zu Prophetie und Poesie des Alten Testaments. Festschrift fuï S. Ö. Steingrímsson* (St. Ottilien: Eos Verlag), pp. 63-74.

Novotny, Jamie, 2018. 'Ashurbanipal's Campaigns', in Gareth Brereton, ed., *I Am Ashurbanipal, King of the World, King of Assyria* (London: Thames & Hudson), pp. 196-211.

Oelsner, Joachim, 2002. *'Sie ist gefallen, sie ist gefallen, Babylon, die große Stadt': Vom Ende einer Kultur* (Stuttgart and Leipzig: Hirzel).

Oll, Moonika, 2014. *Greek 'Cultural Translation' of Chaldean Learning* (PhD thesis University of Birmingham). http://etheses.bham.ac.uk/5679/.

Oppenheimer, Aharon, 2009. 'Purity of Lineage in Talmudic Babylonia', in Christophe Batsch and Mădălina Vârtejanu-Joubert, eds., *Manières de penser dans l'antiquité méditerranéenne et orientale: Mélanges offerts à Francis Schmidt* (Leiden and Boston MA: Brill), pp. 145-156.

Oshima, Takayoshi, 2007. 'The Babylonian God Marduk', in Gwendolyn Leick, ed., *The Babylonian World* (Abingdon and New York NY: Routledge), pp. 348-350.

Oshima, Takayoshi, 2012. 'Another Attempt at Two Kassite Royal Inscriptions: The Agum-Kakrime Inscription and the Inscription of Kurigalzu the Son of Kadashmanharbe', *Babel und Bibel* 6, pp. 225-268.

Ossendrijver, Matthieu, 2011. 'Science in Action: Networks in Babylonian Astronomy', in Eva Cancik-Kirschbaum, Margarete van Ess and Joachim Marzahn, eds., *Babylon: Wissenskultur in Orient und Okzident* (Berlin and Boston MA: De Gruyter), pp. 229-237.

Parapetti, Roberto, 2008. 'Babylon 1978-2008', *Mesopotamia* 43, pp. 129-166.

Parpola, Simo, and Kazuko Watanabe, 1988. *Neo-Assyrian Treaties and Loyalty Oaths* (Helsinki: Helsinki University Press).

Paulus, Susanne, 2013. 'Beziehungen zweier Großmächte: Elam und Babylonien in der 2. Hälfte des 2. Jt. v. Chr. — Ein Beitrag zur internen Chronologie', in Katrien de Graef and Jan Tavernier, eds., *Susa and Elam: Archaeological, Philological, Historical and Geographical Perspectives* (Leiden and Boston MA: Brill), pp. 429-449.

Paulus, Susanne, 2014. *Die babylonischen Kudurru-Inschriften von der kassitischen bis zur frühneubabylonischen Zeit, untersucht unter besonderer Berücksichtigung gesellschafts- und rechtshistorischer Fragestellungen* (Münster: Ugarit).

Pearce, Laurie E., 2011. '"Judeans": A Special Status in Neo-Babylonian and Achaemenid Babylonia?', in Oded Lipschits, Gary Knoppers and Manfred Oeming, eds., *Judah and the Judeans in the Achaemenid Period: Negotiating Identity in an International Context* (Winona Lake IN: Eisenbrauns), pp. 267-278.

Pearce, Laurie E., 2014. 'Continuity and Normality in Sources Relating to the Judean Exile', *Hebrew Bible and Ancient Israel* 3, pp. 163-184.

Pearce, Laurie E., 2016. 'Cuneiform Sources for Judeans in Babylonia in the Neo-Babylonian and Achaemenid Periods: An Overview', *Religion Compass* 10, pp. 1-14.

Pearce, Laurie E. and Cornelia Wunsch, 2014. *Documents of Judean Exiles and West Semites in Babylonia in the Collection of David Sofer* (Bethesda MD: CDL Press).

Pedersén, Olof, 2005. 'Foreign Professionals in Babylon: Evidence from the Archive in the Palace of Nebuchadnezzar II', in Wilfred H. van Soldt, ed., *Ethnicity in Ancient Mesopotamia* (Leiden: Nederlands Instituut voor het Nabije Oosten), pp. 267-272.

Pedersén, Olof, 2005. *Archive und Bibliotheken in Babylon: die Tontafeln der Grabung Robert Koldeweys 1899-1917* (Saarbrücken: SDV).

Pedersén, Olof, 2014. 'Waters at Babylon', in Terje Tvedt and Terje Oestigaard, eds., *Water and Urbanization* (London: I.B. Tauris), pp. 107-129.

Pirngruber, Reinhard, 2017. *The Economy of Late Achaemenid and Seleucid Babylonia* (Cambridge and New York NY: Cambridge University Press).

Popović, Mladen, 2014. 'Networks of Scholars: The Transmission of Astronomical and Astrological Learning between Babylonians, Greeks and Jews', in Seth Sanders and Jonathan Ben-Dov, eds., *Ancient Jewish Sciences and the History of Knowledge in Second Temple Literature* (New York NY: New York University Press), pp. 153-193.

Porter, Barbara N., 1993. *Images, Power, and Politics: Figurative Aspects of Esarhaddon's Babylonian Policy* (Philadelphia: American Philosophical Society).

Postgate, John Nicholas, 1994. *Early Mesopotamia: Society and Economy at the Dawn of History* (Abingdon and New York NY: Routledge; 2nd revised ed.).

Potts, Daniel T., 2006. 'Elamites and Kassites in the Persian Gulf', *Journal of Near Eastern Studies* 65, pp. 111-119.

Potts, Daniel T., 2011. 'The *politai* and the *bīt tāmartu*: The Seleucid and Parthian Theatres of the Greek Citizens of Babylon', in Eva Cancik-Kirschbaum, Margarete van Ess and Joachim Marzahn, eds., *Babylon: Wissenskultur in Orient und Okzident* (Berlin and Boston MA: De Gruyter), pp. 239-251.

Potts, Daniel T., 2016. *The Archaeology of Elam: Formation and Transformation of an Ancient Iranian State* (Cambridge: Cambridge University Press; 2nd revised ed.).

Quillien, Louise, 2017. 'Tools and Crafts, the Terminology of Textile Manufacturing in 1st Millennium BC Babylonia', in Salvatore Gaspa, Cécile Michel and Marie-Louise Nosch, eds., *Textile Terminologies from the Orient to the Mediterranean and Europe, 1000 BC to 1000 AD* (Lincoln NE: Zea Books), pp. 91-106.

Radner, Karen, 1998. 'Aššur-mukin-pale'a', in Karen Radner, ed., *The Prosopography of the Neo-Assyrian Empire 1/I: A* (Helsinki: The Neo-Assyrian Text Corpus Project), pp. 197-198.

Radner, Karen, 2008. 'Provinz. C. Assyrien', in Dietz Otto Edzard *et al.*, eds., *Reallexikon der Assyriologie und Vorderasiatischen Archäologie*, Vol. 11 (2008), pp. 42-68.

Radner, Karen, 2011. 'Royal Fecision-Making: Kings, Magnates, and Scholars', in Karen Radner and Eleanor Robson, eds., *The Oxford Handbook of Cuneiform Culture* (Oxford: Oxford University Press), pp. 356-379.

Radner, Karen, 2014. 'The Neo-Assyrian Empire', in Michael Gehler and Robert Rollinger, eds., *Imperien und Reiche in der Weltgeschichte: Epochenübergreifende und globalhistorische Vergleiche* (Wiesbaden: Harrassowitz), pp. 101-119.

Radner, Karen, 2016. 'Revolts in the Assyrian Empire: Succession Wars, Rebellions against a False King and Independence Movements', in John J. Collins and Joseph G. Manning, eds., *Revolt and Resistance in the Ancient Classical World and the Near East: In the Crucible of Empire* (Leiden and Boston MA: Brill), pp. 41-54.

Reuther, Oskar, 1926. *Die Innenstadt von Babylon (Merkes)* (Leipzig: Hinrichs).

Richardson, Seth, 2016. 'The Many Falls of Babylon and the Shape of Forgetting', in Davide Nadali, ed., *Envisioning the Past Through Memories: How Memory Shaped Ancient Near Eastern Societies* (London: Bloomsbury Academic), pp. 101-142.

Roaf, Michael, 2017. 'Kassite and Elamite Kings', in Alexa Bartelmus and Katja Sternitzke, eds., *Karduniaš: Babylonien zur Kassitenzeit/Babylonia under the Kassites* (Berlin and Boston MA: De Gruyter), pp. 166-196.

Robson, Eleanor, 2008. *Mathematics in Ancient Iraq: A Social History* (Princeton NJ: Princeton University Press).

Rochberg, Francesca, 1999. 'The Babylonian Origins of the Mandaean Book of the Zodiac', *Aram* 11, pp. 237-247.

Rochberg, Francesca, 2004. *The Heavenly Writing: Divination, Horoscopy, and Astronomy in Mesopotamian Culture* (Cambridge and New York NY: Cambridge University Press).

Rochberg, Francesca, 2008. 'The Hellenistic Transmission of Babylonian Astral Sciences', *Mélanges de I'Université Saint-Joseph* 61, pp. 13-32.

Rom-Shiloni, Dalit, 2017. 'The Untold Stories: Al-Yahudu *and or versus* Hebrew Bible Babylonian compositions', *Welt des Orients* 47, pp. 124-134.

Roth, Martha T., 1997. *Law Collections from Mesopotamia and Asia Minor* (Atlanta GA: Scholars Press; 2nd revised ed.).

Rutz, Matthew T., 2016. 'Astral Knowledge in an International Age: Transmission of the Cuneiform Tradition, ca. 1500-1000 BC', in John M. Steele, ed., *The Circulation of Astronomical Knowledge in the Ancient World* (Leiden and Boston MA: Brill), pp. 18-54.

Sachs, Abraham J., and Hermann Hunger, 1988. *Astronomical Diaries and Related Texts from Babylonia, Vol. 1: Diaries from 652 B.C. to 262 B.C.* (Vienna: Verlag der österreichischen Akademie der Wissenschaften).

Sachs, Abraham J., and Hermann Hunger, 1989. *Astronomical Diaries and Related Texts from Babylonia, Vol. 2: Diaries from 261 B.C. to 165 B.C.* (Vienna: Verlag der österreichischen Akademie der Wissenschaften).

Sachs, Abraham J., and Hermann Hunger 1996. *Astronomical Diaries and Related Texts from Babylonia, Vol. 3: Diaries from 164 B.C. to 61 B.C.* (Vienna: Verlag der österreichischen Akademie der Wissenschaften).

Sallaberger, Walther, 2000. 'Das Erscheinen Marduks als Vorzeichen: Kultstatue und Neujahrsfest in der Omenserie *Šumma ālu*', *Zeitschrift für Assyriologie und vorderasiatische Archäologie* 90, pp. 227-262.

Sallaberger, Walther, 2013. 'Tempel, philologisch: In Mesopotamien, 3. Jt. bis 612 v. Chr.', in Michael P. Streck *et al.*, eds., *Reallexikon der Assyriologie und Vorderasiatischen Archäologie*, Vol. 13 (Berlin and Boston MA: De Gruyter), pp. 519-524.

Sandowicz, Małgorzata, 2015. 'More on the End of the Neo-Babylonian Empire', *Journal of Near Eastern Studies* 74, pp. 197-210.

Saporetti, Claudio, 2002. *La rivale di Babilonia: Storia di Ešnunna, un potente regno che sfidò Hammurapi* (Rome: Newton & Compton).

Sass, Benjamin, and Joachim Marzahn, 2010. *Aramaic and Figural Stamp Impressions on Bricks of the Sixth Century BC from Babylon* (Wiesbaden: Harrassowitz).

Sasson, Jack M., 1998. 'The King and I: A Mari King in Changing Perceptions', *Journal of the American Oriental Society* 118, pp. 453-470.

Sasson, Jack M., 2015. *From the Mari Archives: An Anthology of Old Babylonian Letters* (Winona Lake IN: Eisenbrauns).

Schaudig, Hanspeter, 2001. *Die Inschriften Nabonids von Babylon und Kyros' des Großen samt den in ihrem Umfeld entstandenen Tendenzschriften: Textausgabe und Grammatik* (Münster: Ugarit).

Schaudig, Hanspeter, 2003. 'Nabonid, der "Archäologe auf dem Königsthron": Zum Geschichtsbild des ausgehenden neubabylonischen Reiches', in Gebhart J. Selz, ed., *Festschrift für Burkhard Kienast* (Münster: Ugarit), pp. 447-497.

Scheil, Andrew, 2016. *Babylon under Western Eyes: A Study of Allusion and Myth* (Toronto: University of Toronto Press).

Schmitt, Rüdiger, 1991. *The Bisitun Inscriptions of Darius the Great: Old Persian Text* (London: School of Oriental and African Studies).

Schuol, Monika, 2000. *Die Charakene: Ein mesopotamisches Königreich in hellenistisch-parthischer Zeit* (Stuttgart: Steiner).

Seidl, Ursula, 1999. 'Ein Monument Darius' I. aus Babylon,' *Zeitschrift für Assyriologie und vorderasiatische Archäologie* 89, pp. 101-114.

Seidl, Ursula, 1999. 'Eine Triumphstele Darius' I. aus Babylon,' in Johannes Renger, ed., *Babylon: Focus mesopotamischer Geschichte, Wiege früher Gelehrsamkeit, Mythos in der Moderne* (Saarbrücken: SDV), pp. 297-306.

Seri, Andrea, 2006. 'The Fifty Names of Marduk in *Enuma Eliš*', *Journal of the American Oriental Society* 126, pp. 507-520.

Seri, Andrea, 2010. 'Adaptation of Cuneiform to Write Akkadian', in Christopher Woods, ed., *Visible Language: Inventions of Writing in the Ancient Middle East and Beyond* (Chicago IL: Oriental Institute of the University of Chicago), pp. 85-93.

Seymour, Michael J., 2014. *Babylon: Legend, History and the Ancient City* (London: I.B. Tauris).

Seymour, Michael J., 2014. 'Babylonian Art and Architecture', in Thomas DaCosta Kaufmann, ed., *Oxford Bibliographies in Art History* (New York NY: Oxford University Press). https://dx.doi.org/10.1093/obo/9780199920105-0038.

Simon, Hermann, 1976. 'Die sasanidischen Münzen des Fundes von Babylon: Ein Teil des bei Koldeweys Ausgrabungen im Jahr 1900 gefundenen Münzschatzes', *Acta Iranica* 12, pp. 149-337.

Smith, Michael E., 2009. 'V. Gordon Childe and the Urban Revolution: A Historical Perspective on a Revolution in Urban Studies', *Town Planning Review* 80, pp. 2-29.

Steele, John M., 2016. 'The Circulation of Astronomical Knowledge between Babylon and Uruk', in John M. Steele, ed., *The Circulation of Astronomical Knowledge in the Ancient World* (Leiden and Boston MA: Brill), pp. 83-118.

Steele, John M., ed., 2016. *The Circulation of Astronomical Knowledge in the Ancient World* (Leiden and Boston MA: Brill).

Steiner, Richard C., and Charles F. Nims, 1985. 'Ashurbanipal and Shamash-shum-ukin: A Tale of Two Brothers from the Aramaic Text in Demotic Script', *Revue Biblique* 92, pp. 60-81.

Steinkeller, Piotr, and Steffen Laursen, 2017. *Babylonia, the Gulf Region, and the Indus: Archaeological and Textual Evidence for Contact in the Third and Early Second Millennium BC* (Winona Lake IN: Eisenbrauns).

Stephens, Ferris J., 1937. *Votive and Historical Texts from Babylonia and Assyria* (New Haven CT: Yale University Press).

Sternitzke, Katja, 2016. 'Der Kontext der altbabylonischen Archive aus Babylon', *Mitteilungen der Deutschen Orient-Gesellschaft* 148, pp. 179-197.

Stevens, Kathryn, 2014. 'The Antiochus Cylinder, Babylonian Scholarship and Seleucid Imperial Ideology', *Journal of Hellenic Studies* 134, pp. 66-88.

Stevens, Kathryn, 2016. 'Empire Begins at Home: Local Elites and Imperial Ideologies in Hellenistic Greece and Babylonia', Myles Lavan, Richard E. Payne and John Weisweiler, eds., *Cosmopolitanism and Empire: Universal Rulers, Local Elites, and Cultural Integration in the Ancient Near East and Mediterranean* (New York NY: Oxford University Press), pp. 65-88.

Stoilas, Helen, 2018. 'Google and the World Monuments Fund Highlight Iraqi Heritage under Threat', *The Art Newspaper*, 6 June 2018.

Stolper, Matthew W., 1985. *Entrepreneurs and Empire: The Murašû Archive, the Murašû Firm, and Persian Rule in Babylonia* (Leiden: Nederlands Historisch-Archaeologisch Instituut te Istanbul).

Stolper, Matthew W., 1999. 'Achaemenid Legal Texts from the Kasr: Interim Observations', in Johannes Renger, ed., *Babylon: Focus mesopotamischer Geschichte, Wiege früher Gelehrsamkeit, Mythos in der Moderne* (Saarbrücken: SDV), pp. 365-375.

Stone, Elizabeth C., 1987. *Nippur Neighborhoods* (Chicago IL: Oriental Institute of the University of Chicago).

Strack, Hermann L., and Günter Stemberger, 1996. *Introduction to the Talmud and Midrash*

(Minneapolis MN: Fortress Press: 2nd revised ed.)

Streck, Michael P., 2001. 'Nebukadnezar III. und IV.', in Dietz O. Edzard *et al.*, eds., *Reallexikon der Assyriologie und Vorderasiatischen Archäologie*, Vol. 9 (Berlin and Boston MA: De Gruyter), p. 206.

Streck, Michael P., 2016. 'Tukulti-Ninurta I.', in Michael P. Streck *et al.*, eds., *Reallexikon der Assyriologie und Vorderasiatischen Archäologie*, Vol. 14 (Berlin and Boston MA: De Gruyter), pp. 176-178.

Strootman, Rolf, 2013. 'Babylonian, Macedonian, King of the World: The Antiochos Cylinder from Borsippa and Seleukid Imperial Integration', in Eftychia Stavrianopoulou, ed., *Shifting Social Imaginaries in the Hellenistic Period: Narrations, Practices, and Images* (Leiden and Boston MA: Brill), pp. 67-98.

Sundermann, Werner, 2009. *'Mani', Encyclopædia Iranica Online Edition* (New York NY: Encyclopædia Iranica Foundation, 2009). http://www.iranicaonline.org/articles/mani-founder-manicheism.

Tadmor, Hayim and Shigeo Yamada, 2011. *The Royal Inscriptions of Tiglath-Pileser III (744-727 BC) and Shalmaneser V (726-722 BC), Kings of Assyria* (Winona Lake IN: Eisenbrauns).

Taylor, Jonathan, 2018. 'Knowledge: The Key to Assyrian Power', in Gareth Brereton, ed., *I Am Ashurbanipal, King of the World, King of Assyria* (London: Thames & Hudson), pp. 88-97.

Thelle, Rannfrid I., 2018. *Discovering Babylon* (London and New York NY: Routledge).

Tinney, Steve, 2011. 'Tablets of Schools and Scholars: A Portrait of the Old Babylonian Corpus', in Karen Radner and Eleanor Robson, eds., *The Oxford Handbook of Cuneiform Culture* (Oxford: Oxford University Press), pp. 577-596.

Van De Mieroop, Marc, 2003. 'Reading Babylon', *American Journal of Archaeology* 107, pp. 257-275.

Van De Mieroop, Marc, 2004. *King Hammurabi of Babylon: A Biography* (Oxford and Malden MA: Wiley-Blackwell).

Van De Mieroop, Marc, 2018. 'What Is the Point of the Babylonian Creation Myth?', in Sebastian Fink and Robert Rollinger, eds., *Conceptualizing Past, Present and Future* (Münster: Ugarit), pp. 381-392.

van der Spek, Robartus J., 2001. 'The Theatre of Babylon in Cuneiform', in Wilfried H. van Soldt, ed., *Veenhof Anniversary Volume: Studies Presented to Klaas R. Veenhof* (Leiden: Nederlands Instituut voor het Nabije Oosten), pp. 445-456.

van der Spek, Robartus J., 2003. 'Darius III, Alexander the Great and Babylonian Scholarship', in Wouter F. M. Henkelman and Amélie Kuhrt, eds., *A Persian Perspective: Essays in Memory of Heleen Sancisi-Weerdenburg* (Leiden: Nederlands Instituut voor het Nabije Oosten), pp. 289-346.

van der Spek, Robartus J., 2006. 'The Size and Significance of the Babylonian Temples under the Successors', in Pierre Briant and Francis Joannès, eds., *La transition entre l'empire achéménide et les royaumes hellénistiques* (Paris: De Boccard), pp. 261-307.

van der Spek, Robartus J., 2009. 'Multi-Ethnicity and Ethnic Segregation in Hellenistic Babylon', in Ton Derks and Nico Roymans, eds., *Ethnic Constructs in Antiquity: The Role of Power and Tradition* (Amsterdam: Amsterdam University Press), pp. 101-115.

van der Spek, Robartus J., 2014. *'Ik ben een boodschapper van Nanaia!' Een Babylonische profeet als teken des tijds (133 voor Christus)* (Amsterdam: Vrije Universiteit Amsterdam).

van Koppen, Frans, 2004. 'The Geography of the Slave Trade and Northern Mesopotamia in the Late Old Babylonian Period', in Hermann Hunger and Regine Pruzsinszky, eds., *Mesopotamian Dark Age Revisited* (Vienna: Verlag der Österreichischen Akademie der Wissenschaften), pp. 9-33.

van Koppen, Frans, 2017. 'The Early Kassite Period', in Alexa Bartelmus and Katja Sternitzke, eds., *Karduniaš: Babylonien zur Kassitenzeit / Babylonia under the Kassites* (Berlin and Boston MA: De Gruyter), pp. 45-92.

van Koppen, Frans and Denis Lacambre, 2008/9. 'Sippar and the Frontier between Ešnunna and Babylon: New Sources for the History of Ešnunna in the Old Babylonian Period', *Jaarbericht Ex Oriente Lux* 41, pp. 151-177.

van Koppen, Frans and Karen Radner, 2009. 'Ein Tontafelfragment aus der diplomatischen Korrespondenz der Hyksosherrscher mit Babylonien', in Manfred Bietak and Irene Forstner-Müller, *'Der Hyksos-Palast bei Tell el-Dab'a: Zweite und dritte Grabungskampagne* (Frühling 2008 und Frühling 2009), *'Ägypten und Levante* 19, pp. 115-118.

Van Lerberghe, Karel, and Gabriella Voet, 2009. *A Late Old Babylonian Temple Archive from Dur-Abiešuh* (Bethesda MD: CDL Press).

Van Lerberghe, Karel, and Gabriella Voet, 2017. *A Late Old Babylonian Temple Archive from Dur-Abiešuh: The Sequel* (Bethesda MD: CDL Press).

Veldhuis, Niek, 2006. 'How Did They Learn Cuneiform?: "Tribute/Word List C" as an Elementary Exercise', in Piotr Michalowski and Niek Veldhuis, eds., *Approaches to Sumerian Literature: Studies in Honour of Stip (H.L.J. Vanstiphout)* (Leiden and Boston MA: Brill), pp. 181-200.

Veldhuis, Niek, 2011. 'Levels of Literacy', in Karen Radner and Eleanor Robson, eds., *The Oxford Handbook of Cuneiform Culture* (Oxford: Oxford University Press), pp. 68-89.

Vera Chamaza, Galo W., 2002. *Die Omnipotenz Aššurs: Entwicklungen in der Aššur-Theologie unter den Sargoniden Sargon II., Sanherib und Asarhaddon* (Münster: Ugarit).

Vila, Emmanuelle, and Daniel Helmer, 2014. 'The Expansion of Sheep Herding and the Development of Wool Production in the Ancient Near East: An Archaeozoological and Iconographical Approach', in Catherine Breniquet and Cécile Michel, eds., *Wool Economy in the Ancient Near East* (Oxford: Oxbow), pp. 22-40.

참고문헌

Vukosavović, Filip, ed., 2015. *By the Rivers of Babylon: The Story of the Babylonian Exile* (Jerusalem: Bible Lands Museum).

Waerzeggers, Caroline, 2003/4. 'The Babylonian Revolts against Xerxes and the "End of Archives"', *Archiv für Orientforschung* 50, pp. 156-171.

Waerzeggers, Caroline, 2011. 'The Babylonian Priesthood in the Long Sixth Century', *Bulletin of the Institute of Classical Studies* 54, pp. 59-70.

Waerzeggers, Caroline, 2011. 'The Pious King: Royal Patronage of Temples,' in Karen Radner and Eleanor Robson, eds., *The Oxford Handbook of Cuneiform Culture* (Oxford: Oxford University Press), pp. 725-751.

Waerzeggers, Caroline, 2012. 'The Babylonian Chronicles: Classification and Provenance', *Journal of Near Eastern Studies* 71, pp. 285-298.

Waerzeggers, Caroline, 2015. 'Babylonian Kingship in the Persian Period: Performance and Reception', in Jonathan Stökl and Caroline Waerzeggers, eds., *Exile and Return: The Babylonian Context* (Berlin and Boston MA: De Gruyter), pp. 181-222.

Watanabe, Chikako E., 2018. 'Reading Ashurbanipal's Palace Reliefs: Methods of Presenting Visual Narratives', in Gareth Brereton, ed., *I Am Ashurbanipal, King of the World, King of Assyria* (London: Thames & Hudson), pp. 219-221.

Waters, Matt, 2011. 'Parsumash, Anshan, and Cyrus', in Javier Alvarez-Mon and Mark Garrison, eds., *Elam and Persia* (Winona Lake IN: Eisenbrauns), pp. 285-296.

Weidner, Ernst F., 1939. 'Jojachin, König von Juda, in babylonischen Keilschrifttexten', in Franz Cumont *et al.*, eds., *Mélanges syriens offerts à Monsieur René Dussaud*, Vol. 2 (Paris: Geuthner), pp. 923-935.

Weidner, Ernst F., 1952/3. 'Die Bibliothek Tiglatpilesers I.', *Archiv für Orientforschung* 16, pp. 197-215.

Westenholz, Aage, 2007. 'The Graeco-Babyloniaca Once Again', *Zeitschrift für Assyriologie und vorderasiatische Archäologie* 97, pp. 262-313.

Westh-Hansen, Sidsel Maria, 2017. 'Hellenistic Uruk Revisited: Sacred Architecture, Seleucid Policy and Cross-Cultural Interaction', in Rubina Raja, ed., *Contextualizing the Sacred in the Hellenistic and Roman Near East* (Turnhout: Brepols), pp. 155-168.

Wetter, Anne Mareike, 2009. 'Balancing the Scales: The Construction of the Exile as Countertradition in the Bible', in Bob Becking, Alex Cannegieter, Wilfred van der Poll and Anne-Mareike Wetter, *From Babylon to Eternity: The Exile Remembered and Constructed in Text and Tradition* (Sheffield: Equinox), pp. 34-56.

Wetzel, Friedrich, and Franz H. Weissbach, 1938. *Das Hauptheiligtum des Marduk in Babylon: Esagila and Etemenanki* (Leipzig: Hinrichs).

Wiggermann, Franciscus A. M., 2008. 'A Babylonian Scholar in Assur', in Robartus J. van der Spek, ed., *Studies in Ancient Near Eastern World View and Society Presented to Marten*

Stol (Bethesda MA: CDL Press), pp. 203-234.

Woods, Christopher, 2010. 'The Earliest Mesopotamian Writing', in Christopher Woods, ed., *Visible Language: Inventions of Writing in the Ancient Middle East and Beyond* (Chicago IL: Oriental Institute of the University of Chicago), pp. 33-50

Wright, Denis, 2008. 'Rassam, Hormuzd (1826-1910), Archaeologist and Civil Servant', *Oxford Dictionary of National Biography* (Oxford: Oxford University Press). https://doi. org/10.1093/ref:odnb/35677.

Wright, Rita, 2013. 'Sumerian and Akkadian Industries: Crafting Textiles', in Harriet Crawford, ed., *The Sumerian World* (Abingdon and New York NY: Routledge), pp. 395-417.

Wullen, Moritz, and Günther Schauerte, eds., 2008. *Babylon: Mythos* (Munich: Hirmer).

Zaccagnini, Carlo, 2012. 'Maps of the World', in Giovanni B. Lanfranchi *et al.*, eds., *Leggo! Studies Presented to Frederick Mario Fales* (Wiesbaden: Harrassowitz), pp. 865-874.

Zgoll, Annette, 2006. 'Königslauf und Götterrat: Struktur und Deutung des babylonischen Neujahrsfestes', in Erhard Blum and Rüdiger Lux, eds., *Festtraditionen in Israel und im Alten Orient* (Gütersloh: Evangelische Verlagsanstalt), pp. 11-80.

Ziegler, Nele, 2002. 'Le royaume d'Ekallatum et son horizon géopolitique', in Dominique Charpin and Jean-Marie Durand, eds., *Recueil d'études à la mémoire d'André Parrot* (Paris: Société pour l'Etude du Proche-Orient Ancien), pp. 211-274.

Ziegler, Nele, 2008. 'Šamši-Adad I.', in Dietz Otto *et al.*, eds., *Reallexikon der Assyriologie und Vorderasiatischen Archäologie*, Vol. 11 (Berlin and Boston MA: De Gruyter), pp. 632-635.

Ziegler, Nele, 2015. 'Qatna at the Time of Samsi-Addu', in Peter Pfälzner and Michel al-Maqdissi eds., *Qatna and the Networks of Bronze Age Globalism* (Wiesbaden: Harrassowitz), pp. 139-147.

Ziegler, Nele, 2018. 'Zimri-Lim,' in Michael P. Streck *et al.*, eds., *Reallexikon der Assyriologie und Vorderasiatischen Archäologie*, Vol. 15 (Berlin and Boston MA: De Gruyter), pp. 295-299.

찾아보기

찾아보기

바빌론의 역사

1판 1쇄 발행 │ 2021년 8월 17일
1판 3쇄 발행 │ 2023년 3월 31일

지은이 │ 카렌 라드너
옮긴이 │ 서경의
감수자 │ 유흥태

발행인 │ 김기중
주간 │ 신선영
편집 │ 민성원, 백수연, 김우영, 이민희
마케팅 │ 김신정, 김보미
경영지원 │ 홍운선

펴낸곳 │ 도서출판 더숲
주소 │ 서울시 마포구 동교로 43-1 (04018)
전화 │ 02-3141-8301
팩스 │ 02-3141-8303
이메일 │ info@theforestbook.co.kr
페이스북·인스타그램 │ @theforestbook
출판신고 │ 2009년 3월 30일 제2009-000062호

ISBN │ 979-11-90357-71-5 03910